高职高专汽车类专业新形态系列教材

浙江省普通高校"十三五"新形态教材

U0590593

汽车电气 电控技术

▶ Automotive

▶ Electric

▶ Control

▶ Technology

主 编　郑尧军　蒋璐璐

主 审　陈开考

ZHEJIANG UNIVERSITY PRESS

浙江大学出版社

图书在版编目(CIP)数据

汽车电气电控技术 / 郑尧军，蒋璐璐主编. —杭州：
浙江大学出版社，2019.2(2025.8重印)
ISBN 978-7-308-18983-5

Ⅰ.①汽… Ⅱ.①郑… ②蒋… Ⅲ.①汽车—电气设
备—教材 ②汽车—电子控制—控制系统—教材 Ⅳ.
①U463.6

中国版本图书馆 CIP 数据核字（2019）第 033555 号

汽车电气电控技术

主　编　郑尧军　蒋璐璐

责任编辑　王　波
责任校对　王元新　李　晓
封面设计　春天书装
出版发行　浙江大学出版社
　　　　　（杭州市天目山路 148 号　邮政编码 310007）
　　　　　（网址：http://www.zjupress.com）
排　　版　杭州青翊图文设计有限公司
印　　刷　杭州高腾印务有限公司
开　　本　787mm×1092mm　1/16
印　　张　20.5
字　　数　505 千
版 印 次　2019 年 2 月第 1 版　2025 年 8 月第 4 次印刷
书　　号　ISBN 978-7-308-18983-5
定　　价　52.00 元

前言

PREFACE

中国汽车工业协会发布数据显示,2022年国内汽车产销量分别为2702.1万辆和2686.4万辆,同比增长3.4％和2.1％。其中,乘用车产销分别达2383.6万辆和2356.3万辆,同比分别增长11.2％和9.5％。数据显示,2022年,我国新能源汽车产销量分别完成705.8万辆和688.7万辆,同比分别增长96.9％和93.5％。其中,纯电动汽车产销量分别完成546.7万辆和536.5万辆,同比分别增长83.4％和81.6％。根据数据统计,普遍认为2021年才真正是中国新能源汽车元年,汽车电气与电控技术的发展与应用也是最为迅速的。

"汽车电气电控技术"课程的开设旨在让学生在学习汽车电气与电控系统的基本结构和原理的过程中,能清楚认识到从电气到电控技术的发展演变,从而理解党的二十大报告中提到的,为了推进新型工业化,建成教育强国、科技强国等,加快建设制造强国,实现全面建成社会主义现代化强国的宏观目标内涵。通过课程的学习,达到能初步从事汽车销售、定损评估、技术服务等相关行业所必须具备的汽车电气电控技术知识水平,具备一定对汽车电气电控新技术进行解释的能力。教材编写时力求突出以下特点:

1.知识够用的原则。本教材内容多、跨度大、内容新、贴近最新的汽车新技术,因此教材内容上力求精简,准确将各系统的原理和结构阐述到位,以就业需求和后续课程岗位能力拓展为基础,分模块编写。

2.紧跟汽车电气电控技术发展趋势。教材内容以汽车电气—电控—网络—智能网联汽车—新能源汽车为主线,在对常规电气系统原理与结构进行梳理的基础上,引入该系统最新的电控与网络技术,再通过对典型发动机电控系统、车身电控系统及车载网络系统的学习,结合对当前智能网联汽车技术的分析,让学生能迅速适应社会岗位的需求;教材的新能源汽车内容顺应当前新能源汽车的发展趋势,为学生的就业及时拓展空间。

3.立体化教材资源开发。以浙江省新形态教材建设为契机,在教材编写过程中将微课视频、动画等资源通过教材内嵌二维码的方式加以立体整合,方便学习者的学习。

全书共分十二个学习单元。第一部分(学习单元一到七)以传统汽车电气系统知识介绍为主,对汽车电气系统中电源系统、启动系统、雨刷系统等进行了原理与结构的介绍;第二部分(学习单元八到十一)为汽车电控系统的介绍,将车身电控系统、发动机电控系统进行了综合性介绍,其中涉及了目前比较热门、先进的智能网联汽车技术、阿特金森循环等知识;第三部分(学习单元十二)则为新能源汽车,对新能源汽车的定义、类型及结构原理进行了介绍。

本书由郑尧军、蒋璐璐任主编,魏俞涌、陈巍、王启文、朱汉楼、吴君、张瑜、汪洋、高馨、赵计平、陈妍任副主编。具体分工为:郑尧军(浙江经济职业技术学院)编写学习单元一、二、八,蒋璐璐(浙江经济职业技术学院)编写学习单元七,魏俞涌(嘉兴职业技术学院)和张瑜(浙江经济职业技术学院)合编学习单元四、五,陈巍(陈巍技能大师工作室)编写学习单元十一,吴君(浙江经济职业技术学院)编写学习单元十二,汪洋(浙江经济职业技术学院)和朱汉楼(湖州交通学校)合编学习单元三,王启文(杭州高级汽车技工学校)和蒋璐璐(浙江经济职业技术学院)合编学习单元六,高馨(兰州石化职业技术学院)编写学习单元九,赵计平(重庆工业职业技术学院)和陈妍(浙江省机电产品质量检测所)合编学习单元十。曾文胜(武汉神龙汽车有限公司)、曹坚(杭州汽车高级技工学校)、王仁秋(武汉华滋东江汽车零部件有限公司)、迟晓妮(杭州职业技术学院)、叶斌(浙江经济职业技术学院)也参与了部分编写工作。全书由郑尧军负责统稿,陈开考主审。

本书在编写过程中参阅了大量国内公开发表和出版的资料、文献、链接视频及汽车维修手册,并引用或链接了其中部分图表资料、视频等,谨在此表示深深的谢意。本书在大纲讨论和编审中得到了浙江省高职高专汽车类协作组各位专家的关心与支持,在此一并表示感谢。

鉴于汽车电气电控技术涉及的知识内容比较广,新技术更新快,本书编写的内容只选择了主要部分,在本次重印做了部分修订。书中的内容取舍、编排及叙述等方面难免有不妥之处,敬请各位专家和读者批评指正。书中加★的小节为知识拓展内容,可供选学。

编 者

2023 年 6 月

目 录

CONTENTS

学习单元一
汽车电气电控系统总体认识

知识目标

1.了解汽车电气电控技术的发展概况；
2.掌握汽车电气电控系统的一般特点；
3.掌握汽车电气电控系统的总体结构。

能力目标

1.能够辨别典型汽车电气系统在车身的分布及进行部件识别；
2.能初步独立完成对常规汽车电气系统的操作使用。

一、汽车电气电控技术发展概况

汽车电气系统是汽车所有用电器和供电部件的总称，也包括组合到汽车上所必需的非电气部件(如固定件、安装件)及导线等连接件。汽车电气涵盖汽车电器、汽车电子、汽车线束以及它们的连接关系。

众所周知，传统汽车由四个部分组成，即发动机、底盘、车身、电气电控系统，而汽车电气电控系统不是独立存在的，更多的是融在发动机、底盘、车身里面。从汽车的舒适性、安全性到娱乐性，各个方面都需要汽车电气电控起到辅助性(或关键性)作用。随着消费者对汽车功能和性能要求的日益提高，汽车正逐步成为智能化、网联化的机电一体化产品。总体而言，汽车电气电控技术集电子技术、汽车技术、信息技术、计算机技术和网络技术于一体，包括基础技术层、电控系统层和人车环境交互层三个层面，并且经历了汽车电气系统、汽车电控系统、车载网络系统三个发展阶段，目前正是将三者高度集成到智能网联汽车的发展阶段，如图 1-1 和图 1-2 所示。

微课 1.1 什么是智能网联汽车?

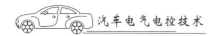
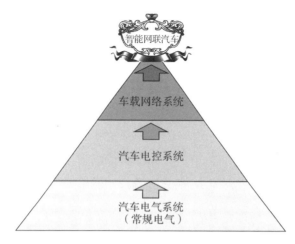

图 1-1　汽车电气电控技术的发展历程

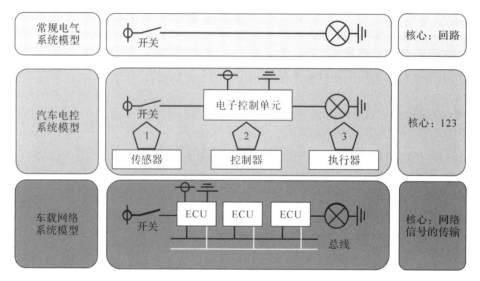

图 1-2　汽车电气与电控系统的模型比较

目前汽车中使用的电器和电子产品元件成本占汽车总成本的比例已从 25% 提高到 40%。未来,这一占比必将进一步提高。在不同档次和科技含量的汽车中,汽车电子(电气电控系统)在整车成本中的占比情况如图 1-3 所示。

随着汽车"新四化"的逐渐深入,汽车最终将演变为智能化终端的趋势已不可逆转,汽车电子技术的应用逐渐集中在车载信息系统、智能网联汽车(自动驾驶、无人驾驶等)和新能源汽车等方面了。2020 年,多部委联合发布的《智能汽车创新发展战略》和国办印发的《新能源汽车产业发展规划》(2021—2035 年)中,均明确提出推进车规级芯片的研发与产业化,加快智能化系统

党的二十大报告

推广应用和新能源汽车产业高质量发展,增强产业核心竞争力。面对中国汽车芯片产业该如何突破围追堵截,党的二十大报告内重点提到:实现高水平科技自立自强,进入创新型国家前列;要坚持教育优先发展、科技自立自强、人才引领驱动,加快建设教育强国、科技强国、人才强国。

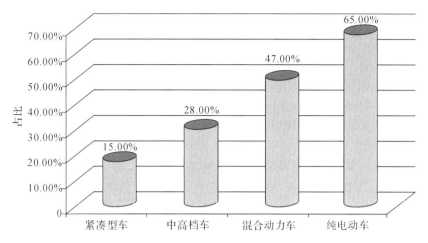

图 1-3　汽车电子成本在整车成本中的占比

二、汽车电气系统的特点

常规内燃机汽车电气系统与普通工业的电气设备相比有如下特点：

（1）低压。汽油车多采用 12V，柴油车多采用 24V；近年来在传统的 12V 电源基础上，开始增加了另一个 48V 的低压辅助电源，形成了所谓的双电源结构。但需要注意的是新能源汽车中已经普遍采用了直流 200V 以上的高压电。

（2）直流（DC）。常规内燃机汽车主要从蓄电池的充电来考虑。

（3）并联。汽车上的供电电源和用电设备采用了并联的方式，每个用电设备由各自串联在其支路中的专用开关控制，互不产生干扰。

（4）单线制，即从电源到用电设备使用一根导线连接，而另一根导线则用汽车车体或发动机机体的金属部分代替。单线制可节省导线，使线路简化、清晰，便于安装与检修。

（5）负极搭铁。将蓄电池的负极与车体相连接，称为负极搭铁。

微课 1.2 传统汽车电气系统的特点

如图 1-4 所示为家用电气设备与常规汽车电气系统的特点比较。

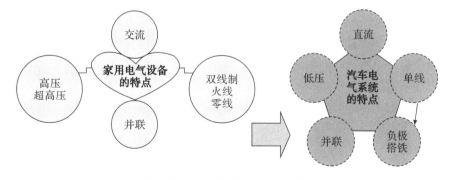

图 1-4　家用电气设备与常规汽车电气系统的特点比较

三、汽车电气电控系统的总体认识

常规内燃机汽车电气电控系统主要由汽车电气系统、汽车电控系统组成,并通过车载网络系统进行管理、交互联系。

汽车电气系统主要由电源系统、用电设备和中间装置组成。用电设备将电能转换为动能、光能或热能,如电机、电磁阀、灯、发光二极管、电加热器等;绝大部分用电设备的电源均通过点火开关控制上电,相互间是并联连接关系,中间装置是把电源、用电设备构成一个完整回路的元器件,包括中央接线盒、电路开关、电路保护装置、插接器、电气线束等,它们把全车电路构成一个统一的整体。汽车电气系统的组成关系如图1-5所示。

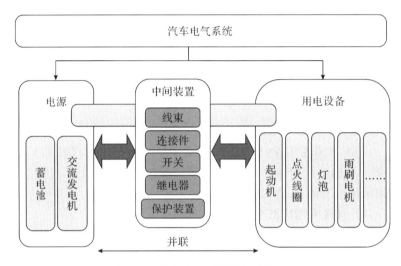

图1-5 汽车电气系统的组成关系

汽车电气系统在汽车中主要是扮演辅助的角色,为汽车提供动力辅助、为汽车使用者提供功能辅助。

1. 电源系统

传统意义上汽车电源系统采用的双电源结构是指静态充放电的蓄电池(及电能管理系统)和动态发电的交流发电机。两者并联工作,其中交流发电机是汽车电源系统的主电源,蓄电池是辅助电源。交流发电机正常工作时,向全车用电设备供电,同时给蓄电池充电,以补充蓄电池在使用中所消耗的电能。蓄电池为可逆的直流电源,传统内燃机汽车上使用最广泛的是启动用铅酸蓄电池,它与发电机并联,向用电设备供电。

纯电动汽车由于采用了高电压系统作为动力源,取消了发电机,因此往往采用12V低压DCDC转换器作为低压供电电源。

2. 用电设备

传统汽车上用电设备大致可分为以下几类系统。

(1)启动系统:主要部件是起动机,其任务是启动发动机。

(2)点火系统:它是汽油发动机的组成部分,包括电子点火系统或传统点火系统的全部组件。其任务是产生高压电火花,按发动机的工作顺序点燃气缸内的可燃混合气。

(3)灯光(照明与信号)系统:包括车内外各种照明灯以及保证夜间安全行车所必需的灯光,其中以前照明灯最为重要;信号类灯光则为外部车辆、行人提供本车辆的行驶信号,主要为保证安全行车所必要的信号。

(4)仪表(信号与报警)系统:包括车速及里程表、发动机转速表、温度表、燃油表及各类信号显示与报警指示灯,用来显示发动机和汽车行驶中有关装置的工作状况。仪表的作用是帮助驾驶员随时掌握汽车主要部分的工作情况,及时发现和排除可能出现的故障与不安全因素,以保证良好的行驶状态。

(5)辅助电器:包括电动雨刷系统、空调系统、电动座椅、中控门锁、电动门窗系统等各类辅助性电器设备。

为了更好地发挥汽车电气系统的功能,汽车上大量地引入了电子控制系统的概念,即"+电控",从而大大增强了汽车的各项功能。如前所述,汽车电气电控系统并不是独立存在的,而是与其他系统紧密联系的,因此,汽车电控系统按控制功能分类,可以区分为发动机电控系统、底盘电控系统、车身电控系统三大类。发动机电控系统包括燃油喷射控制系统、怠速控制系统、排放控制系统、点火控制系统等,或总称为发动机管理系统;底盘电控系统包括电控自动变速器、电控悬架系统、防抱死制动系统(ABS)、车身稳定控制系统(ESP)、电控转向系统(EPS)等;车身电控系统包括了汽车安全性控制系统、安全气囊系统、巡航控制系统、空调控制系统、车载总线技术等。常规的汽车电气系统,如电源系统引入电控技术后,有了功能更强大的电源管理系统,为车辆的人工智能化控制创造了条件。

针对目前比较认可的三大类新能源汽车——纯电动汽车、混合动力汽车和燃料电池汽车,除了动力源控制与传统汽车有根本的区别外,其他车载电气电控系统基本类似。目前的汽车电气电控技术的应用更为集成化、智能化,基本上都大量应用了车载网络系统进行智能控制。

图1-6所示为汽车电气电控系统的大致组成结构,也是本教材所要讲授的章节内容。

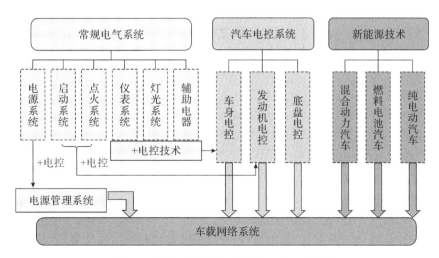

图1-6 汽车电气电控系统的大致组成结构

四、汽车电路图★

1.汽车电路图的作用

汽车电路图是利用图形符号和文字符号表示汽车电路的构成、连接和
工作原理,而不考虑其实际安装位置的一种简图,是检修汽车电气电控系
统必须参考的基本资料,其意义在于电路图中包含了汽车电气电控系统
的原理和结构组成。在识读汽车电路图前,一定要先了解清楚电路的基
础知识。

微课 1.3 汽车
电路图识读

2.汽车电路的状态

汽车电路通常有通路、断路、短路及接触不良四种状态。其中,通路是电源与负载构
成了闭合回路,此时电路中有电流通过的状态。短路又可分为对电源短路、对地线短路及
线路间相互短路三种形式,一般情况下短路重点关注的是对地线短路。

3.汽车电路原理图的简易识读方法

(1)汽车电路图的重要符号识别

在汽车电路图中,识读一些常见的电路符号很重要,以下是一般识读电路图会经常遇到
的符号。

常电源的一般标识方法:+B或30(欧洲大众的做法),表示从蓄电池直接到用电负载,
不受任何开关控制,除非断开蓄电池的电源桩头。简单说,30表示不经过任何开关控制的
电源线。

点火电源的一般标识方法:IG、IGN或15(欧洲大众的做法),表示打开点火开关后提供
的电源,有些车型又分为IG1和IG2,代表的做法是点火开关打开,仪表指示灯点亮,是经过
点火开关控制的小容量电源线(表征发动机点火的工作电源)。简单说,15表示经过点火开
关控制的电源线,是汽车电源控制的主要方式。

X表示通过点火开关控制并且经过卸荷继电器的电源线,通常是大功率用电器,例如雨
刷、暖风、空调等设备。简单说,X表示卸荷线。

启动电源的一般标识方法:ST或50(欧洲大众的做法),表示起动机的控制电源。简单
说,50表示启动线。

地线(搭铁)的一般标识方法:GND、E或31(欧洲大众的做法),表示接蓄电池负极点。
简单说,31表示搭铁线。

(2)汽车电路原理图识读原则

1)预判该电气电控系统的控制方式。

2)电气系统识读电路尽量从用电器(负载)入手;电控系统从控制器入手,找出对应输出
部分(执行器)和输入部分(传感器、开关)。

3)充分利用电路的回路交叉、重用原则,理顺回路间的相互逻辑关系。

五、汽车电气系统的中间装置★

1.点火开关

点火开关是多挡多接线柱开关,俗称打火头子,图1-7所示为桑塔纳2000轿车的点火开关,安装在方向盘的右下方、转向柱上。

点火开关一般有3~5个挡位:OFF或LOCK挡表示关闭电源;ACC挡表示附件挡,收放机专用;ON或IG挡表示接通点火、仪表指示灯;ST或START挡表示启动发动机;HEAT表示柴油机专用预热挡。启动挡因为消耗电流很大,开关不宜接通过久,所以在操作时必须克服弹簧力,扳住钥匙,一松手就弹回点火挡,不能自行定位,其他挡位均可自行定位。无钥匙启动的点火开关按钮如图1-8所示,点火开关挡位如图1-9所示。

图1-7 点火开关实物图

图1-8 无钥匙启动用点火开关按钮图

关闭
LOCK

专用
ACC

点火
ON

预热
HEAT

启动
START

图1-9 点火开关挡位示意

2.电路保护装置

汽车上常用的电路保护装置有熔断器、断路器、易熔线、继电器等。电路保护装置主要是为防止电路中导线或电气设备短路或过载。当电路中发生短路或电流超过规定值时,熔断器、断路器、易熔线等保护装置可自动将电路切断,防止烧坏电路中的导线和电气设备;而继电器的配备可以防止因电流过大烧坏开关等电气设备。

(1)熔断器

熔断器俗称保险丝。它是最普通的电路保护装置,有4种基本类型:管式熔断器、大电流熔断器、标准片式熔断器和微型片式熔断器。熔断器的具体形状见图1-10。

图 1-10 熔断器的具体形状

熔断器上标有额定安培值,不同安培值的熔断器采用不同的颜色以便区别。当电流超过熔断器额定电流一定程度时,熔断器的金属线将熔断和烧毁,使电路断开,从而保护用电设备或电路导线。熔断器可以直接观察熔丝的好坏或用万用表查熔丝的通断。更换熔断器时,一定要与原规格相同,特别要注意,不能使用比规定容量大的熔断器。

在特定的场合,如电动门窗电机、座椅电机上会加装自恢复保险丝(或称热保护器),即电机运动到极限或电流过大、通电时间过长时,保险丝被加热自动切断电路,防止电机因电流过大而烧坏,热保护器冷却后又会继续接通电路。

(2)继电器

汽车上常用的继电器主要是用小电流控制大电流,减少控制开关的电流负荷,保护开关触点不被烧蚀。

继电器的外形及结构如图 1-11 所示,其内部包括控制电路、电磁铁、触点等部件。汽车上常用的继电器有 3 类,第 1 类是继电器触点常开,继电器动作后触点接通;第 2 类是继电器触点常闭,继电器动作后触点断开;第 3 类是继电器内部有两对触点,动断触点接通,动合触点断开,动作后变成相反状态。

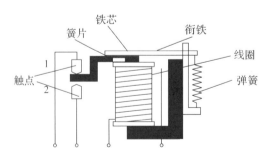

图 1-11 继电器的外形及结构

（3）熔断器盒（中央接线盒）

熔断器盒（中央接线盒）一般安装在仪表盘附近或发动机罩下面，常与继电器组装在一起，构成全车电路的中央接线盒。图1-12所示为轿车熔断器盒的正面布置（仪表台左下侧），熔断器的规格及控制内容通常标在熔断器的盒盖上。

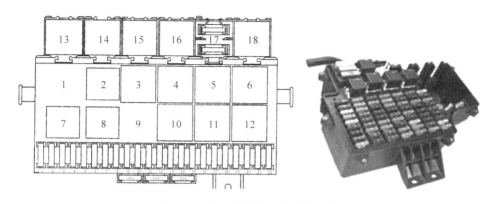

图1-12 轿车熔断器盒的正面布置

3.插接器

插接器也称为连接器，由通常所说的插头和插座两部分组成。为了保证插接器的可靠连接，其上都有锁紧装置，而且为了避免安装中出现差错，插接器制成不同的规格、形状。插接器的结构和形状如图1-13所示，为了便于电路配线检修，插接器上标有数字或字母标记。

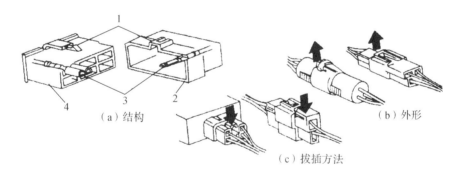

图1-13 插接器的结构与形状

4.导线

汽车电气设备的连接导线按承受电压的高低，可分为高压导线和低压导线两种。高压导线有点火高压线和新能源汽车专用高压线，传统汽车高压导线一般泛指点火高压线。低压导线也称为低压电缆线，比较理想的方式是采用铜质多芯软线，也有采用铝质线的。

（1）低压导线（低压电缆线）

低压导线主要根据用电设备的负载电流大小选择导线截面积。其一般原则是，长时间工作的电气设备可选用实际载流量60%的导线；短时间工作的用电设备可选用实际载流量60%～100%的导线。为保证一定的机械强度，一般低压导线截面积不小于0.5mm²。为了便于识别，汽车厂商往往在电路中采用不同颜色的低压导线。根据我国有关规定，低压导线有以单色线为基础和以双色线为基础两种原则。双色线的主色所占比例大些,辅色所占比例小些,在电路图中,导线颜色均有标注,双色线标注第一色为主色,第二色为辅色。

汽车上的低压导线除蓄电池导线、起动机导线外,均用绝缘材料缠绕包扎成束,避免水、油的侵蚀和磨损。线束布线过程中不可拉得太紧,线束穿过洞口或锐角处应有套管保护,线束位置确定后,应用卡簧或绊钉固定。汽车线束与低压导线如图 1-14 所示。

图 1-14　汽车线束与低压导线

（2）汽车（点火）高压导线

汽车（点火）高压导线一般用于汽车点火线圈至火花塞之间的电路,可以分为普通铜芯高压线和高压阻尼线两种。高压阻尼线可以抑制或衰减点火系统所产生的对无线电设备干扰的电磁波,降低对电控装置和无线设备的干扰。汽车（点火）高压导线如图 1-15 所示。

（3）新能源汽车专用高压导线

新能源汽车由于普遍采用了 DC60V 以上高压动力电池,其使用安全性要求极高,根据国家最新标准,对 GB/T 25085、GB/T 25087 中额定电压 60～600V 的单芯或多芯电缆进行了重新规定和要求,同时对新能源汽车使用的 600V 以上的高压线缆进行了标准的补充说明。新能源汽车专用高压导线如图 1-16 所示。

图 1-15　汽车（点火）高压导线

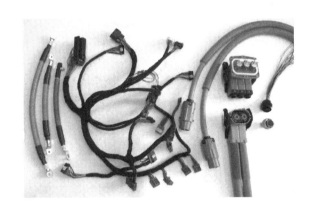

图 1-16　新能源汽车专用高压导线

QC/T 1037—2016 大部分测试项目和要求沿用了 GB/T 25085、GB/T 25087,与电缆料有关的差别主要有如下几点:

1）检查电压更高。

AC600V/DC900V 检查电压为 8kV;AC900V/DC1500V 检查电压为 10kV。

2）电线外层只能使用鲜艳的橙色。

3）耐磨要求规定了最小往复次数 1000～1500 次。

4)耐化学试剂浸渍时间改为 10s,腐蚀性强的如汽油、柴油单次浸渍后热老化 240h,弱腐蚀性液体如冷却液、玻璃水则分 4 次浸渍,热老化 3000h,然后进行卷绕和绝缘测试。

5)阻燃要求更高,延燃试验自熄时间要求小于 30s。而 GB/T 25085 和 GB/T 25087 的自熄时间要求为小于 70s。

习题

1.现代汽车电气设备可分为哪几个系统?

2.汽车电气设备有哪四个共同的特点?

3.各汽车电气系统的基本功能是什么? 还可以完成哪些更高级的功能? 试举例说明。

学习单元二
汽车电源系统

知识目标

1. 熟练掌握汽车电源系统的组成与功用;
2. 熟练掌握铅酸蓄电池的功用、类型与结构组成;
3. 熟练掌握交流发电机的功用与结构组成。

能力目标

1. 能够熟练判别汽车电源系统的工作状况;
2. 能正确指出汽车电源系统各部件在实车上的安装位置;
3. 能在实车上正确安装及拆卸蓄电池;
4. 能够初步判别汽车电源系统的故障。

模块一 汽车电源系统概述

对于乘用汽车而言,目前主要有内燃机汽车和新能源汽车两大类,这两类汽车由于采用了不同的动力源,相应的电源系统在结构上有着本质的区别,但从功能上看,都是采用了双电源系统结构。

一、传统内燃机汽车电源系统

1.传统内燃机汽车电源系统的功用

传统内燃机汽车电源系统的双电源系统由用于静态充放电的蓄电池系统和用于动态发电的发电机系统两部分组成。随着用电设备的不断增加,对电能的消耗越来越多,因此,现代轿车不仅给蓄电池增加了电能管理系

微课 2.1 什么是 48V 电源系统?

统,用于静态充放电的蓄电池电能管理系统也开始由单一的 12V 蓄电池转变成双 12V 蓄电池电能系统,甚至是转向 12V＋48V 双蓄电池电能系统,目前多个汽车厂家已全面量产 48V 双电池系统(即微混)。静态充放电的蓄电池系统主要是为汽车发动机启动时提供短时间大电流,要求具有瞬间大电流的供电能力和低温启动性能,主要满足汽车启动的要求;同时蓄电池在发

链接:48V 汽车电气系统介绍

电机发电状态下充电储存电能和稳定电源系统电压,必要时为车载辅助电气设备提供一定的电能;因此,传统汽车用蓄电池主要是启动型蓄电池,普遍采用的是铅酸蓄电池,发展的趋势是锂离子低压蓄电池。动态发电的发电机则是将发电机的机械能转化为适合汽车使用的低压直流电。

2.传统内燃机汽车电源系统的结构组成

传统内燃机汽车电源系统主要由静态充放电的蓄电池系统和动态发电的发电机系统两部分组成,如图 2-1 所示,其作用是供给全车用电设备的电力需要。

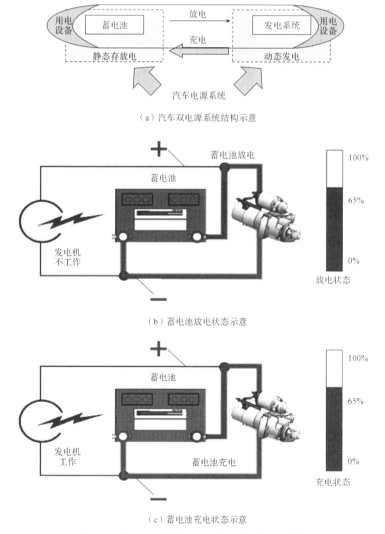

(a)汽车双电源系统结构示意

(b)蓄电池放电状态示意

(c)蓄电池充电状态示意

图 2-1 传统内燃机汽车电源系统的基本结构

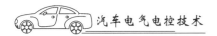

二、新能源汽车电源系统

1. 新能源汽车电源系统的功用

新能源汽车主要分为纯电动汽车、混合动力汽车和燃料电池汽车,三者的电源系统在结构和功能上差别不大,都由低压直流蓄电池系统和高压直流动力电池系统组成。低压直流蓄电池和传统内燃机汽车用蓄电池在结构和功能上基本一致。高压直流动力电池的作用是为新能源汽车提供足够的行驶动力,俗称动力电池,是新能源汽车区别于内燃机汽车(内燃机为动力源)的关键,动力电池以锂离子蓄电池为主,属于深循环型蓄电池。

2. 新能源汽车电源系统的结构组成

新能源(纯电动)汽车电源系统主要由动力电池、电池管理系统(BMS)、车载充电机及辅助动力源组成(见图2-2)。其中,辅助动力源类似于传统内燃机汽车的低压直流蓄电池系统,功能上看由低压直流蓄电池系统和高压直流动力电池系统组成。其中,高压直流动力电池系统是主要的电源系统,低压直流蓄电池系统是辅助动力源。具体的结构和功能介绍参考本书后续新能源汽车任务单元。

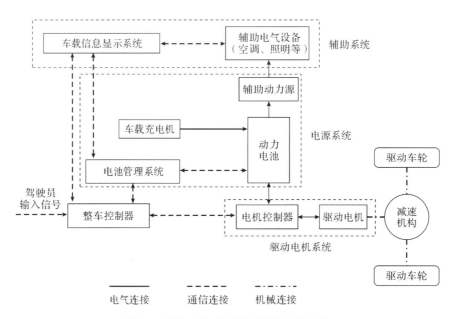

图 2-2 纯电动汽车电源系统的基本结构

模块二　铅酸蓄电池

蓄电池为汽车的启动或驱动电机提供驱动电能,将蓄电池的电能转化为机械能,通过驱动传动装置或直接驱动车轮工作;同时为汽车全车电气提供辅助电能。

汽车电能源的储能方式有电池储能、超导储能、超级电容储能、飞轮储能等,目前应用较多的是电池储能和超级电容储能两种。电池储能方式又可分为物理电池储能、生物电池储能和化学电池储能三大类。

物理电池是指利用物理原理制成的电池,其特点是能在常温常压条件下进行能量转换,如太阳能电池、核能电池和温差电池;生物电池是利用生物酶、微生物或叶绿素做成的电池,如微生物电池、生物太阳能电池;化学电池是一种直接把化学能转化为电能的电池。目前世界上研发的最成功的纯电动汽车电池就是化学电池。

化学电池因选用材料、电池的工作性质和储能方式的不同可分为三大类,而这三大类又可具体细分为很多小类,如图 2-3 所示。

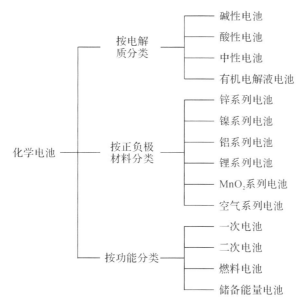

图 2-3　化学电池的分类

目前,传统内燃机汽车上应用最广泛的电源是铅酸蓄电池和锂离子蓄电池,新能源汽车上普遍采用了锂离子动力电池,燃料电池汽车则采用了燃料电池与锂离子蓄电池两种。本章以介绍铅酸蓄电池为主,锂离子电池和燃料电池的介绍请参考新能源汽车章节。

(化学)蓄电池是一种可逆的低压直流电源,既能将化学能转化为电能,也能将电能转化为化学能。化学电池一般由电极(正极、负极)、电解质、隔膜(板)和容器(外壳)等部分组成,如图 2-4 所示。电极是电池的核心部分,一般由活性物质和导电骨架组成。所谓活性物质,是指能够通过化学变化释放出电能的物质,如铅酸蓄电池负极板上的铅,燃料电池质子交换膜上的氢。导电骨架主要起传导电子和支撑活性物质的作用。单个电池或电池组上常标有"＋""－",这是指示电池的正极端和负极端,便于使用者分辨和外电路接线,以免接错。电解质通常为液体或固体,液体电解质常称为电解液,一般是酸、碱、盐的水溶液;固体电解质一般为盐类,由固体电解质组成的电池称为"干电池"。

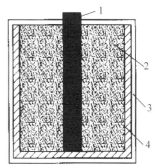

1—正极;2—电解质;
3—外壳;4—负极

图 2-4　化学电池的组成

一、内燃机汽车用铅酸蓄电池的功用

内燃机汽车普遍采用的是启动型铅酸蓄电池。启动型铅酸蓄电池的功用主要有：

(1)发动机启动前和启动时,向起动机和点火系统供电;

(2)发动机低速运转、发电机供电不足时,向用电设备补充供电和向发电机磁场绕组供电;

(3)发动机中、高速运转时,将发电机剩余电能转化为化学能储存起来;

(4)发电机过载时,协助发电机向用电设备供电;

(5)蓄电池相当于一个大电容器,能吸收电路中出现的瞬时过电压,保护电子元件,保持汽车电气系统电压稳定。

动力型铅酸蓄电池性能与启动型铅酸蓄电池性能的要求是不同的,它既要求有瞬时大电流放电的特点,又要求有持续大电流放电的能力。动力型铅酸蓄电池的功用主要有:

(1)持续稳定地大电流放电,能够保证汽车保持一定的行驶速度;

(2)有瞬时大电流放电的能力,保证汽车在加速、上坡时有足够的动力;

(3)能一次性提供足够的能源,保证汽车有一定的行驶里程。

二、铅酸蓄电池的种类

以硫酸溶液为电解液、电极以铅及其氧化物为材料的蓄电池称为铅酸蓄电池。铅酸蓄电池又称为铅酸电池,是蓄电池的一种,是 1859 年法国人普兰特(G. Plante)发明的。自铅酸蓄电池被发明以来,因其价格低廉、原料易得、性能可靠、容易回收和适于大电流放电等特点,已成为世界上产量最大、用途最广泛的蓄电池品种。

铅酸蓄电池按其工作环境可分为移动式和固定式两大类。汽车上应用的铅酸蓄电池为移动式。

铅酸蓄电池根据结构及原理不同又分为多种,常见的有干荷电式蓄电池、湿荷电式蓄电池、阀控式蓄电池、免维护型蓄电池、胶体型蓄电池及水平板式蓄电池等。按照使用场合要求分为启动型蓄电池和深循环(动力)型蓄电池。启动型蓄电池可在较短的时间内提供较大量的电流,汽车在启动时需要用此冲击电流来启动发动机,而动力型蓄电池的作用是在较长的一段时间内提供较稳定的电流。

目前,大量轿车采用启停系统与电能管理系统后,对蓄电池的要求也发生了明确的变化,其需要特殊的电池,即启停专用蓄电池——玻璃纤维吸附式(Absorbed Glass Mat,AGM)蓄电池和增强型注水式铅酸蓄电池(Enhanced Flooded Battery,EFB)。安装了启停系统的车不能使用普通标准蓄电池,就算电容很大也不行,它们不能承受充电时比一般电流强度大得多的电流,而且使用寿命有限。

AGM/EFB 蓄电池统称为启停蓄电池,源于欧洲德国 MOLL 公司。两种蓄电池内部结构不同,分为富液蓄电池(EFB)和贫液蓄电池(AGM);EFB 蓄电池在细节方面进行了诸多改进,而 AGM 蓄电池极板不是浸泡在电解液(稀释的硫酸)中,而是将电解液的大部分吸附在多孔的玻璃纤维隔板上。另外,在充电过程中产生的气体将通过化学反应被吸引,电池也完全密封,所以电池完全可以安装在车内。

　　EFB 蓄电池适合安装在发动机舱附近,AGM 蓄电池应避免高温,一般安装在后备厢。与 EFB 蓄电池相比,AGM 蓄电池整体性能更优;与 AGM 蓄电池相比,EFB 蓄电池具有适用温度范围广等特点。根据美国德尔福公司的试验,在模仿城市驾驶的情况下,普通电池可以充电 2 万至 2.5 万次,而以上这两种特殊电池可以充电 6 万次。

链接:AGM 蓄电池

　　EFB 蓄电池适用于没有智能充电管理的带启停系统的车型,在国内销售的配备启停功能的日系车使用的蓄电池多为 EFB 蓄电池。当带有交流发电机智能管理系统时就应该使用 AGM 蓄电池,因为它能承受高强度的充电电流,这主要归功于特殊的隔离设备、厚度较小的板栅和极板所含的特殊混合物等使内部电阻变小的技术,在国内销售的欧系品牌车辆对 AGM 蓄电池的使用最多,如奔驰、宝马、奥迪、保时捷、大众、名爵等车型,很多是德国 MOLL 配套。一般蓄电池标签上写着 AGM(吸液玻璃纤维板)或者 VRLA(阀控式密封铅酸电池)字样即为 AGM 蓄电池。AGM/EFB 蓄电池实物如图 2-5 所示。

AGM蓄电池　　　　　　　　　　EFB蓄电池

图 2-5　AGM/EFB 蓄电池实物

三、铅酸蓄电池的工作原理*

1.电动势的建立

铅酸蓄电池的电动势是正、负极浸入电解液后产生的。其反应过程如图 2-6 所示。

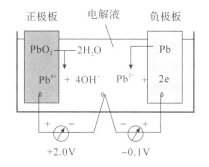

图 2-6　蓄电池电动势的建立

在正极板处，少量的 PbO_2 溶入电解液，与水生成 $Pb(OH)_4$，再分离成四价铅离子（Pb^{4+}）和氢氧根离子（OH^-），即

$$PbO_2 + 2H_2O \longrightarrow Pb(OH)_4$$

$$Pb(OH)_4 \Longrightarrow Pb^{4+} + 4OH^-$$

电解液中的 Pb^{4+} 有沉附于正极板的倾向，使正极板相对于电解液具有正电位。同时，由于正负电荷的吸引，正极板上的 Pb^{4+} 有与电解液中的 OH^- 结合生成 $Pb(OH)_4$ 的倾向，当达到平衡时，正极板的电位约为 $+2.0V$。

在负极板处，一方面 Pb 有溶于电解液的倾向，在电解液中生成 Pb^{2+} 使极板带负电；另一方面，由于正负电荷的吸引，Pb^{2+} 有沉附于负极板的倾向，当两者达到平衡时，负极板相对于电解液的电位约为 $-0.1V$。

动态平衡时，静止电动势 E 为

$$E = 2.0 - (-0.1) = 2.1(V)$$

链接：蓄电池的充放电过程

2.放电过程

将蓄电池的化学能转换成电能的过程称为放电过程。其化学反应过程如图 2-7 所示。

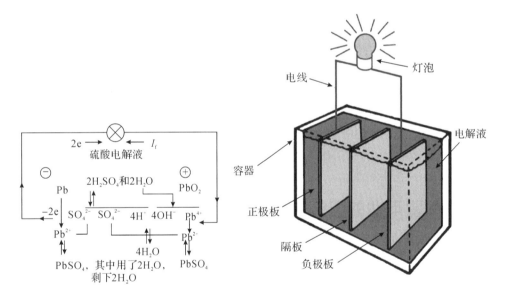

图 2-7　蓄电池的放电过程

当蓄电池与外电路接通后，由于电动势 E 的存在，使电路内产生电流 I_f，即电子 e 从负极板流向正极板，将 Pb^{4+} 转化为 Pb^{2+}，而 Pb^{2+} 与电解液中的硫酸根离子 SO_4^{2-} 结合成 $PbSO_4$，并沉附在正极板上，即

$$Pb^{4+} + 2e \longrightarrow Pb^{2+}$$

$$Pb^{2+} + SO_4^{2-} \longrightarrow PbSO_4$$

在负极板处，失去电子（2e）的 Pb 变为 Pb^{2+}，其与电解液中的 SO_4^{2-} 结合生成 $PbSO_4$ 而沉附于负极板上，即

$$Pb-2e \longrightarrow Pb^{2+}$$

$$Pb^{2+}+SO_4^{2-} \longrightarrow PbSO_4$$

在电解液中，H_2SO_4 失去 SO_4^{2-} 而余下氢离子 H^+，它与 OH^- 结合生成水，即

$$2H^++2OH^- \longrightarrow 2H_2O$$

也就是说，在放电过程中，极板上的活性物质将逐渐转化为 $PbSO_4$，同时，由于电解液中 SO_4^{2-} 的不断减少，使得电解液的密度下降。从理论上讲，放电过程可一直进行到极板上的所有活性物质被耗尽，但由于生成的 $PbSO_4$ 沉附于极板表面，阻碍电解液渗透到极板活性物质内层中去，使得在使用中被称为放完电的蓄电池的活性物质利用率仅达 $20\%\sim30\%$。因此采用薄型极板，增加多孔性，可提高活性物质的利用率。

蓄电池放电特征：

(1)活性物质 PbO_2 和 Pb 均逐渐变为 $PbSO_4$。

(2)放电过程中，单格电池电压降到放电终止电压 $1.75V$，电解液密度下降到最小许可值。所以，可通过电解液密度判断放电程度。

(3)蓄电池内阻逐渐增大。

3.充电过程

将电能转换成蓄电池化学能的过程称为充电过程，它是放电反应的逆过程。其化学反应过程如图 2-8 所示。

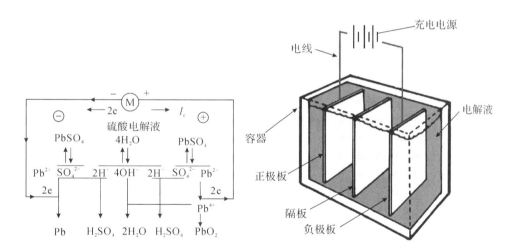

图 2-8　蓄电池的充电过程

蓄电池充电时，正负极板与直流电源相连，当充电电源的端电压高于蓄电池的电动势时，在电场的作用下，充电电流 I_c 以与放电电流相反的方向流动，使正极电位升高，负极电位下降，正负极板处的平衡被打破。在正极板处的 Pb^{2+}，失去两个电子变为 Pb^{4+}，再与电解液中水分解产生的 OH^- 结合生成 $Pb(OH)_4$，又被分解为 PbO_2 和 H_2O，PbO_2 沉附在正极板上，即

$$Pb^{2+}-2e \longrightarrow Pb^{4+}$$

$$Pb^{4+}+4OH^- \longrightarrow Pb(OH)_4$$

$$Pb(OH)_4 \longrightarrow PbO_2+2H_2O$$

负极板处，Pb^{2+} 得到两个电子变成 Pb 沉附到负极板上，即

$$Pb^{2+} + 2e \longrightarrow Pb$$

而在正负极板附近的 SO_4^{2-} 与电解液中的 H^+ 结合成 H_2SO_4，即

$$2H^+ + SO_4^{2-} \longrightarrow H_2SO_4$$

由此可见，在充电过程中，正负极板上的 $PbSO_4$ 将逐步恢复为 PbO_2 和 Pb。同时，由于水的减少和 H_2SO_4 的生成，使得电解液的密度也逐渐上升。当充电接近终了时，$PbSO_4$ 已基本恢复为 PbO_2 和 Pb。当单格电池电压达到 2.35V 时，充电电流将引起水的分解，使正极板附近的 O^{2-} 失去两个电子变成 O_2 从电解液中逸出，负极板附近的 $2H^+$ 得到两个电子变为 H_2 从电解液中逸出，即

$$2H_2O \longrightarrow O_2\uparrow + 2H_2\uparrow$$

端电压越高，电解水也越激烈，此时充入的大部分电荷参加水电解，形成的活性物质很少，这是一种很危险的情况。

蓄电池充电特征：

(1)正负极板上的 $PbSO_4$ 将逐步恢复为 PbO_2 和 Pb。

(2)在充电过程中，单格电池电压上升到充电终止电压 2.35V，电解液密度上升到最大许可值，电解液中有大量气泡冒出，呈沸腾状态。所以，可通过电解液密度判断充电程度。

(3)蓄电池内阻逐渐下降。

蓄电池在充放电时总的化学反应过程可表示为

$$\underset{\substack{\text{正极板}\\(\text{二氧化铅})}}{PbO_2} + \underset{\substack{\text{电解液}\\(\text{稀硫酸})}}{H_2SO_4} + \underset{\substack{\text{负极板}\\(\text{海绵状纯铅})}}{Pb} \underset{\text{充电}}{\overset{\text{放电}}{\rightleftharpoons}} \underset{\substack{\text{正极板}\\(\text{硫酸铅})}}{PbSO_4} + \underset{\substack{\text{电解液}\\(\text{水})}}{H_2O} + \underset{\substack{\text{负极板}\\(\text{硫酸铅})}}{PbSO_4}$$

铅酸蓄电池开路电压与电解液密度间的关系如下：

$$开路电压 = 1.850 + 0.917(\rho_{液} - \rho_{水}) \quad 或 \quad 开路电压 = \rho_{液} + 0.84$$

式中：$\rho_{液}$——电池所处温度（25℃）下，电解液的密度（g/cm^3）；

$\rho_{水}$——电池所处温度（25℃）下，水的密度（g/cm^3）。

四、铅酸蓄电池的构造

铅酸蓄电池由正极板、负极板、隔板、电池盖、电解液、加液孔盖和外壳等组成，其结构如图 2-9 所示。正、负极板浸入稀硫酸电解液中成为单格电池。铅酸蓄电池单格电池的标称（额定）电压为 2V，单格电池开路电压为 2.1V，工作电压为 1.8～2.0V，放电截止电压为 1.75V，充电截止电压为 2.35V。普通铅酸蓄电池由 3 只或 6 只单格电池串联组成。

链接：蓄电池的结构原理

1.极板

极板是蓄电池的核心部分，蓄电池电能与化学能的相互转换依靠极板上的活性物质与电解液中的硫酸的化学反应来实现。

极板分正、负极板两种，由栅架及活性物质组成，活性物质就是极板上的工作物质。正

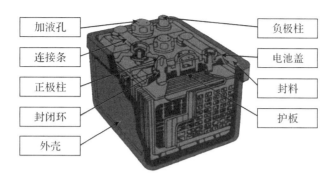

图 2-9 铅酸蓄电池的结构

极板上的活性物质为二氧化铅（PbO_2），呈暗棕色；负极板上的活性物质为海绵状纯铅（Pb），呈深灰色。栅架由铅锑合金浇铸而成，活性物质填充在栅架组成的单格内。极板和栅架的外形如图 2-10 所示。

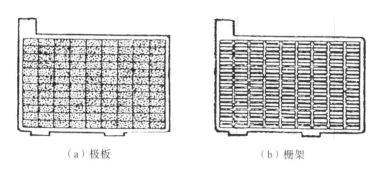

（a）极板　　　　　　　　　　　（b）栅架

图 2-10 极板和栅架

将正负极板各一片浸入电解液中，可获得约 2.1V 的电动势。为增大蓄电池容量，可将多片正、负极板分别并联，用横板焊接成正负极板组。正负极板相互交错嵌合，中间插入隔板后装入蓄电池单格内，便形成单格电池，如图 2-11 所示。在每个单格电池中负极板总比

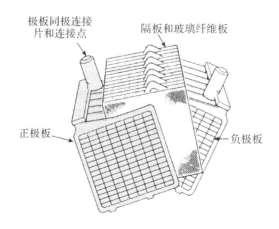

图 2-11 单格电池

正极板多一片。因为正极板活性物质比较疏松,且正极板处的化学反应比负极板上的化学反应剧烈,反应前后活性物质体积变化较大,所以正极板夹在负极板之间,可使其两侧放电均匀,从而减轻正极板的翘曲和活性物质脱落。

2. 隔板

为了减少蓄电池的内阻和体积,正负极板安装时应尽量靠近。为了避免正负极板彼此接触而造成短路,在正负极板之间装上隔板,隔板的功用是在正负极板间起绝缘作用。

3. 电解液

电解液在蓄电池充放电的化学反应中起到离子间的导电作用,并参与蓄电池的化学反应。电解液由纯硫酸与蒸馏水按一定比例配置而成,加入每个单格电池中,电解液相对密度一般为 $1.24 \sim 1.36 g/cm^3$。电解液纯度是影响蓄电池电气性能和使用寿命的重要因素,因此配置时不能采用工业用硫酸和普通水,因为工业用硫酸和普通水中含铜、铁等杂质较多,会加速蓄电池自放电和极板溃烂,影响蓄电池寿命,因此不能用于蓄电池。

4. 壳体

蓄电池壳体用来盛装电解溶液和极板组,使铅蓄电池构成一个整体。蓄电池壳体一般为整体式结构,壳体材料有硬橡胶和塑料两种,壳内由间壁分成 3 个或 6 个互不相通的单格,蓄电池单格电池之间均用铅质联条串联,如图 2-12 所示。壳体底部制有凸筋,用来支持极板组,凸筋之间的空隙可以积存极板脱落的活性物质,避免正负极板短路。

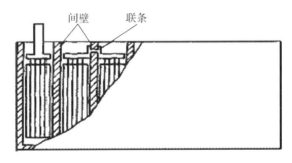

图 2-12 蓄电池的壳体

早期的普通蓄电池在壳体上设有加液孔,可以加注电解液或检测电解液密度。孔盖上设有通气孔,便于排出蓄电池内部气体,防止外壳胀裂,发生事故。

五、铅酸蓄电池的规格型号★

机械工业部《铅蓄电池产品型号编制方法》(JB2599—85)标准规定,蓄电池的型号如下:

第 I 部分表示串联单格电池数,用阿拉伯数字表示,蓄电池标准电压是该数字的 2 倍。

第 II 部分表示电池类型和特征,用两个汉语拼音字母表示。第一个字母为"Q",表示启动型铅蓄电池;第二个字母表示电池结构特征,如:A—干荷电式;B—薄型极板;W—免维护式;J—胶体电解液;H—湿荷电式;无字母—干封式铅蓄电池。

第Ⅲ部分表示蓄电池的额定容量,我国目前规定采用20h放电率的容量(单位是:安·时或A·h)。有时在额定容量后面用一个字母表示蓄电池的性能特征,如:G—高启动率;S—塑料槽;D—低温启动性能好。

例如,6—QA—60型蓄电池,表示由6个单格电池组成、额定电压为12V、额定容量为60A·h的启动型干荷电式或铅蓄电池。典型蓄电池的铭牌如图2-13所示。

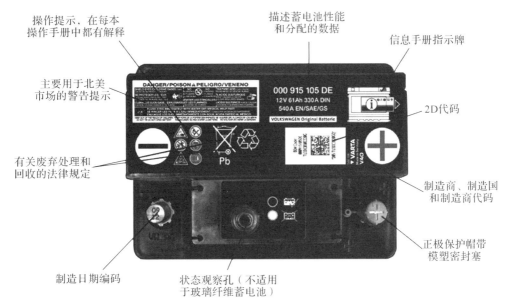

图2-13　典型蓄电池的铭牌

六、铅酸蓄电池的性能指标

蓄电池性能指标主要有电压、容量、内阻、能量、功率、输出效率、自放电率、使用寿命等,根据蓄电池种类不同,其性能指标也有差异。

1. 电压

电池电压主要有端电压、标称(额定)电压、开路电压、工作电压、充电终止电压和放电终止电压等。

(1)端电压。电池的端电压是指电池正极与负极之间的电位差。

(2)标称电压。标称电压也称额定电压,是指电池在标准规定条件下工作时应达到的电压。标称电压由极板材料的电极电位和内部电解液的浓度决定。铅酸蓄电池的标称电压是2V,金属氢化物镍蓄电池的标称电压为1.2V,磷酸铁锂电池的标称电压为3.2V,锰酸锂离子电池的标称电压为3.7V。

(3)开路电压。电池在开路条件下的端电压称为开路电压,即电池在没有负载情况下的端电压。

(4)工作电压。工作电压也称负载电压,是指电池接通负载后处于放电状态下的端电

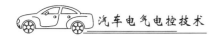

压。在电池放电初始的工作电压称为初始电压。

(5)充电终止电压。蓄电池充足电时,极板上的活性物质已达到饱和状态,再继续充电,电池的电压也不会上升,此时的电压称为充电终止电压。铅酸蓄电池的充电终止电压为 2.35V。

(6)放电终止电压。放电终止电压是指电池在一定标准所规定的放电条件下放电时,电池的电压将逐渐降低,当电池不宜再继续放电时,电池的最低工作电压称为放电终止电压。如果电压低于放电终止电压后电池继续放电,电池两端电压会迅速下降,形成深度放电。这样,极板上形成的生成物在正常充电时就不易再恢复,从而影响电池的寿命。放电终止电压和放电率有关,放电电流直接影响放电终止电压。在规定的放电终止电压下,放电电流越大,电池的容量越小。

2. 容量

蓄电池的容量是指在规定的放电条件下,完全充足电的蓄电池所能放出的电量,用 C 表示。蓄电池的容量是标志蓄电池对外放电能力、衡量蓄电池质量的优劣以及选用蓄电池的最重要指标。蓄电池的容量采用 A·h(安·时)或 kA·h 来计量,即容量等于放电电流与持续放电时间的乘积。

(1)额定容量。额定容量是指在室温下完全充电的蓄电池以 I_1(A)电流放电,达到终止电压时所放出的容量。

(2)n 小时率容量。n 小时率容量是指完全充电的蓄电池以 n 小时率放电电流放电,达到规定终止电压时所释放的电量。用 20 小时率容量表示,它是指充足电的新蓄电池在电解液温度为 $25\pm5℃$ 条件下,以 20h 放电率的放电电流($0.05C$)连续放至单池平均电压降到 1.75V 时,输出的电量称为额定容量,用 C_{20} 表示。它是检验新蓄电池是否合格的重要指标,新蓄电池的输出电量如果小于额定容量,即为不合格。

(3)理论容量。理论容量是把活性物质的质量按法拉第定律计算而得到的最高理论值。为了比较不同系列的电池,常用比容量的概念,即单位体积或单位容量的电池所能给出的理论电量,单位为 A·h/L 或 A·h/kg。

(4)实际容量。实际容量也称可用容量,是指蓄电池在一定条件下所能输出的电量,它等于放电电流与放电时间的乘积,其值小于理论容量。实际容量反映了蓄电池实际存储电量的大小,蓄电池容量越大,电动汽车的续驶里程就越长。在使用过程中,电池的实际容量会逐步衰减。

(5)荷电状态。荷电状态(State of Charge,SOC)是指蓄电池在一定放电倍率下,剩余电量与相同条件下额定容量的比值,反映蓄电池容量变化的特性。SOC=1 即表示蓄电池为充满状态。随着蓄电池的放电,蓄电池的电荷逐渐减少,此时蓄电池的充电状态可以用 SOC 值的百分数的相对量来表示电池中电荷的变化状态。一般蓄电池放电高效率区为 $50\%\sim80\%$SOC。对蓄电池 SOC 值的估算已成为电池管理的重要环节。

其他的蓄电池性能指标参见新能源汽车相关任务单元。

七、铅酸蓄电池的使用维护

1.蓄电池的保养

为了保证蓄电池的使用性能,延长蓄电池的使用寿命,必须正确选择符合原车要求的蓄电池型号,正确使用蓄电池,并及时对蓄电池进行检查和维护。

链接:蓄电池的
检查与维护

(1)及时充电,对于就车使用的蓄电池,为了防止其产生硫化故障,必须定期(每两个月)用改进恒流充电的方法充电一次。

(2)不连续使用起动机。每次启动时间不超过 5s,启动间隔时间 15s,最多连续启动 3 次。

(3)应经常清除蓄电池表面的灰尘污物,保持蓄电池表面清洁、干燥。

(4)拆卸蓄电池电缆时,应先拆下蓄电池负极,再拆下蓄电池正极;安装蓄电池电缆时,应先安装蓄电池正极,再安装蓄电池负极,以免拆装过程中造成蓄电池的短路。

2.蓄电池的充电

(1)蓄电池的充电方式

蓄电池的充电必须根据不同情况选择适当的方法,并且正确使用充电设备,这样才能提高工作效率,延长蓄电池及充电设备的寿命。通常蓄电池的充电方法有定流充电、定压充电和快速脉冲充电。定流充电的充电电流确定:第一阶段 $I=C_{20}/10$;第二阶段 $I=C_{20}/20$。充电电压的选取按单格电池约 2.5V 选择。

链接:蓄电池的
充电

(2)蓄电池的充电种类

1)初充电

新电池或修复后电池(更换极板)在使用之前首次充电。

2)补充充电

对使用中的蓄电池在无故障的前提下,为保持额定容量而进行的正常的保养性充电。

链接:蓄电池的
充电方法

有下列现象之一时,应及时补充充电:

①电解液相对密度降至 $1.15g/cm^3$ 以下时;

②冬季放电量超过 25%,夏季超过 50% 时;

③前照灯灯光比平时暗淡,启动无力时;

④单格电池电压降至 1.7V 以下时。

(3)间歇过充电

蓄电池在使用中,常因充电不足造成硫酸铅化,简称硫化。为了预防硫化,蓄电池每隔 3 个月应进行一次预防硫化过充电。做法是先按补充充电方法充足电,停歇 1h 后,再以减半的充电电流进行充电至沸腾,这样反复数次,直到蓄电池刚一接入直流电源就立即沸腾,即可停止充电。

启动型蓄电池的优点是瞬间放电电流大(也只是相对的),缺点是不能深度放电,一旦深度放电,使用寿命(也就是充电次数)就会急剧降低。其参考寿命参数为:

放电 25% 充电,寿命＝1000 次。

放电 50% 充电,寿命＝200 次。

放电 80% 充电,寿命＝30 次。

放电 99% 充电,寿命＝5 次。

而深循环(动力)型蓄电池深度放电也不会影响其寿命(循环充电次数)。其参考寿命参数为:

放电 25% 充电,寿命＝1500 次。

放电 80% 充电,寿命＝1000 次。

3. 蓄电池的检查

(1)蓄电池端电压的检查

对于技术状态良好的蓄电池,用万用表检查蓄电池端电压应不小于 12.6V,否则为蓄电池存电量不足。

(2)蓄电池观察窗检查存电量

有些免维护蓄电池内装电解液密度计,它实际上是一个检视装置。通过这个装置,可以判断出蓄电池的技术状况。如图 2-14 所示。

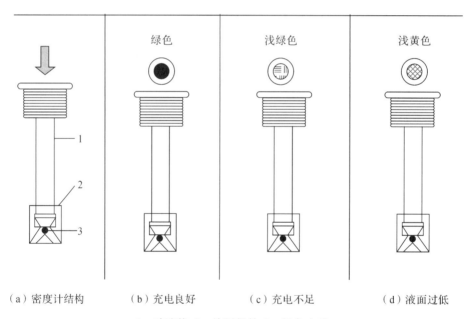

（a）密度计结构　　　（b）充电良好　　　（c）充电不足　　　（d）液面过低

1—玻璃管;2—检测部件;3—绿色小球

图 2-14　内装式密度计

(3)模拟启动放电检测

高率放电计可以模拟起动机启动时的负载,通过测量单格蓄电池在大电流放电时的端电压来判断放电程度。对于技术状态良好的蓄电池,当以启动电流或规定的放电电流连续放电 15s 时,端电压应不低于规定值。如图 2-15 所示为 12V 高率放电计,可以测定 12V 蓄电池的电压和容量,允许接入时间为 10~15s。

链接:蓄电池的检测

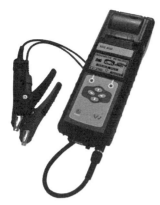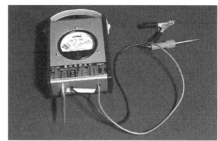

图 2-15　12V 高率放电计

若电压能保持在 10.5～11.6V,说明蓄电池存电量充足,蓄电池无故障;若电压能保持在 9.6～10.5V,说明蓄电池存电量不足,蓄电池无故障;若电压降到 9.6V 以下,说明蓄电池存电量严重不足或蓄电池有故障。

4.蓄电池的故障

蓄电池常见故障包括内部故障和外部故障。外部故障主要有外壳裂纹、极柱腐蚀、极柱松动、封胶干裂等;内部故障主要有极板硫化、活性物质脱落、极板栅架腐蚀、极板短路、自放电、极板拱曲等。

模块三　交流发电机

一、交流发电机的工作原理

1.交流发电机的功用

内燃机汽车上虽然有蓄电池作为常电源,但由于蓄电池的储电能力非常有限,它只能在启动发动机或发动机不工作时为汽车短时提供电能,而不能长时间为汽车供电,因此,蓄电池只能作为内燃机汽车的辅助电源。

在内燃机汽车上,发电机是汽车的主要电源,其功用是在发动机正常运转时,向所有用电设备(起动机除外)供电,同时给蓄电池充电。

车用发电机可分为直流发电机和交流发电机,由于交流发电机的性能在诸多方面优于直流发电机,直流发电机已被淘汰。目前汽车采用三相交流发电机,内部带有二极管整流电路,将交流电整流为直流电,所以,交流发电机输出的还是直流电。此外,交流发电机必须配备电压调节器,对不同工况下汽车对发电机的输出电压进行控制,使其保持基本恒定,以满足汽车用电器的需求。

2.交流发电机的工作原理

交流发电机工作基于电磁感应定律和电磁力定律。其构造的一般原则是:用适当的导磁和导电材料构成互相进行电磁感应的磁路和电路,以产生电磁功率,达到能量转换的目的。将机械能经过交流发电机转化为汽车所需的电能,大致经历了励磁发电、整流、调压三个过程。

链接:发电机的
工作原理

(1)交流发电原理

交流发电机产生交流电的基本原理是电磁感应原理,其发电原理如图 2-16 所示。

1)他励

当外加直流电压作用在励磁绕组两端点的接线柱之间时,励磁绕组中便有电流通过,产生轴向磁场,两块爪形磁极被磁化,形成了六对相间排列的磁极。磁极的磁力线经过转子与定子之间的气隙、定子铁芯形成闭合磁路。

链接:汽车发电
机原理

2)发电

转子旋转时,励磁绕组所产生的磁场也随之转动,形成旋转磁场。固定不动的三相定子绕组在旋转磁场的作用下,产生三个频率相同、幅值相等、相位互差 120°电角度的正弦电动势(旋转的磁场使固定的电枢绕组切割磁力,或者说使电枢绕组中通过的磁通量发生变化而产生电动势)。

链接:三相交流
发电机原理

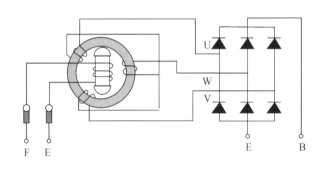
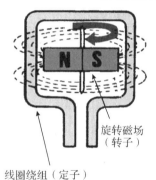

旋转磁场
(转子)

线圈绕组(定子)

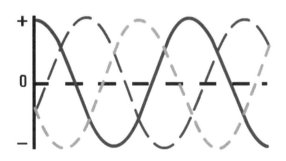

图 2-16　交流发电机发电原理

定子三相绕组的接法有两种:星形接法和三角形接法,如图 2-17 所示。

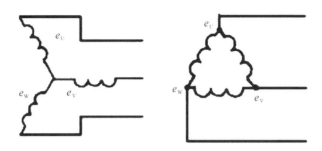

图 2-17 定子三相绕组的接法

（2）交流发电机的励磁

除了永磁式交流发电机不需要励磁外，其他形式的交流发电机都需要励磁才能产生电磁场，必须通过给励磁绕组通电才会有磁场产生而发电，否则发电机将不能发电。

将电流引入励磁绕组使之产生磁场称为励磁，车用交流发电机的励磁绕组和电枢绕组采用了无直接连接关系、需要单独电源进行励磁的方式。车用交流发电机励磁方式有他励和自励两种。

1）他励

由于交流发电机自身不带磁场，需要通电励磁才能产生磁场，因此在发动机启动、怠速运转前，交流发电机需要蓄电池先供给励磁绕组电流，使励磁绕组产生磁场来发电。这种由非发电机自身电源而由蓄电池供给磁场电流发电的方式称为他励发电。

2）自励

当发动机达到正常怠速转速以上时，发电机定子绕组的输出电压一般高出蓄电池电压1～2V，发电机开始对外供电了。当发电机能对外供电时，就可以将自身发的电供给励磁绕组，这种自身供给励磁绕组电流发电的方式称为自励。

交流发电机励磁过程是先他励后自励。交流发电机的励磁电路如图 2-18 所示。

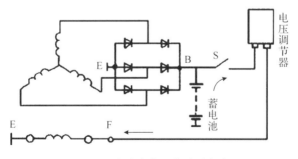

图 2-18 交流发电机的励磁电路

以上的励磁电路存在一个缺陷：驾驶员如果在发动机熄火后忘记关断点火开关，蓄电池将向发电机的磁场绕组长时间放电，励磁绕组容易损坏。由此设计了励磁电路必须由点火开关控制的方式。如图 2-19 所示九管交流发电机电路，还增加了三个小功率二极管 VD_7、VD_8、VD_9，专门用来提供励磁电流，称为励磁二极管。

此电路警告驾驶员停车后关断点火开关，同时电路中还接有一个充电指示灯，用来监视

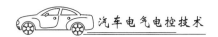

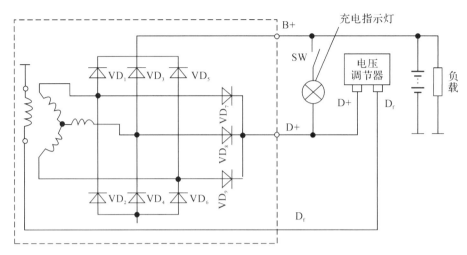

图 2-19　九管交流发电机电路

发电机的工作情况,指示发电机是否有故障。充电指示灯不仅可指示发电机的工作情况,而且可在发动机停车后发亮,提醒司机及时关闭点火开关。

(3)整流原理

1)整流原理

交流发电机定子的三相绕组中,感应产生的是交流电,是通过 6 只二极管组成的桥式整流电路整流为直流电的。桥式整流电路及电压波形如图 2-20 所示。

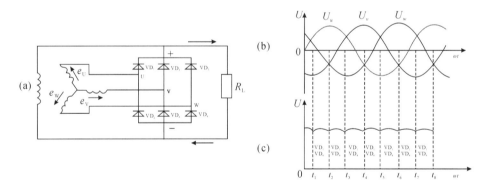

图 2-20　桥式整流电路及电压波形

二极管具有单向导电性:当给二极管加上正向电压时,二极管导通,当给二极管加上反向电压时,二极管截止。交流发电机的整流原理是:利用二极管的单向导电性将六只二极管组成三相桥式整流电路(硅整流器),把交流发电机的三相绕组感应产生的交流电变为直流电。

对于三个正极管子(VD$_1$、VD$_3$、VD$_5$ 正极和定子绕组始端相联),在某瞬时,电压最高一相的正极管导通。对于三个负极管子(VD$_2$、VD$_4$、VD$_6$ 负极和定子绕组始端相联),在某瞬时,电压最低一相的负极管导通。但同时导通的管子总是两个,正、负管子各一个。三相桥式整流电路中二极管的依次循环导通,使得负载 R_L 两端得到一个比较平稳的脉动直流电压。

发电机输出的直流电压平均值为：$U=1.35U_{\mathrm{L}}=2.34U_{\Phi}$。输出电压与磁通量大小成正比。

流经每只二极管的电流：$I_{\mathrm{D}}=I_{\mathrm{L}}/3$。

2）中性点电压

当定子绕组为星形连接时，三相绕组的公共结点称为中性点，输出电压称为中性点电压。

交流发电机中性点电压波形如图 2-21 所示，由图可知，当转速高到一定程度，中性点电压高过发电机输出电压。有的发电机利用这一特点在中性点处接上两只中性点二极管，一只正极管接在中性点和正极之间，一只负极管接在中性点和负极之间，对中性点电压进行全波整流，如图 2-22 所示。可以有效地利用中性点电压来增加发电机的输出功率，试验表明：加装中性点二极管的交流发电机在结构不变的情况下可以将发电机的功率提高 10%～15%。

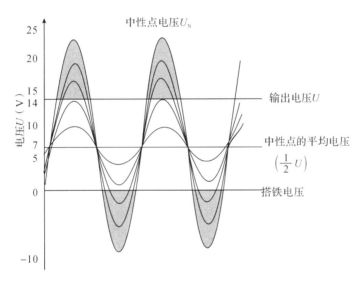

图 2-21　中性点电压波形

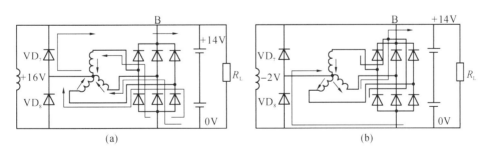

图 2-22　具有中性点接线柱的发电机

（4）调压原理

由于交流发电机的转子是由发动机通过皮带驱动旋转的，且发动机和交流发电机的速比为 1.7～3，因此交流发电机转子的转速变化范围非常大，这样将引起发电机的输出电压发

生较大变化,无法满足汽车用电设备的工作要求。为了满足用电设备恒定电压的要求,交流发电机必须配备电压调节器才能正常工作。

由交流发电机的工作原理我们知道,交流发电机的三相绕组产生的相电动势的有效值为

$$E_\phi = C_e \cdot \Phi \cdot n(\text{V})$$

这里 C_e 为发电机的结构常数,n 为转子转速,Φ 为转子的磁极磁通,也就是说交流发电机所产生的感应电动势与转子转速和磁极磁通成正比。

当转速升高时,E_ϕ 增大,输出端电压 U_B 升高,当转速升高到一定值时(空载转速以上),输出端电压达到极限,要想使发电机的输出电压 U_B 不再随转速升高而上升,只能通过减小磁通 Φ 来实现。而磁极磁通 Φ 与励磁电流 I_f 成正比,减小磁通 Φ 也就是减小励磁电流 I_f。

所以,交流发电机电子调节器的工作原理是:当交流发电机的转速升高时,调节器通过减小发电机的励磁电流 I_f 来减小磁通 Φ,使发电机的输出电压 U_B 保持不变。即根据发电机的电压信号(输入信号),利用三极管的开关特性控制发电机的磁场电流,达到稳定发电机输出电压的目的。

二、交流发电机的结构

链接:汽车交流
发电机的结构

交流发电机主要由转子、定子、整流器、前后端盖、带轮与风扇及电压调节器等组成,如图 2-23 所示。

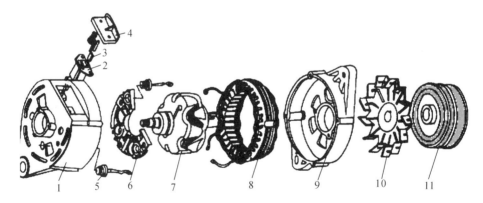

1—后端盖;2—电刷架;3—电刷;4—电刷弹簧压盖;5—硅二极管;6—元件板;
7—转子;8—定子;9—前端盖;10—风扇;11—V 形带轮

图 2-23　交流发电机的解体图

1. 转子

转子主要是用来产生旋转磁场的,如图 2-24 所示为转子总成。转子由爪极、磁轭、磁场绕组、转子轴和滑环等组成,如图 2-25 所示。

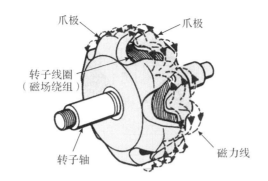

图 2-24　转子总成

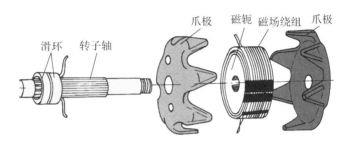

图 2-25　转子的结构

转子轴上压装着两块爪极,两块爪极各有六个鸟嘴形磁极,爪极空腔内装有磁场绕组和磁轭。滑环由两个彼此绝缘的铜环组成,滑环压装在转子轴上并与轴绝缘,两个滑环分别与磁场绕组的两端相连。当两滑环通过电刷通入直流电时,磁场绕组中就有电流通过,并产生轴向磁通,使爪极一块被磁化为 N 极,另一块被磁化为 S 极,从而形成六对相互交错的磁极。当转子转动时,就形成了旋转的磁场。

2.定子

定子也被称为电枢,它的功用是产生交流电。定子由定子铁芯和定子绕组组成。定子铁芯由内圈带槽的硅钢片叠成,定子绕组的导线就嵌放在铁芯的槽中。

定子绕组有三相,三相绕组采用星形接法或三角形接法,如图 2-26 所示,用来产生三相交流电。三相绕组必须按一定要求绕制,才能使之获得频率相同、幅值相等、相位互差 120°的三相电动势。

3.整流器

普通交流发电机的整流器是由 6 只硅整流二极管组成三相桥式整流电路,如图 2-27 所示。每只二极管只有一根引线。引出线为正极的管子叫正极管,引出线为负极的管子叫负极管,因此整流二极管有正二极管和负二极管之分。6 只整流管分别压装(或焊装)在两块整流板上。将正极管安装在一块铝制散热板上,称为正整流板,正整流板和后端盖绝缘,在正整流板上有一个输出接线柱 B(即发电机的输出端)用螺栓引至后端盖外部作为发电机的火线接柱;负极管安装在另一块铝制散热板上,称为负整流板,也可用发电机后盖代替负整流板,负整流板和壳体相连接,直接搭铁,有的发电机端盖上用"E"表示。

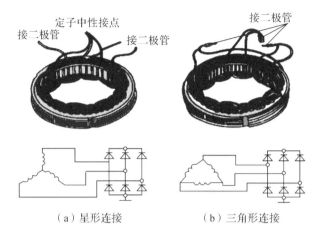

（a）星形连接　　　　　（b）三角形连接

图 2-26　定子绕组的连接形式

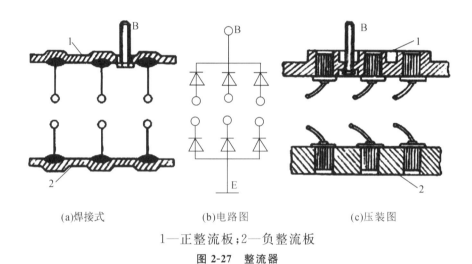

(a)焊接式　　　　　(b)电路图　　　　　(c)压装图

1—正整流板；2—负整流板

图 2-27　整流器

整流板的形状各异，有马蹄形、长方形、半圆形等，如图 2-28 所示。

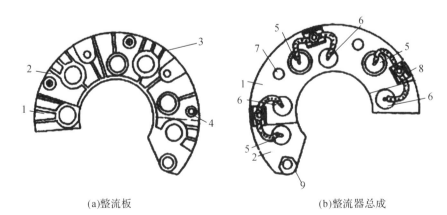

(a)整流板　　　　　　　　(b)整流器总成

1—负整流板；2—正整流板；3—散热片；4—连接螺栓；5—正极管；
6—负极管；7—安装孔；8—绝缘垫；9—电枢接柱安装孔

图 2-28　发电机整流板

4.端盖和电刷

端盖一般分为前端盖和后端盖,起固定转子、定子、整流器和电刷组件的作用。

后端盖上装有电刷组件,包括电刷、电刷架和电刷弹簧。电刷的作用是将电源通过滑环引入磁场绕组,如图 2-29 所示。

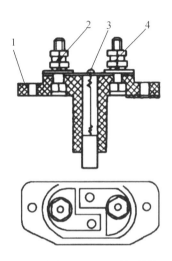

1—电刷架;2—"磁场"接线柱;3—电刷与弹簧;4—"磁场"接线柱

图 2-29　电刷组件

电刷的搭铁方式不同,把发电机分为内搭铁型和外搭铁型两种。磁场绕组负电刷直接和壳体相连搭铁的发电机为内搭铁型发电机;磁场绕组的两只电刷都和壳体绝缘的发电机为外搭铁型发电机,外搭铁型发电机的磁场绕组负极(负电刷)通过调节器后再搭铁。

5.带轮与风扇

交流发电机的前端装有带轮,由发动机通过皮带驱动发电机旋转。在带轮的后面装有叶片式风扇,前后端盖上分别有出风口和进风口。当发动机带动发电机高速旋转时,可使空气流经发电机内部进行冷却,如图 2-30 所示。

6.电压调节器

(1)电压调节器的分类

目前使用的交流发电机电压调节器按工作原理可分为晶体管调节器、集成电路调节器和电脑控制调节器。

晶体管调节器又称电子调节器。其优点是:三极管的开关频率高,且不产生火花,调节精度高,还具有重量轻、体积小、寿命长、可靠性高、电波干扰小等特点。

电子调节器按所匹配的交流发电机搭铁类型可分为内搭铁型调节器和外搭铁型调节器,与内搭铁型交流发电机所匹配的电子调节器称为内搭铁型调节器,与外搭铁型交流发电机所匹配的电子调节器称为外搭铁型调节器。外搭铁型调节器广泛应用于东风、解放及多种中低档车型。现代轿车普遍采用了内搭铁型调节器。

集成电路调节器除具有晶体管调节器的优点外,还具有超小型,安装于发电机的内部(又称内装式调节器),减少了外接线,并且冷却效果得到了改善,现广泛应用于桑塔纳等多

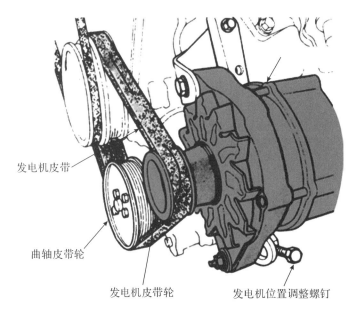

图 2-30　带轮与风扇

种轿车车型上。

　　现在有些轿车上采用了电脑控制的新型调节器,由电负载检测仪测量系统总负载后,向发动机电脑发送信号,然后由发动机电脑控制发电机电压调节器,适时地接通和断开磁场电路,既能可靠地保证电器系统正常工作,使蓄电池充电充足,又能减轻发动机负荷,提高燃料经济性。如上海别克、广州本田等轿车发电机上使用了这种调节器。其电压的检测方法主要有两种:发电机电压检测法和蓄电池电压检测法。

　　(2)电子调节器的基本电路

　　图 2-31 所示为外搭铁型电子调节器的基本电路:基本电路是由三只电阻 R_1、R_2、R_3,两只三极管 VT_1、VT_2,一只稳压二极管 VS 和一只二极管 VD 组成。

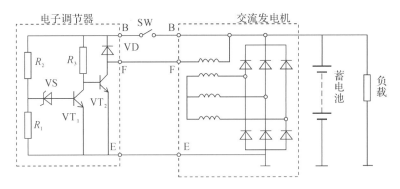

图 2-31　外搭铁型电子调节器的基本电路

　　电阻 R_3 既是 VT_1 的分压电阻,又是 VT_2 的负载电阻。

　　电阻 R_1 和 R_2 组成一个分压器,分压器 R_1、R_2 两端的电压为发电机电压 U_B,R_1 上的分压为 $R_1 \cdot U_B/(R_1+R_2)$。

VT$_2$是大功率三极管（NPN 型），和发电机的磁场绕组串联，起开关作用，用来接通与切断发电机的励磁电路。

VT$_1$是小功率三极管（NPN 型），用来放大控制信号。

VD 是续流二极管；磁场绕组由接通转为断开状态时，经二极管 VD 构成放电回路，防止三极管 VT$_2$被击穿损坏。

稳压管 VS 是感受元件，串联在 VT$_1$的基极电路中，并通过 VT$_1$的发射结并联于分压电阻 R_1的两端，以感受发电机的输出电压。

U_{R1}电压加在稳压管 VS 上，R_1的阻值是这样确定的：当发电机输出电压 U_B达到规定的调整值时（如桑塔纳为 13.5～14.5V），U_{R1}电压正好等于稳压管 VS 的反向击穿电压。

三、汽车交流发电机的性能指标

1. 额定电压

交流发电机的输出电压受电压调节器控制，一般比较稳定，只是在发动机启动阶段略有变化。正常情况下，发动机达到怠速转速时，发电机的输出电压应能达到一个稳定值，这个电压值称为发电机的额定电压（12V 系统的发电机额定电压为 14V，24V 系统的发电机额定电压为 28V）。

2. 空载转速

空载转速是发电机不带负载，能够达到额定电压时的初始转速值。

空载转速在发电机出厂时通过试验确定，列入产品说明书。空载转速是汽车设计时选择发动机和发电机速比的主要依据，也是发电机使用过程中性能是否下降的评价指标之一。

3. 额定电流和额定转速

交流发电机受结构、转速等条件的限制，对外输出电流的能力是有限的，为了评价发电机的对外输出电流能力，把发电机输出最大电流的 2/3 定为发电机的额定电流，达到额定电流时的转速定为额定转速。发电机出厂时，通过试验确定额定转速和额定电流，并列入产品说明书。发电机的额定转速和额定电流是评价发电机性能的重要指标。

四、汽车交流发电机的使用与维护

充电指示灯装在汽车仪表盘内，汽车正常工作时，点火开关打开，充电指示灯亮起；发动机运转后，充电指示灯熄灭。如果汽车运行时，充电指示灯仍旧亮起，说明蓄电池在放电，发电机未对蓄电池充电，也就是说发电机没有发电。

（1）检查发电机驱动皮带

硅整流发电机一般用两根 V 形或单根多楔形传动带，由发动机曲轴皮带轮带动旋转。传动带过松易使发电机发电量减少；传动带过紧易使传动带早期疲劳损坏，加速发电机轴承磨损。检查时，可用 30～50N 的力按下传动带，如图 2-32 所示，传动带挠度应为 10～15mm。若过松，应松开发电机前端盖与撑杆的锁紧螺栓，向外扳动发电机进行调整，松紧度合适后，重新旋紧锁紧螺栓。

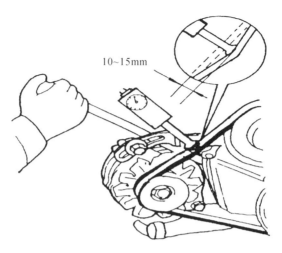

图 2-32　发电机驱动带的挠度检查

（2）检查导线的连接。

（3）检查运转时有无噪声。

（4）检查发电机是否正常发电

1）观察充电指示灯的熄灭情况：点火开关打开，充电指示灯能点亮，启动发动机后充电指示灯能熄灭，说明发电机工作基本正常；若充电指示灯一直亮着，说明发电机或电压调节器有故障，也可能是充电指示灯线路有故障，应及时检修。

2）用万用表直流电压挡测量电压：在发电机未转动时测量蓄电池端电压，并记录，启动发动机并将转速提高到 1000r/min 以上，测量蓄电池端电压，若能高于前次记录的电压，说明发电机能发电，若测量电压一直未上升，说明发电机或电压调节器有故障，应及时检修。

模块四　电能管理系统★

现代汽车安装的用电设备越来越多，耗电量也越来越大（目前最高可达 3000W）。另外，即便在发动机熄火期间，电子控制单元、电子防盗系统以及电子时钟等仍然需要蓄电池提供电能，因此现代汽车对整车电能的管理和控制提出了非常高的要求。为确保全车电能供应，保证汽车能够顺利启动和正常使用，又降低燃油消耗，现代汽车开始装备了新型的电能管理系统。

继在 2016 年发布的《节能与新能源汽车技术路线图 1.0》的基础上，2020 年 10 月 27 日《节能与新能源汽车技术路线图 2.0》正式发布。技术路线图 2.0 发布之后，将给中国面向 2035 年新能源汽车规划研究以及与汽车相关的"十四五"科技规划研究工作提供重要支撑，是我国汽车产业未来 15 年的关键发展方向和发展目标。技术路线图 2.0 提出了面向 2035 年我国汽车产业发展的六大目标，即我国汽车产业碳排放将于 2028 年先于国家碳减排承诺提前达峰，至 2035 年，碳排放总量较峰值下降 20% 以上；新能源汽车将逐渐成为主流产品，汽车产业基本实现电动化转型；智能网联汽车产业生态持续优化，产品大规模应用；关键核心技术水平显著提升，形成协同高效、安全可控的产业链；建立汽车智慧出行体系，形成汽车、交通、能源、城市深度融合生态;技术创新体系基本成熟,具备引领全球的原始创新能力。基于六大总体目标,至 2035 年,我国节能汽车与新能源汽车年销量将各占一半,传统能源动力乘用车将全部转为混合动力,从而实现汽车产业的全面电动化转型。至 2035 年,我国将形成自主且完整的产业链,自主品牌纯电动和插电式混合动力汽车产品技术水平将与国际同步,新能源汽车占汽车总销量 50% 以上,纯电动则将占到新能源汽车的 95% 以上。路线图中提到要大力发展 48V 电能管理系统。

汽车电能管理系统一般是指内燃机汽车的蓄电池电能管理系统(Energy Management System,EMS),大众奥迪轿车简称为汽车能量管理系统,与新能源汽车的动力电池管理系统(Battery Management System,BMS)是有差异的。事实上,现有 12V 汽车电能管理系统是目前 48V 汽车电能管理系统的雏形结构,而 48V 汽车电能管理系统是混合动力汽车中微混和轻混的典型。汽车电源管理系统的技术发展路线如图 2-33 所示,学习时注意结合现代汽车的发展史前后贯通。动力电池管理系统(BMS)的内容详见新能源汽车任务单元。

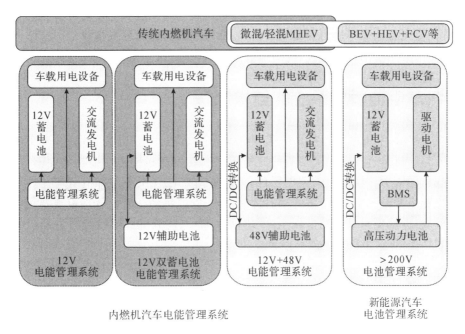

图 2-33 汽车电源管理系统的技术发展路线

一、汽车电能管理系统的作用

蓄电池的过度放电和故障增加了(启停系统)无法启动发动机的风险,这是目前汽车较为常见的故障。为了确保蓄电池有足够的电能使发动机顺利启动和正常运转,现代汽车对常规 12V 电源系统引入了电能管理系统。车载电能管理系统的节能控制,是基于汽车上所有用电器同时运行的情况偶然才会发生,因此电源设备的功率设计可以取平均载荷而不是最大载荷,这样设计能够显著地提高汽车的燃油经济性。

汽车电能管理系统根据如图 2-34 所示的相关数据进行检测、评估和控制。

图 2-34　汽车电能管理系统的检测、评估和控制

采用控制电能分配管理和发电量的管理可消除电源系统故障,并减少由于蓄电池过度放电而出现的故障风险。

管理方式:

(1)保证安全行驶的前提下,适当地关闭舒适功能的用电设备。

(2)耗电量大的用电器件的功率调节。

管理目标:

(1)保证发动机的启动能力,避免因蓄电池过度放电而无法启动发动机。

(2)提高发电量的调节能力和使用效率,以降低燃油消耗和尾气排放。

(3)优化电源系统的可分配性,提高蓄电池寿命,保障汽车电气系统的稳定性。

二、汽车电能管理系统的结构原理

如图 2-1 所示,常规电控汽车采用了双电源系统结构,引入电能管理后,汽车电能管理系统的任务是在汽车行驶时保证均衡的充电平衡和在发动机停机时监控电能需要,从而保持启动发动机的能力。通过协调用电器件,可降低汽车电气系统的峰值负荷。汽车电能管理系统的控制主要是三个方面:蓄电池的管理模块、发电机动态发电管理模块及用电设备的负荷管理模块,并提供与外部的电能生产、电能存储、电能分配系统以及与发动机管理相连的接口。图 2-35 所示为汽车电能管理系统的结构。

蓄电池的管理通过全面监控蓄电池的性能参数,包括放电电流、端电压、电解液温度、电容量以及充电电流等,实现实时检测蓄电池的荷电状态 SOC 值和启动能力估算。

发电机动态发电管理的前提是当蓄电池的输出电压较低时,适当提高发动机的转速,实现高效、即时控制发电机的输出电压(即功率调节)。在不缩短蓄电池使用寿命的前提下,根据蓄电池的充电状态和电解液温度,控制发电机合理的充电电流,实现蓄电池的快速充电。

用电设备的负荷管理对用电负荷采取分级放电的管理方式。当车载电能管理系统检测到蓄电池的容量小于一定值时,系统将采取"弃用集中控制"方式,首先考虑那些关乎汽车基本功能的系统(如点火系统)对电能的需求,而像舒适系统等只好置于次要地位。另外,当驾驶人希望汽车达到比较大的加速度时,就关闭或者调小舒适系统的用电,如调小空调鼓风机的转速,或者调低座椅加热器的温度等。系统通过适时关闭可以暂时停用的舒适系统(如空调)的用电,保证蓄电池至少具备启动发动机的电容量,满足车辆急加速工况的需求,从而提高整车的燃油经济性。有的车载电能管理系统还用来控制发动机的启动/停止系统,如果蓄电池的 SOC 值显示蓄电池的电量不足,则使发动机的智能启动/停止系统暂时不工作。

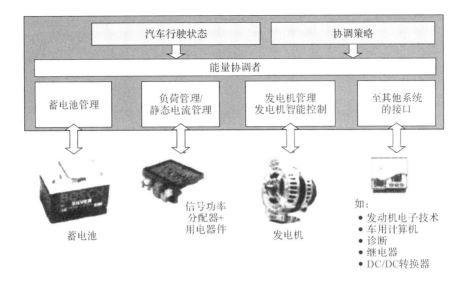

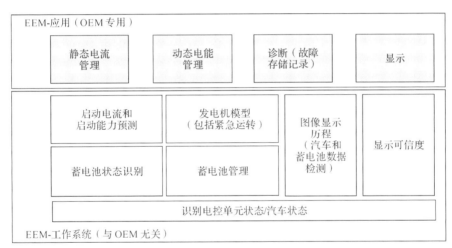

图 2-35　汽车电能管理系统的结构

1.电能管理系统对发电机的控制

对于电控汽车来说,影响发电机输出电压的因素包括蓄电池的容量、发动机电控单元(ECM)以及外界温度等。如果 ECM 监测到蓄电池的电压过低,会自动提高发动机的转速,以此来提高发电机的输出电压,为蓄电池提供足够的电量。

电能管理系统对发电机的控制,主要通过控制进入励磁线圈电流的占空比,调节励磁电流的大小,从而控制发电机的输出电压。采用专门的电能管理系统以后,凌志 430 轿车发电机的磁场电流占空比的频率为 150Hz,磁场电压可以从 0 一直调节到 8V,发电机的输出电压明显提高,从而提高了供电量和对蓄电池的充电效率。

以通用林荫大道轿车为例,说明电能管理系统对发电机输出电压的控制过程。

(1)车身控制模块(BCM)接收蓄电池端电压、电解液温度、蓄电池电容量以及放电电流等信息,并将这些数据通过 Class-2 串行数据线传输给发动机控制模块(ECM)。

(2)发动机 ECM 控制一个 5V、128Hz 的固定脉冲进行脉宽调制信号调制,即控制发电

机 0～100％励磁电流占空比,实现对磁场电流的调节,从而控制发电机的输出电压。

（3）在正常情况下,发电机的磁场电流占空比在 5％～95％调节,以维持对蓄电池的充电以及向汽车整个电路供电。而占空比 0％～5％及占空比 95％～100％只是在对发电机及网络系统进行检测时使用(见表 2-1)。

表 2-1　发电机输出电压与磁场电流占空比对应关系

发电机输出电压(V)	磁场电流占空比(％)	发电机输出电压(V)	磁场电流占空比(％)
检测用	0～5 或 95 以上	13.25	50
11.00	10	13.81	60
11.56	20	14.37	70
12.12	30	14.94	80
12.68	40	15.50	90

2.电能管理系统对蓄电池的控制

目前装备电能管理系统的轿车上一般会有两个蓄电池,一个用于启动发动机的启动型 12V 蓄电池,另一个用于为电子控制系统供电的 12V 深循环型 AGM 蓄电池(2017 年开始量产的 48V 系统中则是以 48V 的动力锂离子蓄电池为主)。这两个蓄电池的充放电需要电能管理系统进行协调。

以大众公司的顶级车型辉腾 3.2L 轿车为例,该车装备了双 12V 蓄电池系统,蓄电池安置在行李厢的左右两侧。左侧蓄电池负责为车载电网供电,右侧蓄电池负责为起动机供电。如果安全气囊被引爆,启动用蓄电池的负极接线柱也会自动熔断,以防止发生短路。汽车上的蓄电池是交流发电机的输出电能和全车用电负载之间的缓冲器。车载电能管理系统的软件是以蓄电池的电量来判断蓄电池的性能,进而判断蓄电池还能给汽车的哪些系统提供电能。

（1）通用林荫大道轿车的车载电能管理系统

通用林荫大道轿车装备的蓄电池容量为 80A·h,能够为冷启动发动机提供 720A 的强大电流。启动储备容量（指在蓄电池充足电的状态下,25A 的电流放电到端电压下降到 10.5V 时的持续放电时间）为 133min。该车采用电流传感器检测蓄电池的性能,电流传感器与蓄电池的粗搭铁线集成为一体,紧贴在蓄电池的负极上,是三线式的霍尔式传感器,产生的霍尔电压信号直接输入 BCM。电流传感器输出霍尔电压,其输出电压的大小与霍尔传感器的磁场强度、进入磁场的电流成正比。当进入磁场的电流不变时,产生的霍尔电压与磁场强度为单一函数关系,而该磁场强度取决于蓄电池充电和放电电流的大小。

（2）丰田凌志 430 轿车的车载电能管理系统

丰田凌志 430 轿车同时采用电流传感器和电解液温度传感器,该车设置电解液温度传感器的目的是限制过高温度下的充电电流,能够有效地延长蓄电池内极板的使用寿命。丰田凌志 430 轿车的电流传感器安装在蓄电池的正极上,也是霍尔式传感器。电流传感器产生的电压与蓄电池的充电电流（正值）或放电电流（负值）呈线性关系。

有的电流传感器是通过一个叫作"锰铜分流器"的特殊装置来测量的。它是一个非常精确的低欧电阻器,其阻值范围在 50～200mΩ。进出蓄电池的电流流过这个阻值很小、但是非常精确的电阻器,然后通过测量电阻器上的电压降,得出蓄电池电流的大小,系统就可以知道蓄电池现存多少电能,然后采取"弃用集中控制"策略,对各用电器的运行做出最佳的配置。上述电流传感器一般安装在蓄电池的右端,而且尽可能地靠近蓄电池。

三、大众车系电能管理系统

以大众速腾 1.6L 轿车的车载电能管理系统为例,它根据蓄电池电压、发动机转速、发电机的 DFM(发电现场管理)信号等数据对蓄电池的性能进行评估。当蓄电池电压低于一定值时,车载电源控制单元便提高发动机的怠速,以补偿供电系统的电压,并适时关闭舒适系统的某些用电设备。

大众速腾轿车采取以下三种模式对用电设备进行管理。

管理模式一:15 号线接通,发电机处于工作状态。如果蓄电池的电压低于 12.7V,车载电源控制单元将提升发动机的怠速。如果蓄电池的电压低于 12.2V,则关闭座椅加热、后窗加热、后视镜加热、转向盘加热、脚坑照明以及门内把手照明等功能,关闭空调器或降低全自动空调功能,关闭信息娱乐系统。

管理模式二:15 号线接通,发电机处于停供状态。如果蓄电池的电压低于 12.2V,则关闭空调或降低空调能耗,关闭脚坑照明和门内把手照明,关闭上/下车灯和离家功能,关闭信息娱乐系统。

管理模式三:15 号线断开,发电机处于停供状态。如果蓄电池的电压低于 11.8V,则关闭车内灯、脚坑照明和门内把手照明,关闭上/下车灯和离家功能,关闭信息娱乐系统。

这里需要说明:以上三种模式的不同之处在于用电设备被关闭的次序不同。如果关闭的条件不再存在,用电设备将重新激活。如果用电设备因为电能管理系统原因被关闭,在中央电器控制单元(J519)中有故障信息存储。进口大众辉腾轿车设置的车载电网控制单元与大众速腾轿车有相同之处,都是用来监控蓄电池的充电状况。当监控到蓄电池的电压在一段时间内低于 12.2V,则判定车载电网处于临界状态,将根据优先等级,由各自的电控单元关闭后窗玻璃加热器、座椅加热器等舒适性用电设备,或者降低空调系统的输出功率,以避免出现严重的蓄电池亏电现象。

四、汽车电能管理系统的检测

判断汽车电能管理系统是否失常,可以采取简便方法。当电能管理系统失效时,一般具有以下特征:

(1)组合仪表中只有充电指示灯点亮;

(2)发动机偶尔启动困难;

(3)蓄电池静态放电的电流不大;

(4)发动机的动力不正常;

(5)调不出故障码。

还可以在发动机舱内倾听,或者在安静、密闭的情况下,人坐在车厢内,锁上车门,然后仔细倾听有无类似继电器吸合的"吧嗒"声,或者电控单元工作的声音。如果有,说明车载电

能管理系统存在故障。

对电能管理系统的检测,可以采取以下两种手段:

(1)读取汽车运行时的数据流,查看发电机励磁电流的占空比。其应当在 50%～90%,如果小于 50% 或者大于 90%,都不正常。

(2)检测蓄电池电流传感器的输出电压。当蓄电池不充电和不放电时,电流传感器产生的基准电压为 2.5V。如果检测到电流传感器的输出电压在 2.6～2.8V 波动,说明蓄电池的充电电流过小(如图 2-36 所示),车载电能管理系统失常。

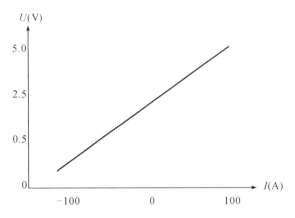

图 2-36　霍尔式电流传感器产生的电压与蓄电池充放电电流关系

习题

1.现代轿车启动用铅蓄电池能否用锂离子蓄电池替代? 为什么?

2.汽车用蓄电池的作用有哪些?

3.什么是蓄电池的容量? 影响蓄电池容量的因素主要有哪些?

4.汽车交流发电机的功用是什么? 其由哪几部分组成,各有什么作用?

5.硅整流发电机的工作原理如何?

6.试分析桑塔纳车和本田车系充电系统的电路。

7.怎样正确检查蓄电池的技术状态?

8.图 2-37 为桑塔纳汽车充电系统电路原理图,请回答下列问题:

(1)如何判断发电机能否发电?

(2)若该车充电不足报警灯一直不亮,请分析可能的原因。

9.简述 EFB 和 AGM 型蓄电池的特点及应用场合。

10.什么是汽车电能管理系统? 它的控制方式和控制内容有哪些?

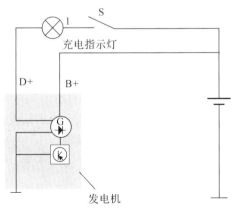

图 2-37

学习单元三
汽车启动系统

知识目标

1. 熟练掌握汽车启动系统的作用、工作原理及类型；
2. 掌握不同控制方式的汽车启动系统的工作分析。

能力目标

1. 能够熟练操作和使用汽车启动系统；
2. 能正确指出汽车启动系统各部件在实车上的安装位置；
3. 能够复述启动系统结构组成及常用实物部件的名称与作用；
4. 能够清楚描述启动系统的使用注意事项。

模块一　汽车启动系统概述

一、汽车启动系统的作用

　　发动机运转之前,必须借助外力启动。早期受限于技术条件采用人工启动,目前都是采用电力启动的。汽车发动机的良好启动性能是保证发动机正常启动的关键,发动机要正常启动必须有足够的启动转速,一般要求转速在 100～300r/min 或更高。

　　因此,汽车启动系统的作用是将来自蓄电池的电能通过起动机转变为机械能,然后传给发动机飞轮,使发动机运转。

二、汽车启动系统的工作原理

链接:汽车启动系统原理

汽车启动系统的作用是为发动机启动运转产生足够的启动转速和启动转矩,本质是通过点火开关控制将蓄电池的电能输入到起动机的直流电动机,产生旋转力矩和所需的转速。汽车启动系统的基本工作原理(直接控制方式)如图 3-1 所示。

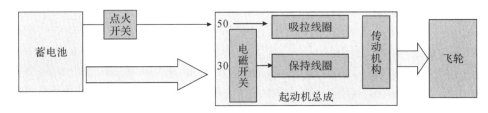

图 3-1　汽车启动系统基本工作原理(直接控制方式)

正常情况下,端子 30 必须有电,并且电缆连接可靠。启动时,通过什么方式向起动机端子 50 给电、控制起动机工作是关键。按照向端子 50 供电的控制方式不同,可分为直接控制和间接控制。直接控制是一种通过点火开关直接控制端子 50 供电的方式,如图 3-1 所示;间接控制则是通过点火开关控制小电流电路,达到控制向端子 50 启动电路大电流供电的方式。由于技术的发展及对车辆舒适性、安全性的要求,间接控制除普遍采用继电器控制方式(见图 3-2)外,现代轿车还增加了集成电路(电子控制器)的控制方式(见图 3-3),使控制功能可以多样化、人性化。

小电流控制大电流的方式中成本最低、功能最简单的方式是继电器间接控制,也是目前应用最为普遍的标配。采用集成电路(电控系统)后汽车启动系统就可以实现很多更人性化、更安全的功能,如 PEPS、防止私配钥匙启动发动机达到安全防盗启动的功能。

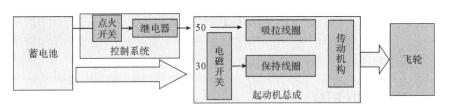

继电器控制启动系统动画

图 3-2　汽车启动系统工作原理(继电器间接控制方式)

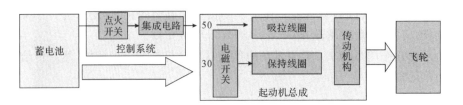

别克模块控制启动系统动画

图 3-3　汽车启动系统原理(集成电路间接控制方式)

三、汽车启动系统的结构组成

汽车启动系统的基本组成:蓄电池、起动机(直流电动机、电磁开关、传动机构)、点火开关、蓄电池连接电缆、导线等。间接控制型的一般会增加启动继电器和启动安全开关;采用集成电路(如发动机控制单元)控制的,一般继电器线圈由发动机控制单元控制,发动机控制单元又可能受到其他控制单元(如车身控制单元、防盗控制单元、车载电网控制单元及 CAN 总线)的控制,典型的别克君威启动系统原理图见图 3-4。

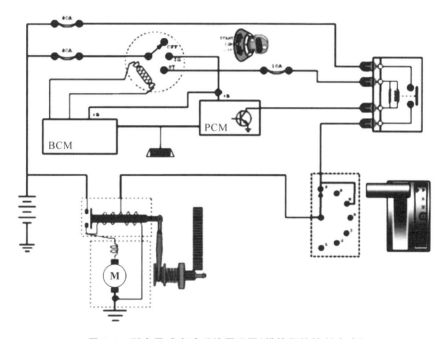

图 3-4 别克君威启动系统原理图(模块间接控制方式)

其中,蓄电池的作用:为起动机提供足够电能。起动机的作用:将电能转变为机械能(动能),传给发动机飞轮。点火开关的作用:接通或切断启动系统控制电路。启动安全开关的作用:防止变速器不在空挡位置时发动机被启动,使启动控制电路断开或防止接通。启动继电器的作用:相当于电控开关,用小电流回路控制大电流回路的接通或断开,延长点火开关寿命。

模块二　起动机原理与结构

一、起动机概述

起动机的启动性能评价指标有启动转矩、最低启动转速、启动功率和启动极限温度。对

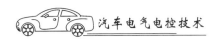

起动机的基本要求有以下几点：

(1)必须有足够的转矩和转速。转矩和转速是对电动机最主要的要求。因为：要带动发动机旋转,必须克服发动机的阻力矩;要保证启动发动机,除具备足够转矩外,还必须使发动机的转速升至一定程度(100～300r/min)。

(2)转矩应能随转速的升高而降低。启动之初,曲轴由静止开始转动时,机件做加速度运动须克服很大的静止惯性力,同时各摩擦部分处于半干摩擦状态,摩擦阻力较大,这时需要较大的启动转矩,才能带动发动机转动,并使转速快速升高。但随着曲轴转速升高,加速阻力减小,油膜也逐渐形成,所需的转矩相应减小。当曲轴转速升至启动转速,发动机一旦发动时,自己就能够独立工作,这时就不需要电动机带着转动。所以,转矩应能随着转速的升高而降低。

(3)起动机的齿轮与发动机的飞轮齿圈啮合要容易,尽量不发生冲击现象。

(4)发动机启动后,起动机的小齿轮应能自动打滑或脱离啮合,以免发动机启动后,飞轮带动起动机高速旋转,造成起动机的损坏。

二、起动机的分类

起动机的种类很多,但电动机部分一般没有大的差别,而传动机构和控制装置则差异较大。因此,起动机多是按传动机构和控制装置的不同来分类的。

起动机按总体结构不同分为普通起动机、永磁起动机和减速起动机。

按控制方式不同可分为直接(机械)控制式和电磁控制式。现代汽车大都采用电磁控制式,即借助点火开关或按钮控制电磁开关,再由电磁开关控制主电路的接通或切断。

按传动机构啮入方式不同可分为强制啮合式、惯性啮合式、齿轮移动式和电枢移动式。现代汽车广泛采用强制啮合式,即依靠电磁力拨动驱动齿轮强制啮入飞轮齿圈,工作可靠性高。

此外,还有齿轮移动式起动机、同轴式起动机和减速式起动机等。

目前大多数汽车起动机的控制机构为电磁操纵式,而传动机构为强制啮合式,故称为电磁操纵强制啮合式起动机。

三、起动机的结构与工作原理

汽车起动机可以看成是一个简单的电控系统原型,一个电磁开关控制一个特殊的电机(工作电流大、时间短、适当增扭、发动机工作后能自动脱开)工作,再带动飞轮工作。而发动机工作后能自动脱开的方式主要是两类：

(1)通过控制机构——吸拉线圈、保持线圈、电磁开关实现。

(2)通过传动机构——单向离合器实现。

参考图3-5,分析起动机内部控制电路原理。

链接：起动机的分解与结构

(1)控制回路电流方向:闭合点火开关,蓄电池正极→点火开关→起动机接线柱50(吸拉线圈→直流电动机)搭铁→蓄电池负极,吸拉线圈控制电磁开关接触盘接通,启动齿轮通过拨叉被推出。

(2)主电路电流方向:蓄电池正极→起动机接线柱30(电磁开关触点→直流电动机)搭铁

→蓄电池负极。起动机转动,带动发动机飞轮齿旋转。同时吸拉线圈的接线柱 C 和接线柱 50 端因等电位而不工作,但保持线圈仍然通过接线柱 50 受电工作,保持电磁开关触点闭合。

（3）断开点火开关,保持线圈断电,电磁开关在回位机构的作用下回位,电磁开关触点断开,起动机停止运转。

起动机的结构分解

1.起动机的结构组成

汽车起动机一般由直流电动机、控制机构（电磁开关）、传动机构三个部分组成,如图 3-5 所示。图 3-6 为起动机实物图。

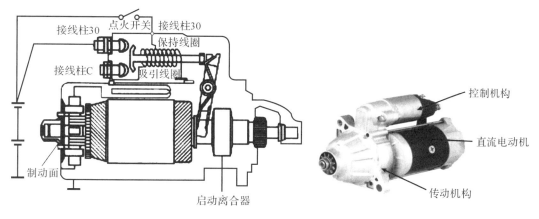

图 3-5　起动机的结构　　　　　图 3-6　起动机实物

2.直流电动机的结构与原理

直流电动机的作用是产生电磁转矩;其工作原理是根据通电导体在磁场中受电磁力作用的原理。

直流电动机一般由电枢、机壳、磁极、电刷与电刷架等组成,其结构如图 3-7 所示。其中,磁极可分为永磁式磁极和励磁式磁极;磁极由铁芯和磁场绕组构成,作用是在电动机中产生磁场。电刷与电刷架的作用是将电流引入电枢,使电枢产生连续转动。目前乘用车起动机大多采用永磁式直流电动机。

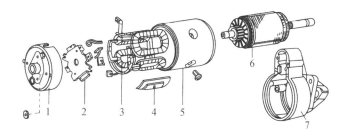

1—端盖;2—电刷和刷架;3—磁场绕组;4—磁极铁芯;5—机壳;6—电枢;7—后端盖

图 3-7　直流电动机的结构

3.控制机构

(1)电磁开关

起动机的控制机构为电磁操纵式控制机构,其作用是控制电动机电路的通断及驱动齿轮与飞轮齿圈的啮合与分离。目前,各种型号起动机电磁开关的结构和工作原理大同小异。

桑塔纳轿车起动机采用的是电磁式控制开关,其控制机构的结构原理如图3-8所示。QD1225型和QD1229型起动机电磁开关盖板上各接线端子的位置如图3-9所示,端子50和端子15a均为插片式单端子,端子15a为备用端子,未插任何导线。其为电磁操纵强制啮合式起动机,通过电磁开关控制主电路的通、断;而驱动齿轮与飞轮齿圈的啮合与退出,是由一套杠杆机构来控制的。

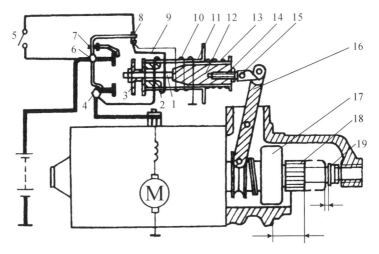

1—推杆;2—固定铁芯;3—开关触点;4—起动机端子C;5—点火启动端子

6—起动机端子30;7—起动机端子15a;8—起动机端子50;9—吸拉线圈

10—保持线圈;11—铜套;12—活动铁芯;13—回位弹簧;14—调节螺钉;15—挂钩

16—移动叉;17—单向离合器;18—驱动齿轮;19—止推垫圈

图3-8 起动机控制机构

如图3-8和图3-9所示,电磁开关中吸拉线圈9与保持线圈10通过起动机端子50并联,保持线圈10另一端则在电磁开关内部搭铁,吸拉线圈9的另一端连接到起动机的端子C,再连接到起动机的激励绕组和电枢绕组。

(2)电磁开关工作过程

如图3-8所示,当点火开关处于启动位置时,电磁开关接通,电路如为:蓄电池正极→起动机端子30→点火启动端子→起动机端子50→保持线圈→搭铁;经吸拉线圈→起动机端子C→电动机的磁场线圈→电枢→搭铁。

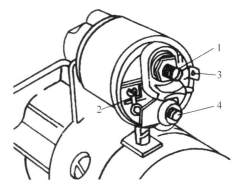

1—端子30;2—端子15a;3—端子50;4—端子C

图3-9 电磁开关端子位置

这时流经吸拉线圈的电流经电动机的磁场线圈流入电枢,因电流小,电动机慢慢旋转起来。同时因流经吸拉线圈和保持线圈的电流产生的磁场方向相同,活动铁芯 12 在磁场力的作用下克服回位弹簧的作用向左移动,通过移动叉 16 使驱动齿轮与飞轮齿圈啮合。一旦两个齿轮啮合了以后,电磁开关中开关触点 3 将起动机端子 30 与起动机端子 C 接合,电动机直接与蓄电池相连,产生强大的转矩驱动发动机。

发动机启动后,当转速超过电动机额定转速时,单向离合器打滑,以此保护电动机免受损坏。当点火开关离开启动位置后,启动电路被切断,起动机齿轮在弹簧的作用下回位,脱离发动机飞轮齿圈,启动过程结束。

4.传动机构

起动机的传动机构又称啮合机构或啮合器,由单向离合器、拨叉、驱动齿轮组成,其作用是把直流电机的转矩传给飞轮。

汽车发动机对起动机的传动机构有以下要求:

(1)起动机的小齿轮与发动机的飞轮啮合时要平稳,不能发生冲击现象。

(2)因起动机的小齿轮与发动机的飞轮齿圈速比很大(一般大于 15),所以发动机启动后,小齿轮应能自动打滑或脱离啮合,以免发动机带动起动机电枢高速旋转,造成电枢绕组"飞散"。

(3)由于起动机是由点火开关控制的,因此当发动机工作时,要防止点火开关误操作,使起动机的小齿轮再次与发动机的飞轮啮合,导致起动机与发动机飞轮的损坏。

传动拨叉的结构及工作情况都比较简单。单向离合器的作用是传递电动机转矩以启动发动机,在发动机启动后自动打滑,保证电枢不致"飞散"。常用的单向啮合器有滚柱式、弹簧式、摩擦片式等类型。

模块三 启停系统★

一、启停系统概述

汽车行驶在拥挤的城市交通道路中,总免不了停车等红绿灯,而发动机怠速消耗的能源是毫无意义的。启动停车技术就是致力于最大限度地减少发动机怠速时燃油的损耗,从而减少燃油消耗,减低排放,避免这部分能源的浪费,尤其在交通拥挤的大城市运用这种技术对节能减排有着不错的效果。

链接:启停系统介绍

启停系统就是一套能自动控制发动机熄火、点火的系统。在车辆行驶过程中临时停车(例如等红灯)的时候,发动机自动熄火,当需要继续前进的时候,系统自动重启发动机。发动机熄火后,蓄电池电源还能取代皮带轮为发动机冷却风扇、车内空调提供运转动力。

二、启停系统的工作原理

启停系统的工作原理是,当车辆因为拥堵或者路口红灯停止行进,驾驶员踩下制动踏板、停车摘挡时,启停系统自动检测:发动机空转且没有挂挡,防抱死系统的车轮转速传感器显示为零,电池感应器 EBS 显示有足够的能量进行下一次启动。满足这三个条件后,发动机自动停止转动。启停系统原理如图 3-10 所示。

启停系统是默认自动开启的,其在高速公路上是没用的,它的作用主要在交通拥挤的大城市市区。对于手动挡车型,当遇到红灯或塞车时,驾驶员制动使车辆停下来后,将挡位换入空挡并完全释放离合踏板,这时控制系统会自动将发动机熄火,节省了怠速运转而浪费的燃油;当绿灯放行后,驾驶员踩下离合器,发动机则自动重新启动,挂入挡位后即可前行。而自动挡车型操作更为简单,驾驶员只要施加制动,待停车两秒后,发动机自动熄火。启动时只需要放开制动踏板踩油门或者转动方向盘便可以自动启动。这种节能的驾驶方式并没有改变人们日常的驾驶习惯,没有带给车主任何使用上的麻烦,却带来了显著的节油减排的效果。

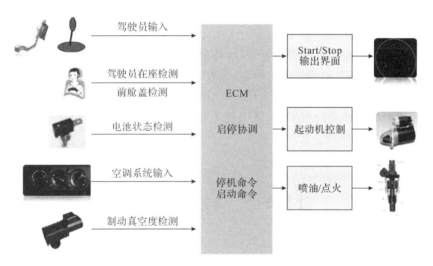

图 3-10 启停系统原理

指示灯 (A) 表示智能启停系统已将发动机关闭了。(A̸) 表示发动机自动停止功能暂时不可用。启停系统可以通过按键  打开或关闭。

目前典型启停系统主要有三种形式:分离式起动机/发电机启停系统、集成起动机/发电机启停系统 BSG/ISG 和马自达 SISS 智能启停系统。

(1)分离式起动机/发电机启停系统

采用分离式起动机和发电机的启停系统很常见。这种系统的起动机和发电机是独立设计的,发动机启动所需的功率由起动机提供,而发电机则为蓄电池提供电能。博世是这种启停系统的主流供应商。这套系统包括高增强型起动机、增强型电池(一般采用 AGM 电池)、可控发电机、集成启动/停止协调程序的发动机电子控制单元(Electronic Control Unit,

52

ECU)、传感器等。分离式启停系统的结构如图 3-11 所示。

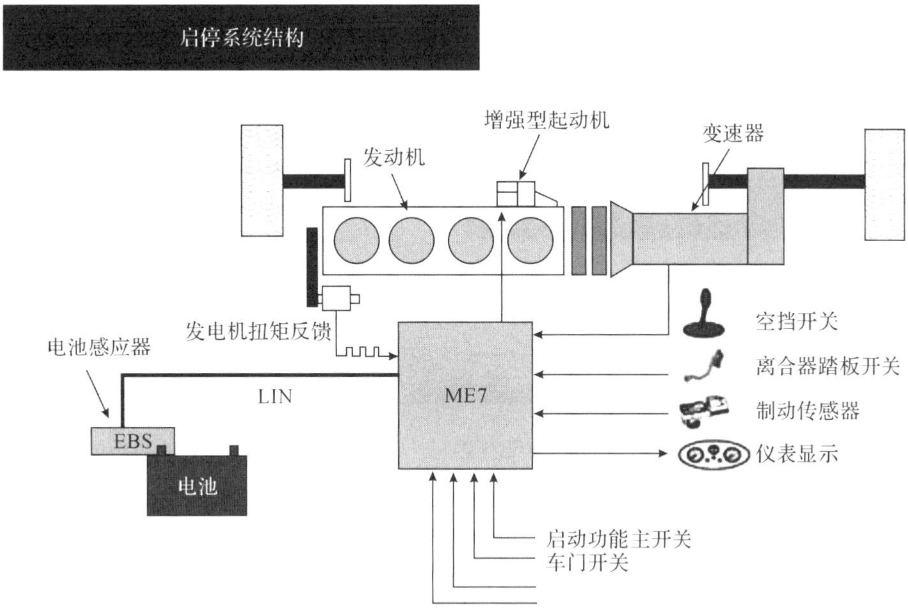

启停系统结构

发动机 增强型起动机 变速器

发电机扭矩反馈

电池感应器

LIN

EBS

电池

ME7

空挡开关
离合器踏板开关
制动传感器
仪表显示

启动功能主开关
车门开关

图 3-11 分离式启停系统的结构

博世的启动电机能快速、安静地自动恢复发动机运转,可降低启动时的油耗。这种启停系统零件少,安装方便,可应用于各种不同混合动力概念(皮带驱动、直齿驱动和电力轴驱动)。而且系统的部件与传统部件尺寸保持一致,因此可直接配备至各种车辆上。

(2)集成起动机/发电机启停系统

如图 3-12 所示,集成起动机/发电机是一个通过永磁体内转子和单齿定子来激励的同

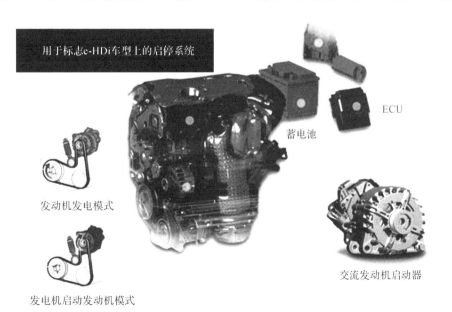

用于标志e-HDi车型上的启停系统

蓄电池

ECU

发动机发电模式

发电机启动发动机模式

交流发动机启动器

图 3-12 集成式启停系统的结构

步电机,能将驱动单元集成到混合动力传动系统中,这类系统目前大多应用于微混或轻混混合动力系统(MHEV)中,目前的主流是采用 48V 电池系统。典型的是欧洲法雷奥研发的 i-Start系统,它首先应用于 PSA(标致—雪铁龙集团)的 e-HDi 车型上。i-Start 系统的电控装置集成在发电机内部,在遇红灯停车时发动机停转,只要一挂挡或松开制动踏板汽车会立即自动启动发动机。集成式启停系统的工作过程如图 3-13 所示。

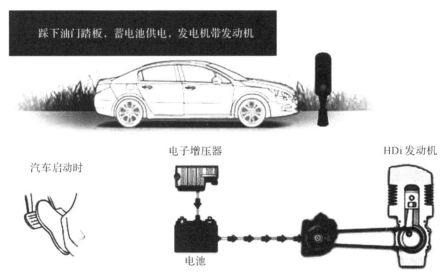

图 3-13　集成式启停系统的工作过程

（3）马自达 SISS 智能启停系统

马自达的 SISS 智能启停系统(现在称为 i-Stop 技术)主要是通过在气缸内进行燃油直喷,燃油燃烧产生的膨胀力来重启发动机的,发动机上的传统起动机在发动机启动时起到辅助作用。据官方数据,使用 SISS 技术,发动机在最短 0.35s 的时间内就能启动,比单纯使用起动机或电动机的系统要快一倍。马自达 SISS 智能启停系统的工作过程如图 3-14 所示。

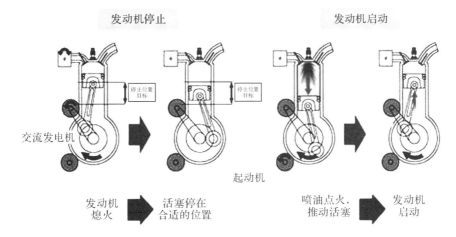

发动机停止前，使活塞停在合适的位置；再次启动时，
通过燃烧和起动机的共同作用来启动发动机

发动机停止　　　　　　　　　　　　发动机启动

停止位置目标　　　　停止位置目标

交流发电机

起动机

发动机熄火　→　活塞停在合适的位置　　　喷油点火，推动活塞　→　发动机启动

图 3-14　马自达 SISS 智能启停系统

习题

1. 起动机由哪些部分组成？各组成部分的作用是什么？

2. 启动电动机为何采用直流串励式电动机？

3. 起动机是如何分类的？

4. 起动机单向离合器有哪几种？试述滚柱式单向离合器的工作原理。

5. 试述起动机的工作过程。

6. 当启动发动机时，什么原理能使启动电机超载离合器在点火开关回到运转位置前脱离啮合状态？

7. 描述典型启动线圈中吸拉线圈和保持线圈是如何工作的。

8. 启动系统中设置空挡安全开关的目的是什么？部分带防盗控制功能的启动系统又是如何控制启动的？

9. 典型启动电机电路中允许的电压降是多少？

10. 什么是蓝驱？什么是绿混？它们和启停系统有什么关联？

11. 启停系统工作的条件有哪些？简述其启动和关闭的工作过程。

学习单元四
汽车灯光照明与信号显示系统

知识目标

1.熟练掌握汽车灯光照明与信号显示系统的作用、工作原理及类型；

2.熟练掌握汽车前照灯的检测标准要求；

3.熟练掌握自适应灯光照明、日间行车灯、夜间照明回家功能等最新灯光照明系统技术的工作原理、结构组成。

能力目标

1.能够熟练操作和使用汽车灯光照明与信号显示系统；

2.能正确辨识汽车灯光照明与信号显示系统各部件的名称及实车安装位置；

3.能够辨识并口头解读汽车灯光照明与信号显示系统各子系统的工作原理；

4.能够清楚描述汽车灯光照明与信号显示系统的使用注意事项。

模块一　汽车灯光照明与信号显示系统概述

一、汽车灯光照明与信号显示系统的作用

为了保证汽车的正常工作和行驶安全可靠，汽车上必须安装各类照明设备和信号显示装置，一方面方便车内乘员及时掌握车辆状况，另一方面及时为车外行人与其他车辆提供准确的车辆运行状态信息。不同汽车的灯光照明与信号显示系统是不完全相同的，除了美观、实用外，汽车灯光照明与信号显示系统必须要满足以下两个要求：

(1)保证汽车的运行安全；

(2)符合汽车交通法规的要求。

二、汽车灯光照明与信号显示系统的类型

汽车灯光照明与信号显示系统部件繁多,随着现代电控技术的大量应用,各子系统间部件交叉复用,准确归类比较困难。但从使用功能、安装位置不同可以做比较清晰的归类。如图 4-1 和图 4-2 所示,按使用功能来分,汽车灯光照明与信号显示系统可以分为灯光照明和信号显示两大系统。按安装位置来分,依据车辆内外位置可分为车内灯光照明与信号显示、车外灯光照明与信号显示;依据车辆前后位置则可分为车前、车后与车内灯光照明与信号显示。

链接:汽车灯光
照明系统

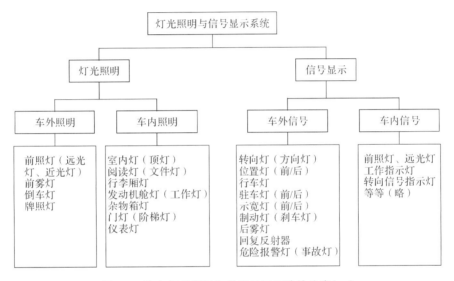

图 4-1　汽车灯光照明与信号显示系统的分类(一)

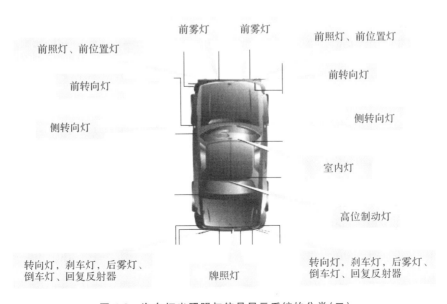

图 4-2　汽车灯光照明与信号显示系统的分类(二)

三、汽车灯光照明与信号显示系统的发展

现代汽车灯光照明与信号显示系统相比传统的开关控制灯光方式,在控制功能上有了极大的改进,改进的方法主要体现在两个方面:新技术、新材料的大量应用和电控技术的广泛使用。从电控原理的角度出发,汽车灯光照明与信号显示系统的新技术主要体现在灯具中新材料的应用和电控系统中控制功能的应用。

在汽车灯光照明与信号显示系统中,灯光照明是汽车的主要安全装置之一。汽车灯光照明的灯具中,新材料的应用是重点;现代汽车灯光照明系统的前照灯要求更安全、更亮、更节能,汽车灯光照明系统的发展史主要是前照灯灯源的发展史,典型前照灯的发展史是:传统卤素灯泡→氙气灯→LED灯,灯光照明系统也显得日益智能化,比较完整的发展史参考图4-3。LED、OLED等新材料的应用,极大地提高了灯的响应速度。为更好地提高车辆行驶的安全性,最显著的应用是采用LED的制动灯,制动时灯光响应更快,大大缩短了后车的观测时长。

汽车灯光照明与信号显示系统中电控技术的大量应用,极大地提高了灯光照明与信号显示系统的控制功能,主要体现在前照灯、制动灯、转向灯的功能控制上。前照灯增加电控技术后,实现了会车自动变光、昏暗自动发光、状态自动调整、灯光关闭自动延时、故障报警等功能。制动灯和转向灯在控制功能上则可以方便实现系统的故障自动报警。

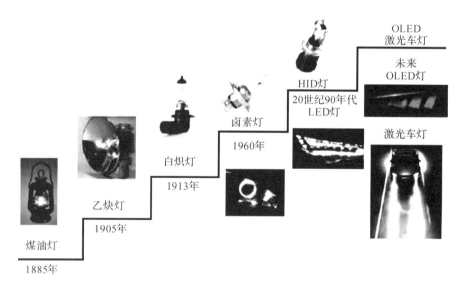

图4-3 汽车灯光照明系统的发展史(主要表现为灯源的发展史)

模块二　汽车灯光照明系统

一、汽车灯光照明系统概述

1.汽车灯光照明系统的作用和种类

汽车灯光照明系统是汽车夜间行驶必不可少的照明设备,为了提高汽车的行驶速度,确保夜间行车的安全,减少交通事故和机械事故的发生,汽车上装有多种照明设备,用于夜间行车照明、车厢照明及检修照明。汽车照明系统根据安装位置和用途不同,一般可分为内部照明装置和外部照明装置,内部照明装置有顶灯、仪表灯、行李厢灯、化妆灯等,要求灯光颜色有良好的匹配性;外部照明装置有前照灯、雾灯、尾灯、牌照灯等,要求灯光耐高温、划痕、冲击等。汽车照明灯的种类、特点及用途见表4-1。

桑塔纳2000灯光系统动画

表 4-1　汽车照明灯的种类、特点及用途

种　类	外照明灯			内照明灯		
	前照灯	雾灯	牌照灯	顶灯	仪表灯	行李厢灯
工作时的特点	白色常亮远近光变化	黄色或白色单丝常亮	白色常亮	白色常亮	白色常亮	白色常亮
用途	为驾驶员安全行车提供保障	雨雪雾天保证有效照明及提供信号	用于照亮汽车尾部牌照	用于夜间车内照明	用于夜间观察仪表时的照明	用于夜间拿取行李物品时的照明

如图4-4所示,目前,多数汽车将前照灯、示宽灯、前转向信号灯等组合起来,称为组合式前灯;将尾灯、后转向信号灯、制动、倒车灯等组合起来,称为组合式后灯。汽车灯光系统中前照灯、雾灯、示宽灯、尾灯、转向信号灯、制动、倒车灯、牌照灯等都是强制安装使用的,其他的灯光设备是在一定的条件下强制安装或选装的。

(1)前照灯:俗称大灯,装在汽车头部的两侧,用于夜间或光线昏暗路面上汽车行驶时的照明,有两灯制和四灯制之分。为了确保夜间行车的安全,前照灯应保证车前有明亮而均匀的照明,使驾驶员能够辨明车前100m(或更远)内道路上的任何障碍物。前照灯应具有防炫目的装置,以免夜间会车时,使对方驾驶员目眩而发生事故。

(2)雾灯:雾灯安装于汽车的前部和后部,在前照灯附近,位置比前照灯稍低。装于车头的雾灯称为前雾灯,车尾的雾灯称为后雾灯。雾灯用于在雨雾天气行车时照明道路和为迎面来车及后面来车提供信号。

(3)牌照灯:用于照亮尾部车牌,当尾灯点亮时,牌照灯也点亮,要求夜间在车后20m处

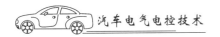
能看清牌照号码。

（4）顶灯：用于车内乘客照明，但必须不致使司机炫目。通常客车车内灯都位于驾驶室中部，使车内灯光分布均匀。

（5）仪表灯：用于夜间照亮仪表盘，使司机能迅速、容易地看清仪表。尾灯点亮时，仪表灯也同时点亮。有些车还加装了灯光控制变阻器，使司机能调整仪表灯的亮度。

（6）行李厢灯：为行李厢提供照明的小灯。

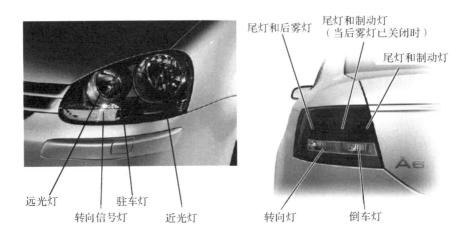

（a）组合式前灯 （b）组合式后灯

图 4-4 组合式的前、后灯

2.汽车灯光照明系统的发展

汽车照明的发展大体上经过了如下四个阶段：

第一代汽车照明系统是由燃料（蜡烛、煤油或乙炔）直接燃烧发光。其存在发光效率很低、光强弱、性能不稳定、操作复杂等明显缺点，但能满足早期车灯的要求。

第二代汽车照明系统是白炽灯。1879 年爱迪生发明白炽灯，1913 年美国首先将白炽灯技术应用在凯迪拉克汽车前照灯上，从此汽车照明进入了电气时代。接着，先后出现汽车反光镜、起动机、发电机和蓄电池等新技术，1925 年开始真正进入白炽灯汽车灯具时代。20 世纪 50 年代又出现卤钨灯（卤素灯），很快成为汽车强光源的主要灯泡。卤钨灯（卤素灯）是这个时期的汽车前照灯光源的主流。

第三代汽车照明系统是气体放电灯（HID），其具有高发光效率、高亮度和高可靠性等优点。

第四代汽车照明系统是半导体发光二极管（LED）灯。发光二极管使 PN 结系统受到激发，当一个正向偏压施加于 PN 结两端时，载流子由低能态跃迁到高能态，当处于高能态的不稳定载流子回到低能态复合时，根据能量守恒原理，多余的能量将以光子形式释放，就是 LED 灯的发光原理。

自从奥迪家族第一款加装 LED 前灯的车型 R8 曝光以来，高档轿车生产商如奔驰、宝马、丰田、福特等纷纷推出配有五彩缤纷的 LED 灯具的新款式轿车以吸引顾客，尤其是日本汽车对 LED 的应用已相当广泛。LED 灯被称为一生不需要更换灯泡的汽车灯，是汽车电子化中最耀眼的产品之一。

二、汽车前照灯

前照灯又叫前大灯、大灯,装于汽车头部两侧,用于夜间行车道路的照明。如图 4-5 所示,前照灯有两灯制和四灯制之分。每辆车安装 2 只或 4 只,装于外侧的一对应为近、远光双光束灯,装于内侧的一对应为远光单光束灯。前照灯灯光光色为白色,传统灯泡功率远光灯为 $45\sim60$W,近光灯为 $25\sim55$W。

链接:汽车前照
灯光源分析

汽车前照灯的照明效果直接影响到夜间行车的安全,为了确保驾驶的安全性,前照灯必须满足以下条件:

(1)前照灯应能保证车前被均匀地照亮,使驾驶人能清楚看到车前 100m 内路面的障碍物。目前汽车前照灯的照明距离已达到 $200\sim400$m。

(2)前照灯应能防止炫目,避免夜间会车时驾驶人炫目造成交通事故。

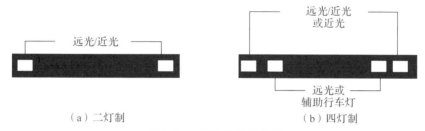

（a）二灯制　　　　　　　　　　　　　（b）四灯制

图 4-5　前照灯系统的类型

1.汽车前照灯的结构

汽车前照灯一般由光源(灯泡)、反光镜、配光镜(散光镜)三部分组成,图 4-6 为汽车前照灯的工作原理示意,其中上图光源为灯泡类型,下图光源为 LED 类型。

链接:汽车前照
灯的结构

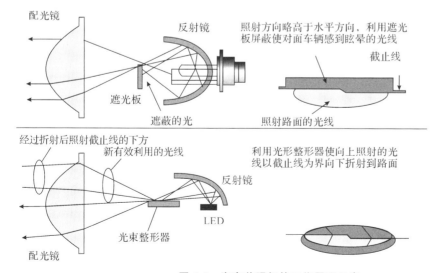

图 4-6　汽车前照灯的工作原理示意

（1）灯泡

目前传统汽车前照灯所用的灯泡有普通灯泡（白炽灯泡）和卤素灯泡，两种灯泡的灯丝均采用熔点高、发光强的钨制成，如图4-7所示。

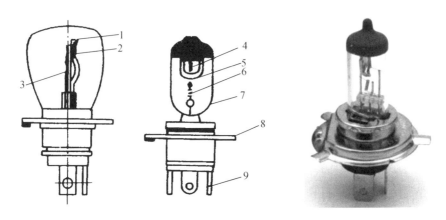

1、7—配光屏；2、4—近光灯丝；3、5—远光灯丝；6—定焦盘；8—泡壳；9—插片

图4-7　传统汽车前照灯的灯泡

普通灯泡灯丝用钨丝制成，玻璃泡内抽出空气，然后充以86％的氩气和约14％的氮气的混合惰性气体以减少钨丝受热蒸发，延长其使用寿命。灯泡在长期使用后发黑，表明灯丝的损耗依然存在，因此并不能阻止钨丝的蒸发。卤素灯泡是在惰性气体中加入了一定量的卤族元素（如碘、溴），使得从灯丝上蒸发出来的气态钨与卤族元素反应生成一种挥发性的卤化钨，在扩散到灯丝附近的高温区域后又受热分解，使钨重新回到灯丝上，如此循环防止了钨的蒸发和灯泡黑化的现象出现。白炽灯泡发光效率一般为8～12lm/W，卤素灯泡发光效率可达18～20lm/W，比白炽灯泡高20％以上。由于卤钨灯泡体积小、耐高温、发光强度高、使用寿命长，故而目前得到了广泛的应用。

（2）反射镜

反射镜的表面形状呈旋转抛物面，如图4-8所示，一般由0.6～0.8mm的薄钢板冲压而成或由玻璃、塑料制成。其内表面镀银、铝或镀铬，然后抛光处理；目前反射镜内面采用真空镀铝的较多。反射镜的作用是将灯泡的散射（直射）光光线聚合、反射成平行光束，使光度大大增强，增强几百倍乃至上千倍，以保证汽车前方150～400m范围内足够的照明，如图4-9所示。

图4-8　半封闭式前照灯的反射镜

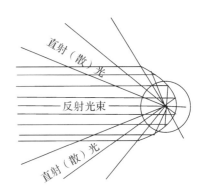

图4-9　反射镜的作用

（3）配光镜

配光镜又称散光玻璃,由透光玻璃压制而成,是多块特殊棱镜和透镜的组合,外形一般为圆形和矩形,如图 4-10 所示。装于反射镜之前,其作用是将反射镜反射出的平行光束进行折射与反射,以扩大光线的照射范围,使车前 100m 以内的路面有良好而均匀的照明。如图 4-11 所示,虚线为有配光镜的光线分布效果。图 4-12 为配光镜的作用示意。

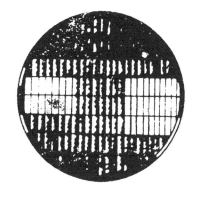

图 4-10　配光镜的结构

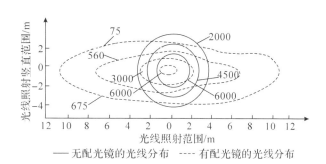

图 4-11　配光镜的光线分布

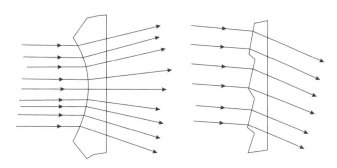

图 4-12　配光镜的作用

2.前照灯防炫目措施

夜间两车交会时,前照灯强烈的灯光会造成迎面驾驶员炫目,极易引发交通事故。为了解决会车时驾驶员炫目问题,双光灯芯前照灯应运而生,即同时具有远近两种灯芯,通过变光开关切换远光和近光,在夜间行车时,采用远光灯以保证照明,在会车时,采用近光灯以防炫目。

我国交通法规定,夜间会车时,必须在距对面来车 150m 以外互闭远光灯,改用防炫目近光灯。

防炫目的设计是针对近光的配光方式进行的。国内外生产的双丝灯泡的前照灯,有美国式配光(SAE 方式,又称对称形配光)和欧洲式配光(ECE 方式,又称非对称形配光)两种配光方式。

对称形配光方式中,远光灯丝位于反射镜的焦点位置,射出的光线远而亮;近光灯丝功率较远光灯丝小(远光灯丝功率为 45～60W,近光灯丝功率为 22～55W),位于反射镜焦点

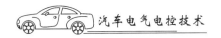

的上方并稍向右偏斜。由于其光线弱,且经反射镜反射后光线大部分向下倾斜,从而减少了对迎面来车驾驶员的炫目作用,如图 4-13(a)(b)所示。

非对称形配光方式中,远光灯丝同样位于反射镜的焦点处,近光灯丝则位于焦点前方且稍高出光学轴线,其下方装有金属配光屏,由近光灯丝射向反射镜上部的光线,反射后倾向路面,而配光屏挡住了灯丝射向反射镜下半部的光线,故没有向上反射能引起炫目的光线。如图 4-13(c)所示。

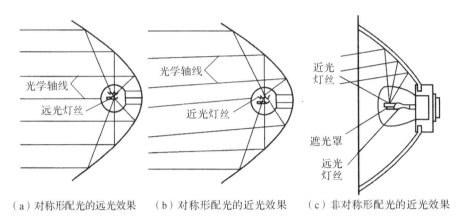

（a）对称形配光的远光效果　（b）对称形配光的近光效果　（c）非对称形配光的近光效果

图 4-13　双丝灯泡近光灯工作情况

同时,由于配光屏安装时偏转一定的角度,左侧边缘倾斜 15°,则非对称近光的光形出现一条明显的明暗截止线,如图 4-14 所示,近光的光形向上成 45°斜线至水平线垂直距 25cm 转向水平的折线。此配光性能是在前照灯基准中心前 25m、过 HV 点的铅垂直配光屏幕上测定的。由图可见,在配光屏幕上的区域Ⅲ是一个明显的暗区,该区 B50L 点表示相距 50m 处迎面来车驾驶员眼睛的位置,由于此点光的照度值规定得很低(最大值为 0.3lx),所以可避免迎面来车驾驶员的炫目。这种非对称形的配光性能,符合联合国欧洲经济委员会制订的 ECE 标准,因此又称 ECE 方式,是比较理想的配光,已被世界公认。

近年来,国外又发展了一种更优良的光形,明暗截止线呈 Z 形,故称为 Z 形配光,该种配光不仅可以避免迎面来车的驾驶员的炫目,还可以防止迎面而来的行人和非机动车使用者的炫目,更加保证了汽车夜间行驶的安全。

各种配光的光形如图 4-15 所示。

3. 前照灯的检测要求

前照灯是汽车在夜间或在能见度较低的条件下,为驾驶员提供行车道路照明的重要设备,而且也是驾驶员发出警示、进行联络的灯光信号装置。所以前照灯必须有足够的发光强度和正确的照射方向。由于在行车过程中,汽车受到震动,可能引起前照灯部件的安装位置发生变动,从而改变光束的正确照射方向。同时,灯泡在使用过程中会逐步老化,反射镜也会受到污染而使其聚光的性能变差,导致前照灯的亮度不足。这些变化都会使驾驶员对前方道路情况辨认不清,或在与对面来车交会时造成对方驾驶员炫目等,从而导致事故的发生。因此,前照灯的发光强度和光束的照射方向被列为机动车运行安全检测的必检项目。

前照灯光束照射位置、发光强度及配光特性要求:

(1)机动车在检验前照灯的近光光束时,前照灯在距离屏幕 10m 处,光束明暗截止线转

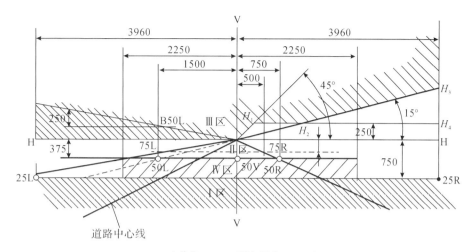

（单位：mm，测定距离：25m）

图 4-14　非对称形配光

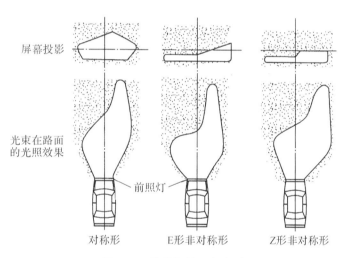

图 4-15　前照灯的配光光形

角或中心的高度应为 $0.6 \sim 0.8H$，其水平方向位置向左向右偏不得超过 100mm。

（2）四灯制其远光单光束灯的调整，要求在 10m 处的屏幕上光束中心离地面高度为 $0.65 \sim 0.80H$，要求光束中心离地高度为 $0.85 \sim 0.9H$。水平位置要求左灯向左偏不得大于 100mm，向右偏不得大于 160mm。右灯向左向右偏均不得大于 160mm。

（3）对于安装两只前照灯的机动车，每只灯的发光强度 $\geqslant 15000$cd，对于安装 4 只前照灯的车辆，每只灯的发光强度 $\geqslant 12000$cd。

（4）前照灯的配光性能应符合《汽车前照灯配光性能》（GB 4599—2007）的要求。

（5）前照灯远光光束发光强度要求见表 4-2。

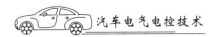

表 4-2　前照灯远光光束发光强度要求 单位:cd

车辆类型	新注册机动车		在用机动车	
	两灯制	四灯制	两灯制	四灯制
汽车、无轨电车	≥15000	≥12000	≥12000	≥10000

注:采用四灯制的机动车其中两只对称的灯达到两灯制的要求时视为合格。

前照灯的检查:可以利用简易屏幕检查与调整前照灯,也可以利用前照灯测试仪检查与调整前照灯。

前照灯的调整可以分为:外侧调整,如桑塔纳车;内侧调整,如帕萨特车;自动调整,如奥迪 A8 车。

4.前照灯的新型控制技术

(1)前照灯灯源的发展

随着各种灯光新材料的大量应用,汽车前照灯已由单纯的卤素灯向氙气灯(HID 灯)和 LED 灯方向发展了,图 4-16 所示为三种典型的前照灯灯源性能比较。

类型 特点	卤素灯	HID灯	LED灯
发光机理	热辐射原理,同时建立卤钨循环,延长使用寿命	高压将氙气电离,形成电弧放电并使之稳定发光	发光二极管原理:将电能转化成光能
优点	价格低、照明度充分	色温、亮度、能效比、可靠性能优越;结构紧凑	响应快、能耗低、寿命长(一般可达到10000h以上)LED体积小
缺点	耗电量大、散热量大	雨雾天HID灯没卤素灯穿透力强;价格高	耐温性差,单个元件光强弱,造价高
示意图	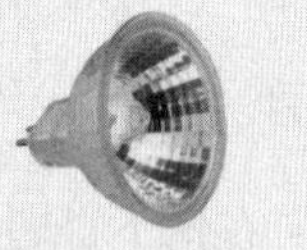		

图 4-16　三种典型的前照灯灯源性能比较

1)传统卤素灯

传统卤素灯泡的前大灯一般发光能力为 $30\sim40\text{lm/W}$。发光能力型号标志带"H",如 H1、H2、H3、H4 等。卤素灯是在白炽灯里充入有卤素的气体,能有效提高钨丝熔点和寿命。在相同功率情况下,卤素灯的亮度是白炽灯的 1.5 倍,而寿命是白炽灯的 $2\sim3$ 倍。卤素灯实物如图 4-17 所示。

图 4-17　传统卤素灯

2）氙气灯

氙气灯是通过高压电极激发气体发出辉光，如氙气灯、汞灯，里面充的气体为氙气、汞气（气态水银），发光效率很高，发光效率可达 $50\sim70\text{lm/W}$。氙气灯光强约为卤素灯光强的 2.5 倍，与白天太阳光相似。氙气大灯如果灯罩上沾了泥水，会影响其光线的汇聚，产生其他方向的散射，影响对向车辆正常行驶。因此，欧洲氙气大灯规定必须配备有大灯清洗装置，规定车辆前灯的最高色温为 5000K，一般原车氙气大灯的色温大约在 4200K 左右，白中稍带黄色。

3）LED 灯

LED 灯（见图 4-18）采用固体发光技术，发光效率高达 100lm/W，是今后光源的发展方向。

LED 灯的发光二极管由一个 PN 结组成，具有单向导电性。当给它加上正向电压后，从 P 区注入到 N 区的空穴和由 N 区注入到 P 区的电子，在 PN 结附近数微米内分别与 N 区的电子和 P 区的空穴复合，产生自发辐射的荧光。

LED 灯的能耗仅为卤素灯的 1/20。知名厂家的 LED 灯寿命能达到 10 万小时，亮度也比卤素灯高很多，但雨雾天灯光的穿透能力不如卤素灯。LED 灯相比氙气灯而言，只需要 12V 电压即可点亮，不用担心像氙气灯的上万伏的电压，也不需要像氙气灯那样"延时点亮"，能随点随用，并且体积小，可以拼接成任意形状。

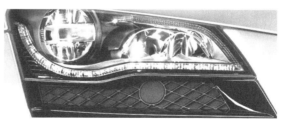

图 4-18　LED 灯

LED 灯的光学结构和氙气灯基本相同，都需要反射镜和配光镜来汇聚成平行光。LED灯对热敏感，需要特别加装散热装置，如图 4-19 所示。

散热鳍

LED　热管

图 4-19　LED 灯的结构与散热装置

（2）前照灯的新型控制技术

1）前照灯状态自动调整——自适应大灯

自适应大灯（Adaptive Front-Lighting System，AFS）也称为自适应照明系统或随动转向大灯，也有称为自动前照灯调平系统（ALS/AHL/DHL）。自适应大灯能够根据行车速度、转向角度等自动调节大灯的偏转，以便能够提前照亮转向区域，提供全方位的安全照明，以确保驾驶员在任何时刻都拥有最佳的可见度，从而增强黑暗中驾驶的安全性。而普通大灯具有固定的照射范围，当夜间汽车在弯道上转弯时，由于无法调节照明角度，常常会在弯道内侧出现"盲区"，极大地威胁了驾驶员夜间的行车安全。现在提到的自适应大灯主要是针对氙灯、激光大灯、LED 大灯。

链接：自适应大灯

第一代的自适应大灯大家习惯上称之为 AFS，主要有上下左右（或者只有上下）调整功能，整体功能如图 4-20 所示。

链接：随动转向大灯

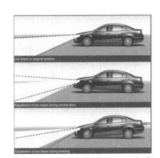

虚线表示无动态调光的光照角度

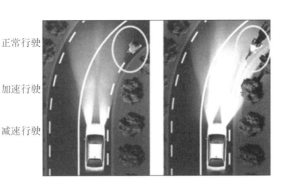

正常行驶

加速行驶

减速行驶

图 4-20　第一代自适应大灯的功能

AFS 的整体结构如图 4-21 所示，图 4-21（a）所示为只有上下调节功能的 AFS，图 4-21（b）所示为具有上下左右调节功能的 AFS。上下功能可以根据车身俯仰情况，实时调节大灯的照射高度，防止产生炫目；左右功能可以根据方向盘的转动角度，实时旋转大灯，优化驾驶员视野。从图 4-21（b）中可以明显看出上下左右功能的特点。

AFS 的控制原理如图 4-22 所示,自适应大灯的投射模块内安装有一个电机,该电机可在车辆转弯时在水平方向上改变灯光照射方向。大灯透镜和支架并不转动,灯光转动的角度在转弯方向的内侧可达约 15°,在外侧可达 7.5°。

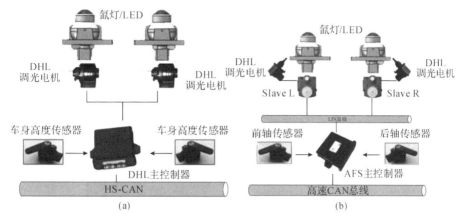

图 4-21　AFS 的结构示意

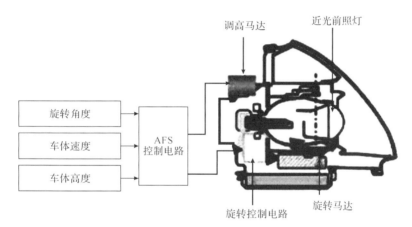

图 4-22　AFS 的控制原理

第二代的自适应大灯主要在第一代的基础上增加了城镇模式、高速模式、恶劣天气模式,如图 4-23 所示。第二代的自适应大灯系统称为全功能 AFS,相比第一代系统主要增加了摄像头系统来识别当前的路况。

如图 4-23 所示,在高速模式下,可比基础近光能够照射更远的距离,可以保证驾驶员具有更远的视野,保证了较远的反应距离。此模式可以通过简单的抬高大灯来实现,也可以通过头灯内的配光设计实现。

在城镇模式下,比基础近光照射得更宽,可以提高驾驶员两侧的视野,防止突然闯出行人。此模式可以通过将左右车灯向道路两侧旋转后实现,也可以通过头灯内的导光片配光设计实现。

在恶劣天气模式下,可防止灯光照射到路上积水后反射到对面驾驶员眼睛里面。此模式主要靠头灯内的挡光片遮挡一部分灯光后实现,同时头灯也需要旋转一定角度来实现更好的效果。

图 4-23　第二代自适应大灯

第三代的自适应大灯（Adaptive Driving Beam，ADB）习惯称为智能大灯系统，是一种智能防炫目远光系统（见图 4-24），在最大限度满足驾驶员需要的同时，不产生炫目。所以在对面没有车辆时会开启远光灯；当对面有车辆时，会调节头灯内的挡光片，挡住部分远光，防止

图 4-24　ADB 防炫目智能大灯系统

产生炫目；并且随着不同的路况，会实时调节光型，实现城镇模式、乡村模式等。第三代自适应大灯系统相比第二代系统主要提升了大灯的功能，比如在大灯内增加挡光片或者导光柱，或者将氙灯升级为 LED Matrix 大灯（矩阵式 LED 大灯）。ADB 可以和高级驾驶辅助系统（ADAS）联动工作，通过摄像头感知车辆行驶前方存在的其他车辆，LED-ADB 系统实时计算并控制远光灯组内相应的 LED 颗粒变暗或者熄灭，避免对前方车辆产生炫目影响，在保证最佳视野的同时，也保证了驾驶的安全性。

2）前照灯昏暗自动发光

如图 4-25 所示，前照灯昏暗自动发光也称为自动大灯，其作用是在汽车行驶过程中（非夜间行驶），大灯开关上有一个自动挡，打到这个挡位时，当汽车前方自然光的强度减低到一定程度，如：汽车通过高架桥、树林，或天空突然乌云密布等，发光器便自动将前照灯电路接通，开灯行驶以确保行车安全，当然到光亮环境时会自动关闭。

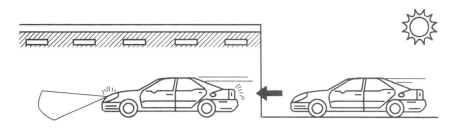

图 4-25　前照灯昏暗自动发光

3）日间行车灯

日间行车灯（Daytime Running Light，DRL）的作用不是照明，而是为了让前方和对向车辆注意到你所驾驶车辆所在的位置，就可以很好地满足白天照明不佳时的车辆标识作用。为了提高行车安全性，欧盟规定自 2011 年起，欧盟境内所有新车必须安装日间行车灯；我国也制定了相应的国家标准《汽车昼间行驶灯配光性能》（GB 23255—2009），规定光色为白色，发光面面积不小于 $40cm^2$，基准轴线上的发光强度不小于 400cd，并且任何方向上发光强度不大于 800cd。日间行车灯不同于普通的近光灯，不需要为道路照明，而是专门为白天行车照明而设计的。

由于是用来标识车辆，现在的车辆一般在启动的时候就会自动开启日间行车灯，并且无法手动关闭，而在夜间大灯开启后，日间行车灯会关闭或者降低亮度。日间行车灯并不是用来照明用的，很多驾驶员喜欢在夜间仅开启日间行车灯，并不开启大灯，实际上日间行车灯的亮度远远不及车辆大灯，完全无法用来作为照明使用。

4）关闭自动延时

大灯延时关闭也称为"伴我回家"功能，其本质是头灯在车辆熄火后的延时关闭功能，可为车主下车后提供一段时间的外部照明。一般延时关闭是在熄火锁车后大灯延时关闭，但是如果大灯是手动打开没有关闭的话，大灯会一直开着。延迟时间可以在"中控—应用管理—设置"中设置。

5）会车自动变光

普通车辆在夜间会车时，驾驶人通过变光开关将远光灯变成近光灯，以防止对面驾驶人炫目。若驾驶人忘了变光或变光不及时，就会造成对方驾驶人炫目。这样，有些车辆为了减

少安全隐患,提高车辆夜间行车的安全性,在前照灯电路中采用了自动变光系统。该系统主要由光敏管(光敏电阻)及放大器单元(感光器)、灵敏度调节器、远/近光继电器、变光开关、闪光超车开关等部件组成。

6)汽车夜视系统

汽车夜视系统利用红外线技术能将黑暗变得如同白昼,使驾驶员在黑夜里看得更远、更清楚。夜视系统的结构由两部分组成:一部分是红外线摄像机,另一部分是挡风玻璃上的光显示系统。奔驰新S级采用了液晶仪表盘,在夜晚时,这个仪表盘会变成夜视系统的显示屏,由于屏幕位置就在驾驶员前,所以观察起来非常方便。宝马7系也有相似的系统,只不过红外影像是显示在中控台液晶屏上的,所以观看起来并不如奔驰S级那样方便。但宝马7系夜视系统还有一个很智能的优点,就是当红外探测仪在前方道路边发现行人时,会用一个醒目的黄色标识提示驾驶员小心,这不但体现车辆的科技性也提升了主动安全性。

从技术上来讲,夜视系统分为两种:主动式夜视系统和被动式夜视系统。

如图 4-26 所示,主动式夜视系统主要由红外发射装置发射一定强度的红外波束,利用图像传感器感应从目标物体上反射回来的红外波束,并把图像显示在车载显示屏上。被动式夜视系统利用自然界绝大多数物体的温度都大于绝对温度的原理,物体都会向外发射一定波长的红外光束,其光谱处于 $3\mu m$ 以上范围,由于所发射红外光束的能量很弱,需要利用昂贵的专用红外图像传感器来感知目标物,主要用于军事方面。

链接:汽车夜视系统

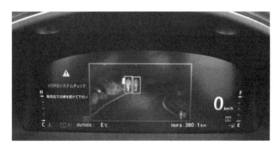

图 4-26 汽车夜视系统

三、雾灯

雾灯安装于汽车的前部和后部,在前照灯附近,位置比前照灯稍低。装于车头的雾灯称为前雾灯,装于车尾的雾灯称为后雾灯。雾灯用于在雨雾天气行车时照明道路和为迎面来车及后面来车提供信号。因为雾天能见度低,驾驶员视线受到限制。一般的车辆用的都是卤素雾灯,比卤素雾灯更高级的是 LED 雾灯。

链接:汽车灯光的使用

前雾灯也称为防雾灯,它的扩散角大,配光稳定;前雾灯光色为黄色、玫瑰色或橙色,这是因为黄色光光波较长,具有良好的透雾性能;灯泡功率一般为35W,属于照明灯范畴,其开关及符号如图4-27所示。

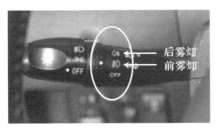

图 4-27　雾灯开关及符号

后雾灯属于信号灯范畴。单只采用时,应安装在车辆纵向平面的左侧,与制动灯间的距离应大于 100mm,后雾灯灯光光色为红色,以警示尾随车辆保持安全距离,灯泡功率一般为 21W。

如图 4-27 所示,由于雾灯开关一般分三挡,0 挡位为关闭,第一挡控制前雾灯,第二挡控制后雾灯。开一挡时前雾灯工作,开二挡时前后雾灯一起工作。

四、倒车灯

倒车灯装于汽车尾部,用于倒车时汽车后方道路照明和警告其他车辆及行人,表示该车正在倒车,兼有灯光信号装置的功能。倒车灯光色为白色,功率一般为 28W。现代轿车一般在挂倒挡时,除了倒车灯点亮外,根据车辆配置,还会同时启动倒车雷达和倒车影像,货车一般还要求带有语音提示功能,如图 4-28 所示。

图 4-28　倒车灯、倒车雷达和倒车影像

五、牌照灯

如图 4-29 所示,牌照灯用于照亮车辆牌照,要求夜间在车后 20m 处能看清牌照号码。牌照灯装在汽车尾部牌照的上方或左右两侧,灯光光色为白色,灯泡功率为 8～10W。它没有单独的控制开关,受示宽灯或前照灯开关控制。

图 4-29　牌照灯

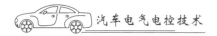
六、汽车内部照明系统

汽车内部照明系统由顶灯、仪表灯、踏步灯、工作灯、行李厢灯组成,主要是为驾驶员、乘客提供方便。灯光光色为白色,灯泡功率在 2～20W 范围内。

奥迪照明系统的操作使用

顶灯:安装在驾驶室或车厢内顶部,为驾驶室或车厢内照明的灯具。灯光颜色一般为白色。

仪表灯:安装于仪表盘内,用来照明汽车仪表。灯光颜色一般为白色。

踏步灯:一般安装在汽车的上下车台阶的左右两侧,作用是用来照明车门的踏步处,方便乘客上下车,灯光颜色一般为白色。

工作灯:车辆维修时可以移动使用的一种随车低压照明工具,电源来自发电机或蓄电池。常常带有挂钩或夹钳,插头有点烟器式或两柱插头式两种。

行李厢灯:轿车行李厢内的灯具,灯光为白色。

阅读灯:装于乘员席前部或顶部,聚光时乘员看书不会给驾驶员产生炫目现象,照明范围较小,有的还有光轴方向调节机构。

门灯:装于轿车外张式车门内侧底部,开启车门时,门灯发亮,以告示后来行人、车辆注意避让。功率为 5W,光色为红色。

模块三　汽车灯光信号显示系统

一、汽车灯光信号显示系统概述

汽车上除照明灯外,还有用以指示其他车辆或行人的灯光信号标志,这些灯统称为信号灯。有时照明灯和信号灯并不能严格区分,如倒车灯,既是照明灯,又具信号灯的功能。

链接:汽车灯光信号系统

信号灯能使位于一定距离上的其他道路使用者清楚地辨认光信号。与此有关的灯的参数有发光强度、发光面积、光束扩散角和光色等。为在具有黑暗背景的夜间容易识别光信号,对于只在夜间使用的信号灯如位置灯、示廓灯和停车灯等,发光强度通常只在数坎德拉到数十坎德拉之间。对于昼夜使用的信号灯如转向信号灯、制动灯等,其昼间要求的光强度一般高达数百坎德拉。为了使这类信号灯在夜间工作时不产生眩光,除对最大发光强度做出限制外,有的还采用昼、夜两种工况。对于大部分是近距离感受的汽车信号灯光,还必须考虑发光面积与规定发光强度之间的匹配,以防止亮度过大而造成炫目。大部分信号灯的光束扩散角(10% 最大光强度方向之间的夹角),垂直方向不小于 20°,水平方向不小于 40°。

链接:汽车信号灯讲解

信号灯也分为外信号灯和内信号灯,外信号灯包括示廓灯、制动信号灯、转向信号灯等,内信号灯泛指仪表板的指示灯,主要有转向、机油压力、充电、制动、关门提示等仪表指示灯。各信号灯的特点及用途见表4-2。

表 4-2 信号灯的特点及用途

种类	外信号灯					内信号灯	
	转向灯	示廓灯	停车灯	制动灯	倒车灯	转向指示灯	其他指示灯
工作时的特点	琥珀色交替闪亮	白或黄色常亮	白或红色常亮	红色常亮	白色常亮	白色闪亮	白色常亮
用途	告知路人或其他车辆将转弯	标志汽车宽度轮廓	表明汽车已经停驶	表示已减速或将停车	告知路人或其他车辆将倒车	指示驾驶员车辆的行驶方向	指示驾驶员车辆的状况

二、汽车灯光信号显示系统结构原理

1.示廓灯

示廓灯也叫示宽灯,俗称小灯,就是车前、后方最边上的灯(见图4-30)。从字面上看,"示"是警示的意思,"廓"有轮廓之意,所以示廓灯是一种警示标志的车灯,是用来提醒其他车辆注意的示意灯。这种灯一般安装在汽车顶部的边缘处,这既能表示汽车高度又能表示宽度。安全标准规定在车高高于3m的汽车必须安装示廓灯。大货车的车顶上以及侧面也有示廓灯。

位于车前的示廓灯也称为前位灯、前小灯,位于车后的示廓灯也称为后位灯、尾灯。前小灯一般灯泡功率为5~10W,灯光一般为白色。作用是汽车夜间行车或停车时,标示其轮廓或存在。尾灯的灯光一般为红色,功率为15~25W。

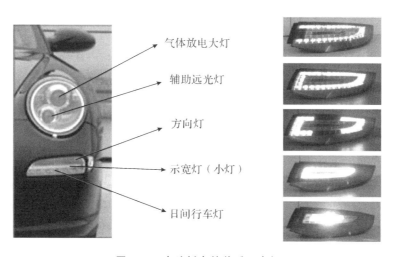

图 4-30 奥迪轿车的前后示廓灯

2. 制动信号灯

制动信号灯简称制动灯,俗称刹车灯,是指示行驶汽车减速或停车信号,用来提醒后面的车辆本车已经采取制动措施的警告灯。它安装在汽车的尾部两侧及上部,红色,当汽车制动时,线路接通,自动发出红光。由于制动灯对汽车的安全关系重大,因此,它的亮度明显大于后位灯,一般是后位灯亮度的五倍以上。白天距离100m以上就可看清。

如图4-31所示,制动灯按位置分类:一种是安装在车尾两端的制动灯;另一种是高位制动灯,安装在车尾上部。

图 4-31 奥迪轿车的制动灯

我国生产的车辆尾灯一般都是"一泡二用",灯泡内有两个光丝,较弱的为后位灯,较强的为制动灯。根据制作的材料不同,刹车灯大致可分为气体刹车灯与LED刹车灯。气体刹车灯使用的材料为气体,如卤素。LED刹车灯使用的材料是LED,其特点是制动响应速度快。

3. 转向信号灯

转向信号灯,简称转向灯,用于汽车转弯时发出明暗交替的闪光信号,标示车辆的转弯方向,使前后车辆、行人、交警知其行驶方向。转向信号灯安装在前部、后部和侧部,表示汽车转向。转向信号灯的灯光光色为琥珀色,灯泡功率一般为20W。汽车转向信号灯的指示距离,要求前、后转向信号灯白天距100m以外可见,侧转向信号灯白天距30m以外可见。转向灯采用闪光器,实现灯光闪烁,闪光频率应控制在1~2Hz(即每分钟50~120次)。闪光器主要可分为阻丝式、电容式和电子式三种。

使用转向灯的具体情况见表4-3。

表 4-3 转向灯使用情况

需开启转向灯的几种情况	
超车时	变道时
汽车掉头时	驶离环岛时
靠边停车,驶离时	进入高速,驶离时

如图 4-32 所示,转向灯开关通常安装于方向盘左边,其操作方法可归结为"上右下左"四个字,即转向灯往上打(顺时针)表示向右转,往下打(逆时针)表示往左转。随着汽车技术的发展,现在不少汽车双闪灯开关上都增加了"一触三闪"的快拨功能。驾驶员只要轻轻"点"一下拨杆,转向灯会闪三下然后自动熄灭。这样车主在变线超车时,就可以免去熄灭转向灯操作的麻烦。

图 4-32　转向灯开关与仪表转向指示灯

4.危险报警信号灯

危险报警信号灯也称双闪灯、双跳灯或故障停车信号灯。按下危险报警信号灯开关,左右转向灯同时闪亮,表示有紧急情况,用于车辆遇到紧急危险情况时,同时点亮前后左右转向灯以发出警告信号。

当车辆故障时按下危险报警信号灯开关后车灯闪烁,提示过往车辆注意安全并保证自身安全。危险报警信号灯是一种提醒其他车辆与行人注意本车发生了特殊情况的信号灯。在驾车过程中遇到浓雾时,能见度低于 100m 时,由于视线不好,不但应该开启前、后防雾灯,还应该开启危险报警信号灯,以提醒过往车辆及行人的注意,特别是提醒后方行驶的车辆保持应有的安全距离和必要的安全车速,避免紧急刹引起追尾。

如图 4-33 所示,与其他灯光开关集成在一起不同,双闪灯开关是独立存在的,而且双闪开关标识特别明显。常见的双闪灯开关都是位于方向盘右边的中控台上,不过也有个别车型的双闪开关是位于中控台的下方。

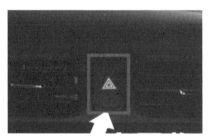

图 4-33　危险报警灯开关

模块四　汽车灯光照明与信号显示系统的维护与检修★

一、汽车灯光照明与信号显示系统的维护

1. 安装车灯时,应根据标志及使用维修说明书要求,不得倾斜侧置。
2. 要按车型配套使用灯泡等光学组件。
3. 车灯应注意装配固定,以保证其密封性能,防止水分及灰尘进入车灯。
4. 注意灯的搭铁极性,尤其对没有明显标记的灯泡,注意判别远光、近光灯丝及搭铁极性。
5. 保证车灯电路接触良好并保持清洁。
6. 更换灯泡前,应先切断电源,更换的灯泡要选择与原车型号和功率相同规格的原厂件。
7. 更换灯泡时,手指不能触及镜面,以免留下汗水或油印使反射镜失去光泽,降低反光效率。
8. 保证转向灯的灯泡功率相等并与闪光器配合一致。
9. 车灯发生故障不外乎灯泡及线路断、短路。排除时可检查相应的熔断丝和灯泡的技术状况以及相应的线路是否良好。
10. 做好定期维护,并按标准检验和调整,以保持灯光的技术状况完好。

二、汽车灯光照明与信号显示系统的检修

汽车灯光的常见故障一般有灯光不亮、灯光亮度低、灯泡频繁烧坏等。在进行故障诊断时,应根据电路图对电路进行检查,判断出故障的部位。

1. 灯光不亮

引起灯光不亮的原因主要有灯泡损坏、熔断丝熔断、灯光开关或继电器损坏及线路短路或断路故障等。如果只有一只灯不亮,一般为该灯的灯丝烧断,可将灯泡拆下后检查。如果是几只灯都不亮,对照电路图找公共部位的熔断器,若同属一个熔断丝的灯泡都不亮,则可能是该支路的熔断丝被熔断。处理熔断器熔断故障时,在将总熔断器复位或更换新的熔断丝之前,应查找出超负荷的原因。其方法是:将熔断丝所接各灯的接线从灯座拔掉,用万用表电阻挡测量灯端与搭铁之间的电阻,若电阻较小或为 0,则可断定线路中有搭铁故障。排除故障后,再把熔断器复位或更换新的熔断丝。

另外,其他部位的检查方法有:①继电器的检查:将继电器线圈直接供电,可检查出继电器是否能正常工作,如不能正常工作,应更换继电器。②灯光开关的检查:可用万用表检查开关各挡位的通断情况,若与要求不符,应更换灯光开关。③线路的检查:在检查线路时,可用万用表或试灯逐段检查线路,以便找出短路或断路故障的部位。

2.灯光亮度下降

若灯光亮度不够,多为蓄电池电量不足或发电机和调节器的故障所致。

另外,导线接头松动或接触不良、导线过细或搭铁不良、散光镜坏或反射镜有尘垢、灯泡玻璃表面发黑或功率过低及灯丝没有位于反射镜的焦点上,均可导致灯光暗淡,需要逐一检查排除。

检查时,首先要检查蓄电池和发电机的工作状态,若不符合要求,应先恢复电源系统的正常工作电压。在电源正常的状态下,再检查线路的连接情况及灯具是否良好。

3.灯泡频繁烧坏

灯泡频繁烧坏的原因一般是电压调节器不当或失调,使发电机输出电压过高所致,应重新将输出电压调整到正常工作范围。

此外,灯具的接触不良也是造成灯泡频繁损坏的原因。

4.转向开关打到左侧或右侧时,转向指示灯闪烁比正常情况快

这种故障现象说明这一侧的转向灯灯泡有烧坏的,或转向灯的接线、搭铁不良。

排除方法:更换灯泡。若接线搭铁不良时,视情况处理。

5.左、右转向灯均不亮

这种故障的原因可能是熔丝烧断、闪光器坏、转向开关出现故障或线路有断路的地方。

排除方法:①检查熔丝,断了更换。②检查闪光器。③若以上正常,检查转向灯开关及其接线,视情况修理或更换。

左、右转向灯均不亮,除以上检查方法外,还可以先打开危险报警信号开关,若左、右转向灯不亮,说明闪光器有故障。

习题

1.前组合灯一般把哪些灯组合在一起? 后组合灯呢?

2.什么是自适应前照灯系统? 该系统一般由哪些部件组成? ADB 和 AFS 有什么异同?

3.灯光开关一般包含哪几个挡位? 各自代表什么意义?

4.前照灯是如何防炫目的?

学习单元五
汽车组合仪表系统

知识目标

1. 熟练掌握传统汽车组合仪表系统的作用、工作原理及结构；
2. 熟练掌握传统汽车组合仪表系统的 4 个表、各类指示报警灯符号的含义；
3. 了解新能源汽车组合仪表系统的工作原理、结构组成。

能力目标

1. 能够熟练识别汽车组合仪表系统各表、各类指示报警灯符号的含义；
2. 能正确描述汽车组合仪表系统各部件的作用。

模块一　汽车组合仪表系统概述

一、汽车组合仪表系统介绍

1.汽车与人交流的方式

汽车作为一种便捷化的移动交通工具,汽车与人之间交流需要一个特定的途径,这个途径就是为每辆汽车配备的组合仪表。组合仪表是人和汽车的交互界面,它一方面为驾驶员提供所需的汽车运行参数、故障、里程等汽车运行状态性信息,同时也提供一些关系到人和车安全的汽车运行安全性信息。因此,组合仪表是汽车必不可少的部件。组合仪表显示的直观性与美观性,不但是驾驶代步之必需,也成为舒适生活的一部分,而仪表参数传递的准确性与可靠性则直接关系到汽车行驶的安全。

汽车组合仪表系统是汽车的重要系统之一,它能集中、直观、迅速地反映汽车在行驶过程中的各种动态指标,以便驾驶员随时掌握车辆的各种状况,并及时发现和排除潜在的故障。

2.汽车组合仪表系统的作用

根据汽车组合仪表的功能要求,组合仪表可以分为两大部分:汽车运行状态性信息和汽车运行安全性信息。因此,汽车组合仪表系统也称为汽车信息显示与报警系统,但这两者并不是完全孤立的,有些表或灯既有信号显示的作用,又有报警提示的作用。之所以将汽车信息显示与报警系统称为组合仪表,是因为该系统集成了汽车上绝大部分的信息显示与报警提醒,现代汽车往往根据需要采用组合的方式进行集成安装,故称为组合仪表。

链接:汽车组合仪表

汽车仪表信息显示可以是表,也可以是指示灯,还可以是多媒体信息显示屏等多种方式,其作用是指示某一系统的工作状态信息,如发动机转速表、车速表、水温表、油量表等指示的核心信息,如采用普通灯泡或发光二极管技术的远近光指示灯、转向指示灯、雾灯、空调工作指示灯、驻车制动指示灯、收放机工作指示灯和自动变速器挡位指示灯等指示的信息,如专用的信息显示屏,将不常用的信息通过按键切换显示。一般仪表的信息显示指示灯灯光多采用蓝色、绿色为基调。

汽车仪表报警系统的作用是用来监测汽车各系统的技术状况是否正常,一般多采用报警灯的形式报警。当某一系统出现异常情况时,对应的报警灯亮,提醒驾驶员该系统出现故障,其灯光以红色或黄色为基调。一般红色报警灯表示故障等级(安全性等级)较高,如发动机故障报警灯、机油报警灯和水温报警灯等,一般不建议继续运行该系统;而黄色报警灯亮,车辆一般可以继续运作,但建议尽快进行故障排除或维修;绿色和蓝色一般代表的是指示性信息。

二、汽车组合仪表系统的结构组成

汽车仪表显示和报警指示大部分都集中安装在驾驶室内转向盘正前方的专用仪表板(台)上。不同汽车的仪表板内的仪表和指示灯不尽相同,如图5-1所示为典型的宝马E60组合仪表板。

链接:转速表讲解

1.发动机转速表

发动机转速表指示发动机的运转速度,指示目的是观察发动机的运行状况,并监视发动机的工作状态,以更好地掌握换挡时机。桑塔纳轿车发动机转速表为电子式转速表,如图5-2所示。转速表的刻度盘上有一个红色区域,汽车磨合期结束后,当发动机温度达到正常工作温度时,发动机转速允许在短时间内达到此区域。转速信号由转速传感器拾取,产生的脉冲信号经发动机电子控制单元传送到转速表控制电路。如图5-3所示为转速传感器实物,桑塔纳时代超人发动机的转速传感器安装在飞轮附近。

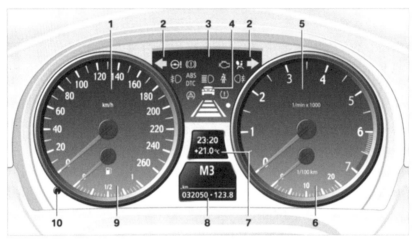

1 车速表
2 转向信号灯的指示灯
3 指示灯和报警灯
4 自适应巡航控制显示
5 转速表
6 能量控制

7 显示屏幕，用于显示
> 时钟
> 车外温度
> 指示灯和报警灯

8 显示用于
> 自动变速挡位
> 车载电脑
> 保养需求日期和剩余的行驶里程
> 里程表和里程分表
> 轮胎失压显示初始化
> 发动机机油液位检查
> 设置和信息

9 燃油表
10 里程分表复位

图 5-1　宝马 E60 组合仪表板

图 5-2　发动机转速表

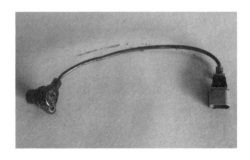

图 5-3　转速传感器

2. 车速里程表

仪表板中最显眼的是车速里程表,它用于指示汽车行驶速度和累计行驶里程数。车速里程表实际上由两个表组成,一个是车速表,另一个是里程表。车速里程表有磁感应式与电子式两种。如图 5-4 所示为桑塔纳 2000 型轿车的电子式车速里程表,车速表指示汽车行驶速度,上方的里程表记录行驶总里程,下方的里程表记录单次行驶里程,并具有复零功能。车速里程表的信号由安装在变速器上的车速传感器传送,如图 5-5 所示为车速传感器结构。

图5-4　车速里程表

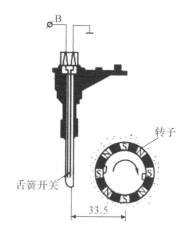

图5-5　车速传感器结构

3.燃油表和燃油过少报警灯

燃油表用来指示汽车燃油箱内储存燃油量的多少。它由装在仪表板上的燃油指示表和装在燃油箱内的传感器两部分组成,燃油表有电磁式、动磁式、双金属电热式三种类型,传感器均为滑动可变电阻式。

典型的电磁式燃油指示表如图5-6所示。燃油表传感器为滑动可变电阻式,由变阻器、滑片和浮子等组成,如图5-7所示。当油箱中的油量少于一定值时,燃油表指针指向最低位置,同时,燃油过少报警灯亮起,提示驾驶员加油,一般燃油报警灯点亮后,汽油箱大概还有5～8L油量,汽车还允许继续行驶50km左右。

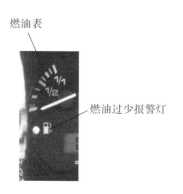

图5-6　燃油表

图5-7　燃油表传感器

4.冷却液温度表和冷却液温度报警灯

冷却液温度表也称为水温表,用来指示发动机冷却水套中冷却液的温度。它由装在仪表板上的水温指示表和装在发动机气缸盖的冷却水套上的水温表传感器两部分组成。

桑塔纳轿车冷却液温度指示系统由冷却液温度表、冷却液温度报警灯、冷却液液面过低报警灯、冷却液不足指示控制器和仪表稳压器等组成,冷却液温度报警灯和冷却液液面过低报警灯共用一个灯泡,即冷却液温度过高或冷却液液面过低时都会报警(见图5-8)。冷却液

温度表与燃油表共用一个仪表稳压器,其工作电压为 9.5～10.5V。冷却液温度指示系统具有以下特点:

(1)冷却液温度表由温度指示表和温度传感器组成。当接通点火开关后,冷却液温度过高与冷却液液面过低指示灯将闪烁 30s 后自动熄灭。

(2)温度传感器为负温度系数热敏电阻式传感器,如图 5-9 所示,冷却液温度传感器安装在发动机冷却液的出水口处。当发动机过热,冷却液温度达到 115℃ 时,传感器阻值为 62Ω 左右,此时,冷却液温度过高或冷却液液面过低指示灯将闪亮报警。当发动机冷机,冷却液温度较低时,传感器的阻值为 500Ω 左右。

图 5-8　冷却液温度表

图 5-9　冷却液温度传感器

5.常见的汽车仪表指示灯与报警灯

为形象地将汽车运行性信息或安全性信息展示给驾驶员,实现快速准确的人机交流,仪表上普遍采用国际标准特殊符号显示法,再使用发光二极管照亮显示的方式;或直接在液晶显示器显示特殊符号的方式。部分国际标准符号如图 5-10 所示,更多符号可参考网络资源的彩色图片。

链接:警告灯讲解

汽车仪表灯图解

图 5-10　国际标准符号

一般仪表指示灯与报警灯可以归纳为以下几类：

（1）常用指示灯

车门或行李厢盖未关提示灯：当车门（行李厢）打开时提示灯点亮，直到车门（行李厢盖）关闭才会熄灭，灯色一般为红色。

前大灯远光指示灯（远光指示灯）：远光灯是为了在夜间驾驶时，更好地观察前方路况而设计的，但不宜长时间开启。远光灯会对对向车辆司机的视力造成伤害甚至瞬间致盲。在无路灯或光线严重不足的情况下可以开启远光灯，但当发现对向车道有车辆行驶过来，应当立即关闭。远光指示灯一般为蓝色。

雾灯指示灯：通常情况下是在大雾、大雨、大雪一类能见度不高的天气状况下开启，能见度比较低的时候利用雾灯功率高、亮度高、穿透力强的特点，前雾灯通常为驾驶员照明道路用，后雾灯则为其他车辆或行人指示用。雾灯指示灯一般为黄色。

脚制动指示灯：该灯用于提示驾驶员踏下脚制动踏板，这个标识仅在自动挡车型中才会有，当它亮起时只有踩下刹车踏板才可以变换挡位。灯色一般为红色。

车速巡航控制系统指示灯：当启动车速巡航控制系统并以设定的巡航车速行驶时，该灯自动亮起。灯色一般为蓝色。

（2）灯光信息提示标识

仪表灯光信息提示标识大部分即是仪表的常用指示灯，如远光指示灯、雾灯指示灯等。事实上，灯光信息提示标识直接关系着行车的安全，如果看到仪表盘上灯光标识亮起的时候可能因某些原因实际上相应的灯光却没有亮，因此就需要在车辆使用的过程中勤检查灯光是否正常，尤其是在夜间行车，不使用或不正确使用灯光都会存在交通事故的隐患。如开启了后雾灯，但事实上后雾灯可能根本就没点亮，没有起到警示后车的作用，因此带来了一定的安全隐患。这里比较特殊的如制动灯不亮信息提示标识，我们知道驾驶员驾驶车辆过程中，很难实时判断后方制动灯是否工作正常，这对后车行驶安全及交通事故的判断依据有着直接关系，因此部分中高档轿车，如本田雅阁轿车，专门在制动灯线路中附加了制动灯工作检测模块，当踩制动时，有制动灯不工作，仪表上制动灯信息提示标识就常亮，提醒驾驶员制动灯有不工作。

（3）报警指示灯

安全带未系报警灯：现在很多车型不止有安全带未系提示灯，还配有提示音，这大大降低了人们忘记系安全带的概率。灯色一般为红色。

安全带收紧器/安全气囊报警灯：该灯用于监控安全带收紧器和安全气囊的状态。当启动汽车时，不亮或常亮表示系统存在故障。此时，虽不影响正常行车，但气囊已经停止工作，为自身安全，建议最短时间将其修复。灯色一般为红色或黄色。

燃油储量不足报警灯：提示燃油不足的报警灯，该灯亮起时，表示燃油即将耗尽。建议此灯亮起时尽早加油，因为在快没油的情况下燃油泵不能得到很好的冷却，可能会影响它的寿命。灯色一般为红色。

发电机故障报警灯：显示发电机工作状态的指示灯。接通点火开关后应该点亮，发动机启动后熄灭。如正常用车时，不亮或常亮不灭应立即检查发电机及电路，避免出现再次着车时打不着火的尴尬。灯色一般为红色或黄色。

风窗清洗液储量不足报警灯：显示风窗清洗液（俗称玻璃水）存量的指示灯，如果清洗液

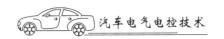

即将耗尽,该灯点亮,提示车主及时添加清洗液。添加清洗液后,指示灯熄灭。

发动机排气系统故障报警灯:发动机工作状态的指示灯,接通电门后点亮,约3~4秒后熄灭,发动机正常。自检时如果不亮或长亮表示发动机故障,需及时进行检修。

发动机冷却液/液位报警灯:显示发动机冷却液温度过高的指示灯,正常行驶时,若此灯点亮报警,应及时停车并关闭发动机,待冷却至正常温度后再继续行驶。如果继续行驶,可能会出现发动机损毁的严重后果。灯色一般为红色。

制动摩擦衬块磨损报警灯:显示制动摩擦衬块磨损情况的指示灯。正常情况下此灯熄灭,常亮时提示车主应及时更换故障或磨损过度的摩擦衬块,修复后熄灭。灯色一般为红色或黄色。

发动机机油压力报警灯:显示发动机机油压力的指示灯,在日常行驶中,若该灯亮起表示润滑系统失去压力,此时需立即停车关闭发动机进行检查。如果继续驾驶,可能会对发动机造成严重伤害,甚至导致发动机报废。灯色一般为红色。

发动机管理系统故障报警灯:该报警灯用于监控汽油发动机管理系统的工作状态。如果遇到该灯常亮,应及时检查修理发动机。灯色一般为黄色。

转向系统报警灯:该报警灯用于监控转向系统的工作状态。正常用车时分为四种报警状态:

①红色常亮:电控转向失灵。

②黄色常亮:电控转向作用降低。

③红色闪烁:电子转向柱锁止装置有故障。

④黄色闪烁:转向柱被夹紧,转向柱不能解锁或锁止。

电子驻车制动器报警灯:检测电子驻车制动是否正常的报警灯,当车辆通电后该灯亮起几秒进行自检,如正常用车时此灯常亮,说明电子驻车制动系统出现故障,应及时排查。

(4)电子设备指示灯

目前在仪表盘上可以看到的电子安全系统标识有车身稳定系统、牵引力控制系统和胎压检测。

车身稳定系统报警灯:该灯闪亮时说明ESP或ASR(驱动防滑系统)处于工作状态,如果驾驶时发现该灯闪亮,说明出现了危险的状况。该灯常亮说明电子稳定程序发生故障。

轮胎压力监控报警灯:该灯主要作用是监测车辆轮胎胎压,当车辆某个轮胎气压不足时该灯就会亮起,以此增加车辆安全性并避免轮胎进一步磨损。当该灯亮起时,应及时检查轮胎状态,避免危险的发生。

车身稳定系统关闭报警灯:该灯亮起时,说明ESP或ASR处于关闭状态,ESP和ASR均为安全辅助设备,在日常开车中对安全行驶起到了很大的帮助,一般不建议在日常驾驶时关闭此项功能。

防抱死制动系统(Anti-lock Brake System,ABS)指示灯:目前车辆几乎都配有ABS,它大大增加了车辆行驶的安全性。当启动汽车时,此灯会亮起几秒进行自检然后自动熄灭,如果常亮或不亮就表示ABS出现故障,ABS故障仅仅是车辆失去了车轮防抱死的功能,常规的制动功能还是存在的,因此这时不建议急刹车。

需要注意的是,当车辆点火开关打开时,仪表盘上的大部分指示灯都会先点亮,这是车辆的自检功能在起作用,有些指示灯亮几秒后就会熄灭,表示系统自检正常。如果发现仪表盘上的相关功能的标识指示灯自检时不亮或常亮,说明该功能可能已经出现问题,应尽快进行专业检测,以免出现更严重的问题。

6.驾驶员信息面板

现代汽车组合式仪表一般都会配置一个中文信息显示屏,将一些非标准的信息或存储于仪表内存中的信息,通过符号、文本提供汽车操作状态的信息,以便驾驶员及时了解车辆的技术状况,如图 5-1 的标识 8。信息显示屏有可选显示和自动显示两种情况,可选显示为设置、导航、电话、音频等;自动显示为符号和警示,不能选择。当发生故障时,驾驶员信息面板将点亮一些警告灯或显示一些符号和信息。

模块二 新能源(电动)汽车组合仪表★

新能源汽车由于采用了不同于传统内燃机汽车的动力系统,因此,在组合仪表的显示内容上有了一定的变化。内燃机汽车的组合仪表会有发动机转速表,而新能源汽车的动力系统则为动力电池,因此组合仪表主要反映动力电池的使用状态(电池电量、工作状态等)。本节以江淮 EV260 电动汽车为例,展示电动汽车组合仪表的总体结构与特殊符号的含义,其他车型以此类推。图 5-11 所示为江淮 EV260 电动汽车组合仪表的总体布局,主要由六部分组成:电池电量显示表、车速表、电机转速表、液晶显示屏、里程复位杆和功率表。

链接:新能源汽车组合仪表

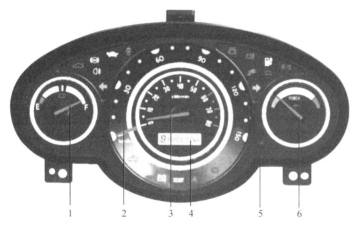

1—电量显示表;2—车速表;3—转速表;4—液晶显示屏;5—复位杆;6—功率表
图 5-11 江淮 EV260 电动汽车组合仪表总体布局示意

图 5-12 所示为江淮 EV260 电动汽车组合仪表部分特殊符号与布局,各符号具体作用详见车辆使用说明书,本节仅对部分重要符号做简单描述,详见表 5-1。

江淮电动车仪表彩图 1

江淮电动车仪表彩图 2

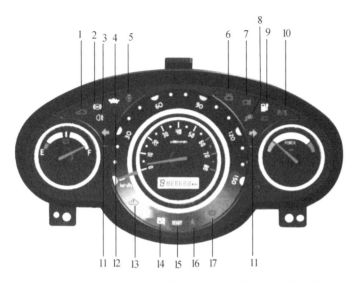

1.行李厢未关报警灯
2.ABS故障报警灯
3.后雾灯指示灯
4.电量低报警灯（乌龟灯）
5.车门未关报警灯
6.电机故障报警灯
7.高压电池故障报警灯
8.充电线连接指示灯
9.电池组充电指示灯
10.电动助力转向系统故障报警灯
11.左右转向指示灯
12.远光指示灯
13.系统故障报警灯
14.动力电池切断报警灯
15.行驶准备指示灯（READY灯）
16.安全带未系报警灯
17.手制动与制动系统报警灯

图 5-12　江淮 EV260 电动汽车组合仪表部分特殊符号与布局

表 5-1　江淮 EV260 电动汽车组合仪表特殊符号含义

序列	图标	名称	作用
1	**READY**	行驶准备指示灯	当车辆的点火开关转到"START"挡时，听见"嘀"的响声，仪表盘上行驶准备指示灯点亮，车辆进入可以行驶状态
2		电量低报警灯（乌龟灯）	车辆行驶过程中此灯点亮，表明电池剩余电量约为25%，应尽快充电，以免车辆在行驶过程中突然断电产生安全隐患
3		电机故障报警灯	车辆行驶过程中此灯点亮，表明电驱动系统进行了自我保护或出现故障。此时应低速行驶，避免急加速，若仍不熄灭，需尽快联系江淮汽车特许售后服务店对车辆进行检修
4		高压电池故障报警灯	车辆行驶过程中若此灯闪烁，表明动力电池出现一般故障。若此灯常亮，表明动力电池系统出现严重故障，需尽快联系江淮汽车特许售后服务店对车辆进行检修
5		充电线连接指示灯	车辆充电过程中此灯点亮，表明充电线已经可靠连接。如果充电过程中此灯不亮，表明充电线没有可靠连接，需及时进行检查并重新连接
6		电池组充电指示灯	车辆正常充电过程中，此灯点亮。电池组充满后，此灯熄灭

序列	图标	名称	作用
7		动力电池切断报警灯	当车辆的点火开关置于"ON"位置时,此报警灯正常点亮;点火开关由"ON"挡转到"START"挡后,此报警灯熄灭。若点火开关转到"START"挡或在车辆行驶过程中此报警灯点亮,表明动力电池与电驱动系统切断,车辆无法启动,应尽快联系江淮汽车特许售后服务店对车辆进行检修
8		系统故障报警灯	车辆行驶过程中此灯点亮,表明整车电气系统出现故障。需尽快联系江淮汽车特许售后服务店对车辆进行检修
9	P/S	电动助力转向系统故障报警灯	电动助力转向系统发生故障时,当钥匙在"ON"挡或"START"挡时,会点亮电动助力转向系统故障报警灯,通过电动助力转向系统故障报警灯闪烁来输出故障代码

习题

1. 简述机油压力表及传感器的工作原理。
2. 简述电磁式水温表的工作原理。
3. 简述稳压器的工作原理和作用。
4. 如何判断电热式仪表故障?
5. 汽车电子仪表显示器件主要有哪些类型,各有什么特点?
6. 简述数字式仪表的优点。
7. 简述电子式闪光器的作用及工作原理。
8. 两侧转向灯闪烁频率不同,通常是什么故障引起的?
9. 我国交通法对制动装置有什么规定?
10. 汽车上有哪些报警装置? 各有什么作用?

学习单元六
汽车空调系统

知识目标

1. 熟练掌握汽车空调系统的作用、组成和类型；
2. 熟练掌握汽车空调制冷系统的制冷原理；
3. 掌握汽车空调制冷系统、取暖系统、通风系统及空气净化系统的结构组成及工作原理；
4. 掌握手动空调和自动空调的电气控制部件的作用和工作原理。

能力目标

1. 能够正确、熟练地操作使用汽车空调系统；
2. 能正确指出汽车空调系统各部件在实车上的安装位置；
3. 能熟练识别空调操作面板各开关与符号的含义；
4. 能够清楚描述汽车空调系统日常使用的注意事项；
5. 能简单检查空调制冷系统的工作情况，能使用压力表检测空调制冷系统压力并加注制冷剂。

模块一　汽车空调系统概述

一、汽车空调系统概述

1. 什么是汽车空调系统？

汽车空调系统即汽车车内空气调节系统（Air Conditioning，简称 A/C），也有不少轿车简称为 HVAC（Heating，Ventilation，Air-conditioning and Cooling），即采暖、通风与空调。

汽车空调系统利用鼓风机对车内的空气进行调节,结合制冷、加热、换气和空气净化等装置,使车厢内空气在温度、湿度、流速和洁净度上能满足乘坐人员人体舒适的需要,并预防或去除玻璃上的雾、霜和冰雪,保障乘员身体健康和行车安全。衡量汽车空调效果的主要指标有温度、湿度、流速和洁净度等。

(1)车内温度调节:汽车空调系统的核心是车内温度的调节控制,控制车厢内的气温既能比外界气温高,也能比外界气温低,即达到人体舒适的水平。

(2)车内湿度调节:湿度是指空气中所含水量的多少,其直接影响人体内的水分蒸发速率和口腔、鼻腔黏膜等健康状况和驾驶的工作状况。车内的湿度一般应保持在 30％～70％范围。

(3)车内气流速度调节:空气流速和方向对人体舒适性影响很大。夏季流速稍大,有利于人体散热降温,但舒适的流速应限制在 0.25m/s 左右;冬季流速过大会影响人体保温,故冬季流速应尽量小一些,一般在 0.15～0.20m/s。根据人体生理特点,头部对冷比较敏感,脚部对热比较敏感,部署气流应根据乘客生活环境及生理特点来控制出风口的风量与风向。

(4)车内空气净化:车厢内的空气质量是乘员舒适性的重要保证,由于车内空间小等情况,车内空气容易污浊,影响乘员的身体健康。通风和空气净化系统可适时补充车外新鲜空气、过滤(排除空气中的灰尘和花粉)、加强车内空气的通风流动和实现净化车内空气的功能。

(5)热辐射调节:消除太阳辐射的影响,对车内温度进行必要的校正。

总之,人体舒适的温度范围,冬季为 16～20℃,夏季为 20～28℃;舒适的湿度范围,冬季为 55％～70％,夏季为 60％～75％;舒适的气流平均速度一般为 0.25m/s。

2.汽车空调系统的特点

相对于家用空调,汽车空调系统具有以下特点:

(1)汽车空调工作环境恶劣,承受剧烈频繁的震动和冲击,部件要有足够的抗震能力。

(2)传统汽车空调所需动力来自发动机,使用汽车空调使发动机油耗增加,输出功率下降变化大。而新能源汽车空调系统的动力则来自于动力电池的电能。

(3)制冷制热能力应较大,制冷剂容易泄漏。

3.汽车空调系统的分类★

1925 年首先在美国出现了利用汽车冷却水通过加热取暖(单一取暖)的方法。1939 年,由美国通用汽车帕克公司首先在轿车上安装由机械制冷的空调器(单一制冷)。1954 年,通用汽车公司首先在纳什牌轿车上安装了冷暖一体化的空调器,汽车空调才基本上具有调节控制车内温度、湿度的功能,冷暖一体空调基本上具有降温、除湿、通风、过滤、除霜等功能。1964 年在卡迪拉克牌轿车上首次使用了自动控制冷热一体的汽车空调。1973 年美国通用公司和日本五十铃汽车公司一起联合研究由微型计算机控制的汽车空调系统,1977 年同时安装在各自的汽车上,将汽车空调技术推到一个新高度。微机控制的汽车空调系统由微机按车内、车外环境温度变化,实现对车内温度微调化,该系统具备数字化显示、冷暖通风三位一体化、自我诊断、执行器自检、数据流传输等功能。通过微机控制,实现了空调运行与汽车运行的相关统一,极大地提高了制冷效果、节约了燃料,从而提高了汽车的整体舒适性。

按空调系统的性能,结合汽车空调系统的发展历程,空调系统大致类型是:单一取暖

→单一制冷→冷暖一体化→自动控制→微机控制。有些单一功能型的汽车空调系统将制冷、供暖、通风系统各自安装、单独操作、互不干涉，多用于大型客车和载货汽车上；作为主流的冷暖一体式是将制冷、供暖、通风共用鼓风机和风道，在同一控制板上进行控制，工作时可分为冷暖风分别工作的组合式和冷暖风可同时工作的混合调温式，轿车多用混合调温式。

相对而言，汽车空调系统中制冷是重点，因此按制冷系统压缩机的驱动方式，可分为独立式和非独立式。

（1）独立式：专用一台发动机驱动压缩机，制冷量大，工作稳定，但成本高，体积及重量大，多用于大、中型客车。

（2）非独立式：空调压缩机由汽车发动机驱动，制冷性能受发动机工作影响较大，稳定性差，多用于小型客车和轿车。

按汽车空调系统的控制方式可分为手动空调和自动空调，图 6-1 所示为手动空调和自动空调的面板差异，有 AUTO 键的一般为自动空调。

（1）手动空调：需要乘坐人员手工操作空调控制面板上的功能键，实现对温度、湿度、风速、风向的控制，其标志性操作是打开鼓风机开关和 A/C 开关。

（2）自动空调：乘坐人员打开空调开关，按 AUTO 键，即可利用空调计算机的控制功能，自动实现空调系统的恒温控制（包括温度、湿度、风速、风向、空气净化等）。

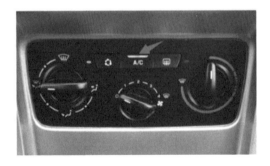

图 6-1　手动空调和自动空调的面板对比

汽车空调制冷系统按节流控制方式的不同，可分为膨胀阀系统和孔管系统两类，目前大部分非独立式汽车定排量空调采用的是膨胀阀系统，非独立式汽车变排量空调采用的是孔管系统，如图 6-2 所示。

二、汽车空调系统的总体结构

汽车空调系统的总体结构按其功能划分，可分为制冷系统、取暖（或加热）系统、通风（或配气）系统、（电气/电子）控制系统和空气净化系统 5 个部分。

汽车自动空调系统与手动空调系统采用的是相同的基础部件，即相同的制冷系统、取暖系统、通风系统（指机械部件）等，区别在于自动空调系统能够根据乘坐者设定的温度要求，实现空调系统的自动恒温控制，手动空调系统需手工调节温度。汽车空调系统的总体结构如图 6-3 所示，对手动空调和自动空调做了简单的结构对比。

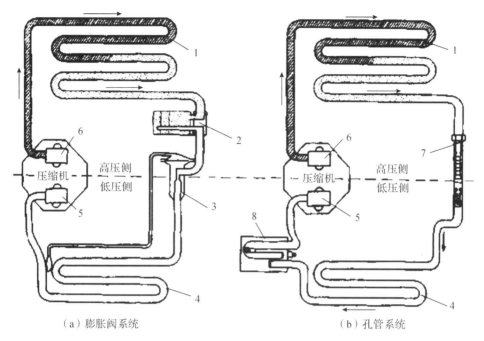

（a）膨胀阀系统　　　　　　　　　　　　（b）孔管系统

1—冷凝器；2—储液干燥器；3—膨胀阀；4—蒸发器；
5—低压维修阀接头；6—高压维修阀接头；7—孔管；8—气液分离器

图 6-2　制冷系统不同节流方式对比

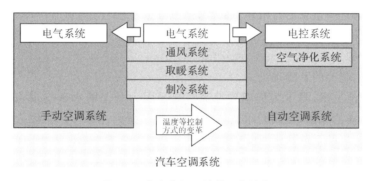

图 6-3　汽车空调系统的总体结构

制冷系统主要是对车内空气或由外部进入的新鲜空气进行冷却和除湿，降低车内温度。
取暖系统主要是对车内空气或外部进入的新鲜空气进行加热，提高车内温度。

通风系统主要是改变车内空气的循环方式为内循环或外循环，同时加强车内空气的通风，控制空气出风口的配风位置，即控制进风、通风和出风三大功能。

常规手动空调一般采用的是电气控制系统，而自动空调在常规电气系统的基础上，增加了微机自动控制系统，简称为电控系统。常规电气系统由各温度测量、风门控制、电磁离合器及开关等电气元件组成，该系统实质上是对制冷、取暖和通风系统的电气化控制。而电控系统则利用车内各传感器检测温度、湿度、风速、进出风口位置等，通过空调控制器设定的温度，对制冷、取暖、通风系统进行恒温自动控制，达到车内对空气的温度、风量、流向的综合自

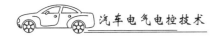

动控制。

空气净化系统一般由空气滤清器、出风口、电子集尘器、阴离子发生器、臭气吸附剂等综合装置组成,用于对引入的空气进行过滤,同时除去车内的尘埃、臭味,使车内空气保持清洁。

模块二　手动空调系统

一、手动空调系统的总体结构

传统汽车手动空调系统主要由制冷系统、取暖(加热)系统、通风(配气)系统、电气控制系统四部分组成,其中制冷系统是核心部件。严格说来,还应包括空气净化系统,高档轿车一般会配备炭罐、空气滤清器和静电除尘器等,甚至后空调;但在普通轿车中,空气净化的任务由空气滤清器和蒸发器直接完成。

二、制冷系统

1. 制冷系统的工作原理

制冷的方式很多,常见的有液体气化制冷、气体膨胀制冷、涡流管制冷、热电制冷。其中液体气化制冷应用最为广泛,它是利用液体气化时的吸热效应而实现制冷的。

链接:汽车空调系统原理

(1)液体气化制冷的基础理论

夏天从游泳池上岸,身上为何感到凉爽? 这是因为身上的水蒸发带走身体的热量。同样的原因,当我们用酒精擦皮肤,为何感到冰凉? 也是因为酒精易挥发,带走皮肤上的热量,如图 6-4 所示。

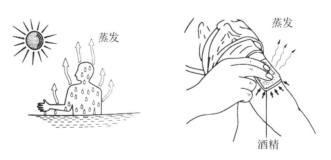

图 6-4　制冷的基础理论

图 6-5 为物质的物理相态变化示意,物质有固态、液态和气态三种状态,这三种状态的变化过程实质上伴随着一个吸热或放热过程,即三态六变过程。

熔化:固态→液态(吸热过程);

凝固:液态→固态(放热过程);

汽化(分沸腾和蒸发):液态→气态(吸热过程);

液化/冷凝(分压缩体积和降低温度):气态→液态(放热过程);

升华:固态→气态(吸热过程);

凝华:气态→固态(放热过程)。

汽车空调制冷系统的核心是在制冷剂从液态变成气态的过程中,由于蒸发伴随着吸热的过程,刚好可以将车内空气的热量吸收走,达到降低车内温度的目的。同时为了使制冷循环能继续,在车外设计了对应的气态→液态(即放热过程)。在汽车空调系统里气态和液态间的转换是正常态,任何时候出现固态,空调系统的工作就会受到干扰,如常见的结霜结冰现象。

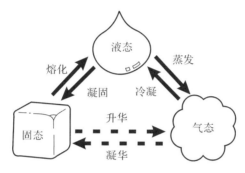

图 6-5　物质的物理相态变化

(2)制冷系统的工作循环

如前所述,空调制冷系统是一个完整的液态和气态间的转换过程,伴随着放热和吸热,因此一个完整的制冷工作循环包含了压缩、冷凝、膨胀(节流)、蒸发四个过程,其工作过程和制冷剂相态变化情况如图 6-6 所示,制冷系统的工作原理如图 6-7 所示。

链接:比亚迪汽车空调制冷系统

压缩过程:压缩机从蒸发器吸入低温低压气态制冷剂,并将其压缩成高温(约 70℃)、高压(约 1470kPa 或 15kgf/cm²)气态制冷剂送往冷凝器。该过程的主要作用是压缩增压,以便气体液化。这一过程是以消耗机械能作为补偿的,在压缩过程中,制冷剂状态不发生变化,而温度、压力不断上升,形成过热气体。

冷凝过程:高温高压气态制冷剂由压缩机排出后进入发动机水箱前面的冷凝器散热,将其冷凝成中温(约 55℃)、高压(约 1300kPa)液态制冷剂。此过程的特点是制冷剂的状态发生变化,即在压力和温度不变的情况下,由气态逐渐向液态转变。冷凝后的制冷剂液体呈中(或高)温高压状态。液体制冷剂流入储液罐,它存储和过滤液体制冷剂。

节流/膨胀过程:冷凝过滤后的中温高压液态制冷剂经热力膨胀阀(或节流阀)节流降压后,将其转变成低温、低压(约 150kPa)的气/液混合物送入蒸发器。此过程的作用是制冷剂降温降压、调节流量、控制制冷能力。其特点是制冷剂经过膨胀阀时,压力和温度急剧下降,由中温高压液体变成低温低压气液混合物。

蒸发过程:低温低压气/液制冷剂混合物流经蒸发器时,蒸发器中液体蒸发,穿过蒸发器

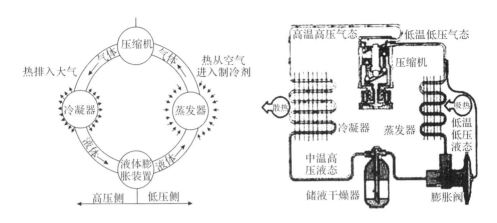

图 6-6　制冷循环四个工作过程和制冷剂相态变化情况

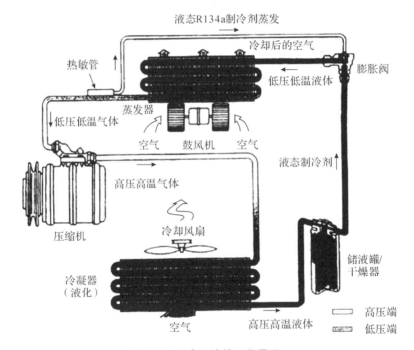

图 6-7　制冷系统的工作原理

芯的热空气流的热量传给气/液态制冷剂而汽化成低温、低压(约 150kPa)气态制冷剂。在蒸发器中所有的液体变成气态制冷剂进入压缩机。此过程的特点是制冷剂的状态由液态向气态转变,此时压力不变。

从蒸发器流出的气态制冷剂又被压缩机吸入而进入下一次制冷循环。

汽车空调常用的制冷剂有 R12、R134a 两种。其中字母"R"是 Refrigerant(制冷剂)的简称,一般用字母 R 和后面的一组数字及字母作为制冷剂的代号。

制冷剂 R12 学名为二氯二氟甲烷,分子式为 CF_2Cl_2,分子量为 120.92。R12 在常温、常压下为无色无味气体,相对密度约为空气的 4.18 倍。在正常大气压下,其蒸发温度为 $-29.8℃$,凝固温度为 $-158℃$。长期以来,汽车空调系统大多采用 R12 作为制冷剂。但

R12因泄漏而进入大气会破坏地球的臭氧保护层,危害人类的健康和生存环境,引起地球的温室效应。1987年国际上制定了控制破坏大气层的蒙特利尔协议,全面禁止使用R12。

目前,汽车空调一般采用R134a制冷剂,分子式为CH_2FCF_3,是卤代烃类制冷剂中的一种。R134a对环境无害,对大气臭氧层无破坏作用,不产生附加的温室效应。R134a的主要特性:①无毒性、无燃烧性和无爆炸性,具备实际使用的安全性。②R134a传热性能优于R12,在相同质量流量下,水平管中R134a蒸发和冷凝传热系数比R12高出约25%。因此,在换热器表面积不变的条件下,可减少传热温差,降低传热损失;当制冷量或放热量相等时,可减少换热器表面积。③R134a分子直径比R12略小,易通过橡胶向外泄露,也较易被分子筛吸收;吸水性和水溶解性高。注意,R12和R134a是两种完全不同的制冷剂,绝对不能混用。

2.制冷系统的结构组成

如图6-8所示,制冷系统的主要部分由压缩机、冷凝器、储液/干燥器、膨胀阀和蒸发器等组成,各部件之间采用铜管(或铝管)和高压橡胶管连接成一个密闭系统。制冷系统工作时,制冷剂以不同的状态在这个密闭系统内循环流动,每个循环对应四个基本工作过程:压缩过程、冷凝过程、膨胀过程和蒸发过程。

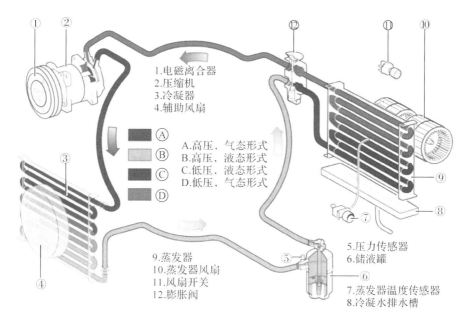

1.电磁离合器
2.压缩机
3.冷凝器
4.辅助风扇

A.高压，气态形式
B.高压，液态形式
C.低压，液态形式
D.低压，气态形式

9.蒸发器
10.蒸发器风扇
11.风扇开关
12.膨胀阀

5.压力传感器
6.储液罐
7.蒸发器温度传感器
8.冷凝水排水槽

图6-8　空调制冷系统的组成

(1)压缩机

压缩机实物如图6-9所示,位于发动机前方,由曲轴通过皮带驱动其工作。压缩机是空调制冷系统的心脏,驱动制冷剂循环流动,将低温、低压的气态制冷剂压缩成高温、高压的气态制冷剂。汽车空调制冷压缩机主要采用容积式制冷压缩机,所谓容积式制冷压缩机是指蒸气在气缸中的原有容积被强制压缩,使单位容积内气体分子数目增加,来提高制冷蒸气的压力。

链接:汽车空调
压缩机

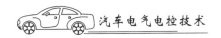
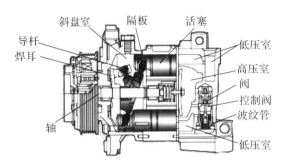

图 6-9　空调压缩机(斜板式和涡旋式)

按运动方式和主要零件形状,容积式制冷压缩机可分为往复活塞式压缩机、旋转式压缩机、变容量式压缩机等,如图 6-10 所示。目前,曲柄连杆式压缩机主要用于大、中型客车空调系统,斜板式压缩机结构紧凑、效率高、性能可靠,因而广泛用于汽车空调。小轿车普遍采用斜板式压缩机。

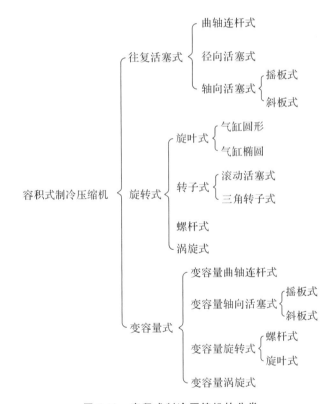

图 6-10　容积式制冷压缩机的分类

按结构分类,轿车常见的压缩机有斜板式压缩机和涡旋式压缩机。按排量变化分类,轿车常见的压缩机有定排量压缩机和变排量压缩机。按变排量方式分类,轿车常见的压缩机有机械变排量压缩机和电控变排量压缩机。

1)斜板式压缩机

斜板式压缩机是一种轴向活塞式压缩机,其工作原理与结构如图 6-11 所示,斜板压缩机的主要零件是主轴和斜板。各气缸以压缩机主轴为中心布置,活塞运动方向与压缩机的主轴平行,以便活塞在气缸体中运动。活塞制成双头活塞,如果是轴向 6 缸,3 缸在压缩机前部,另外 3 缸在压缩机后部;如果是轴向 10 缸,5 缸在压缩机前部,另外 5 缸在压缩机后部。双头活塞的两活塞各自在相对的气缸(一前一后)中滑动,活塞一头在前缸中压缩制冷剂蒸气时,活塞的另一头就在后缸中吸入制冷剂蒸气,反向时互相对调。各缸均备有高低气阀,另有一根高压管,用于连接前后高压腔。斜板与压缩机主轴固定在一起,斜板的边缘装合在活塞中部的槽中,活塞槽与斜板边缘通过钢球轴承支承在一起。当主轴旋转时,斜板也随着旋转,斜板边缘推动活塞做轴向往复运动。如果斜板转动一周,前后两个活塞各完成吸气、压缩、排气一个循环,相当于两个气缸作用。如果是轴向 6 缸压缩机,缸体截面上均匀分布 3 个气缸和 3 个双头活塞,主轴旋转一周,相当于 6 个气缸作用。

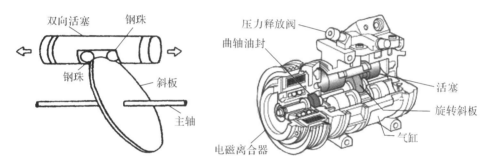

图 6-11　斜板式压缩机工作原理与结构

2)涡旋式压缩机

涡旋式压缩机的主要零件动涡盘的运动,是在偏心轴的直接驱动下进行的,故把它称作新一代容积式压缩机。涡旋压缩机的动涡盘旋转一周时,吸气、压缩、排气过程是连续进行的,其工作原理如图 6-12 所示。涡旋式压缩机结构简单、体积小、重量轻、无吸排气阀;减少了易损件,降低了吸排气阻力损失、噪声与振动,易于实现变转速;不直接接触,采

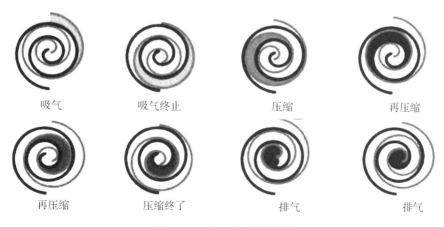

图 6-12　涡旋式压缩机工作原理

用油膜密封；摩擦损失小，机械效率高；多压缩室同时工作，工作连续，压缩力矩变化平稳。其缺点是精度要求高，无排气阀，变工况性能欠佳，工作腔不易实施外部冷却，难实现大排量。

  3）变排量压缩机

  变排量压缩机可以根据设定的温度自动调节功率输出。空调控制系统不采集蒸发器出风口的温度信号，而是根据空调管路内压力变化信号来控制压缩机的压缩比，从而自动调节出风口温度。在制冷的全过程中，压缩机始终是工作的，制冷强度的调节完全依赖装在压缩机内部的压力调节阀来控制。当空调管路内高压端压力过高时，压力调节阀缩短压缩机内活塞行程以减小压缩比，这样就会降低制冷强度。当高压端压力下降到一定程度，低压端压力上升到一定程度时，压力调节阀则增大活塞行程以提高制冷强度。

  变排量压缩机能根据蒸发器热负荷的变化自动调节输气量，应当旋转节流减压元件而不是热力膨胀阀来自动调节液态制冷剂的流量，因此有变排量节流管系统和变排量膨胀阀系统两类。

  变排量压缩机常用于自动空调控制系统中，是在斜板式压缩机基础上，加设一个变排量机构，可以使全部气缸（10 个气缸，即全容量）同时工作，也可以使部分气缸（5 个气缸，即半容量）工作。主要由柱塞、电磁阀、单向阀、排气阀等组成，其原理是：空调 ECU 根据冷却液温度传感器信号，确定是否给变排量机构的电磁阀线圈通电，来控制压缩机在全容量和半容量之间转换。工作过程如下：

  全容量工作时，ECU 不给电磁阀线圈通电，电磁阀在弹簧的作用力下将 A 孔打开，B 孔关闭，如图 6-13（a）所示。高压制冷剂从旁通回路进入，作用在柱塞右侧并使其移动，直至使排气阀压在阀盘上，于是压缩机的所有气缸都能随活塞的运动而产生高压，此时即为压缩机全容量工作。此时单向阀在高压作用下，将 C 孔打开，使压缩机前后高压气体一起进入冷凝器。

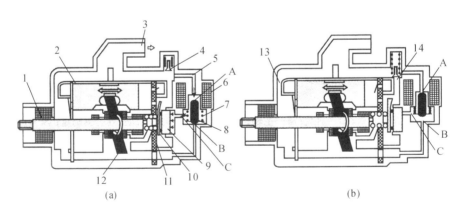

       (a)   (b)

1—压缩机轴；2—活塞；3—接冷凝器；4—单向阀；5—旁通回路；
6—电磁线圈；7—弹簧；8—电磁阀；9—柱塞；10—排气阀；
11—阀盘；12—旋转斜板；13—前高压出口；14—后高压出口

图 6-13 变排量压缩机

半容量工作时,ECU 给电磁阀线圈通电,电磁阀中阀芯在电磁力作用下将 A 孔关闭,B 孔打开,如图 6-13(b)所示。高压制冷剂就不能从旁通回路进入,柱塞则不能使排气阀压在阀盘上,于是压缩机只有部分气缸能随活塞的运动而产生高压,此时即为压缩机半容量工作。此时单向阀将 C 孔关闭,防止压缩机前部产生的高压冷却剂回流。

压缩机停止工作时,单向阀关闭 C 孔;压缩机启动时,以半容量工作,从而减少压缩机启动时的振动。

4)电动汽车空调压缩机

电动汽车空调驱动方式与传统汽车空调不同,采用电机驱动。电动空调压缩机固定在车辆的底盘上,一般在电动空调压缩机上集成有压缩机控制器。空调压缩机控制器将高压直流电转换成三相交流电而驱动空调压缩机。电动压缩机上布置有高压插头和低压插头,压缩机本体上有制冷剂循环的进出管路。

电动汽车空调的压缩机一般使用涡旋式压缩机,涡旋式压缩机包括一个定涡盘和一个动涡盘,这两个相互啮合的涡盘,其线形是相同的,它们相互错开 180°安装在一起,即相位角相差 180°。压缩机内部工作同样分为吸气、压缩和排气等过程。

(2)膨胀阀

膨胀阀又称为节流阀,汽车空调系统使用的膨胀阀为温度控制式膨胀阀,故又称为热力膨胀阀(Thermal Expansion Valve,TXV)。热力膨胀阀是空调系统的重要制冷部件之一,安装在储液干燥器和蒸发器之间,一般安装在与蒸发器邻近的位置,是制冷剂循环高压与低压之间的分界点,具体结构如图 6-14、图 6-15 所示。在膨胀阀前,制冷剂为高压液体,而膨胀阀之后是低温饱和液体和蒸气的雾状混合物。

图 6-14 H 形膨胀阀实物图

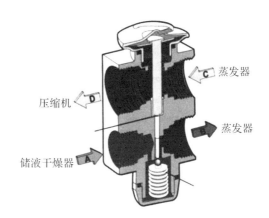

图 6-15 H 形膨胀阀剖视图

热力膨胀阀是一种自动调节阀,它能根据空气热负荷的变化调节节流缝隙的开度,用加大或减少液态制冷剂的流量来适应热负荷的变化,并保证蒸发器出口的制冷剂蒸气有一定的过热度。热力膨胀阀具有两项功能:一是节流降压,即将来自储液干燥器的高温高压液态制冷剂通过节流变成低温低压液态制冷剂,保证制冷剂在蒸发器内蒸发汽化吸热,以便降低车内空气温度;二是调节流量,即调节制冷剂流入蒸发器的流量,使制冷剂流量适应制冷负荷变化的需求,避免压缩机发生液击现象和蒸发器蒸发不足而出现冷气不足现象。

目前常见膨胀阀类型有 H 形膨胀阀、内平衡式膨胀阀和外平衡式膨胀阀、节流膨胀管等。下面以 H 形膨胀阀和节流膨胀管为例说明其工作原理。

1）H 形膨胀阀

H 形膨胀阀结构紧凑、工作可靠,因此现代汽车(如桑塔纳 2000、北京切诺基、神龙富康等轿车)普遍采用。H 形膨胀阀的结构如图 6-16 所示,主要由阀体、感温元件、球阀、调节螺栓和预紧弹簧组成。因为其内部结构与字母"H"相似,所以称为 H 形膨胀阀,又称为整体式膨胀阀。

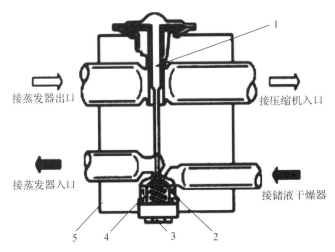

1—感温元件;2—球阀;3—调节螺栓;4—预紧弹簧;5—阀体

图 6-16　H 形膨胀阀的结构示意图

在 H 形膨胀阀上设有低压与高压两个通道和四个管路接头,分别与制冷系统的低压管路和高压管路连接,上面一个通道为低压通道,下面一个通道为高压通道。低压通道的入口接头经制冷管路与蒸发器出口连接、出口接头经制冷管路与空调压缩机入口连接;高压通道的入口接头经制冷管路与储液干燥器连接、出口接头经制冷管路与蒸发器入口连接。

在高压液体入口和出口之间,设有一个由球阀组成的节流阀,节流阀开度的大小由感温元件和预紧弹簧控制。感温元件内部充注有制冷剂,安放在低压通道上直接感受蒸发器出口蒸气的温度。转动调节螺栓即可调节弹簧的预紧力,从而便可调节节流阀的开度和流入蒸发器的制冷剂流量来调节车内空气的温度。

当蒸发器出口蒸气温度升高时,感温元件内部制冷剂吸热膨胀、压力升高,迫使球阀压缩预紧弹簧,使节流阀开度增大,进入蒸发器的制冷剂流量增大,蒸发器制冷量增大,车内空气温度降低。反之,当蒸发器出口蒸气温度降低时,节流阀开度减小,制冷剂流量减小,蒸发器制冷量减少,车内空气温度将升高。

图 6-17 所示为采用定排量压缩机的制冷系统(CCTXV)原理图,图 6-18 所示为采用变排量压缩机的制冷系统(VDTXV)原理图。

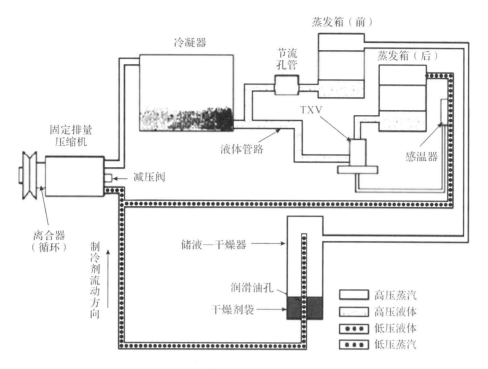

图 6-17　定排量制冷系统（CCTXV）原理图

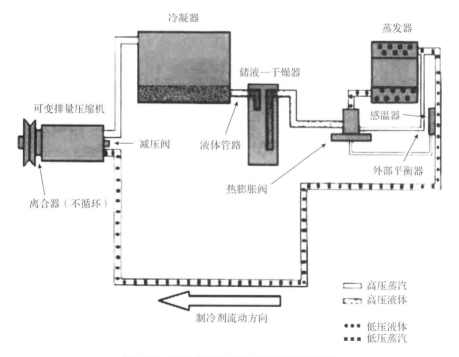

图 6-18　变排量制冷系统（VDTXV）原理图

2)节流膨胀管

节流膨胀管(orifice tube)也称孔管,简称 OT,其结构如图 6-19 所示,此种节流元件与电磁离合器的通断调节相配合的制冷系统称为 CCOT 系统,变排量压缩机制冷系统则简称为 VDOT。在一根工程塑料套筒内安装一根起节流作用的细铜管,一端插入蒸发器,另一端插入从冷凝器过来的橡胶管。细铜管只有节流作用,而不具备自动调节制冷剂流量的功能,所以,系统中容易产生大量液态制冷剂。为了防止压缩机出现"液击"现象,在系统中应采用集液器来使液气分离。节流膨胀管结构简单、不易损坏,主要用于 CCOT 制冷系统中,可以取代结构较复杂的热力膨胀阀,应用比较广泛,其缺点是滤网常发生堵塞,需要经常更换新的节流膨胀管。

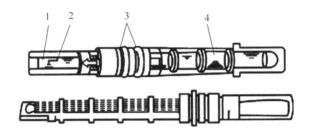

1—出口;2—孔口;3—密封圈;4—进口滤网

图 6-19 节流膨胀管

目前,新型的 CCOT 制冷系统中,在集液器上装有压力开关,来监测蒸发器出来的压力,以实现空调制冷系统的控制,如图 6-20 所示。当压力低于限定值时,低压开关便切断离合器的电磁线圈的电路,使压缩机停止工作。CCOT 系统与 CCTXV 系统除了节流元件不同以外,最大的区别在于以气液分离器(收集干燥器)取代了储液罐,并从高压边移到了低压边。

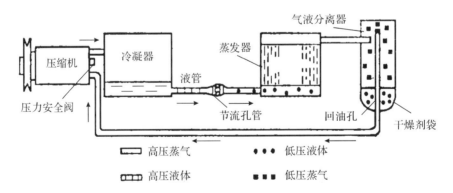

图 6-20 CCOT 制冷系统工作原理图

无论 CCOT 还是 CCTXV 系统,都有一个不能令人满意的方面,就是采用了对离合器的通断调节。与连续调节相比,通断调节对压缩机的运行很不利,时起时停,容易损伤机件,降低使用寿命,且造成送风温度波动较大。为实现连续调节可采用变排量压缩机。变排量压缩机的特点是:它能根据吸气压力的变化自动调节活塞的行程,改变制冷剂的流量以适应蒸发器热负荷的变化,使蒸发温度基本保持不变,它超越了热力膨胀阀的调节作用,而调节范围却远比后者宽广。使用变排量压缩机,应该选择节流减压元件与之组成汽车空调制冷系统。变排量压缩机能根据蒸发器热负荷的变化自动调节输气量,就不必再采用热力膨胀阀来自动调节液态制冷剂的流量,只需一个减压的固定阻尼元件即可。所以,仍然用节流孔管与之配套,即为 VDOT 系统,其原理图与 CCOT 系统相同。VDOT 系统应是非独立式汽车空调的最佳制冷系统。图 6-21 为 VDOT 制冷系统工作原理图。

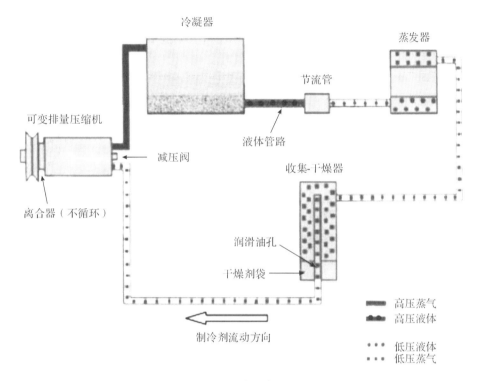

图 6-21　VDOT 制冷系统工作原理图

(3)电磁离合器

电磁离合器的功用是根据需要接通或切断发动机与压缩机之间的动力传递。电磁离合器一般安装在压缩机前端并作为压缩机总成的一部分,如图 6-22 所示。电磁离合器主要由驱动带轮、压盘、电磁线圈、轴承等零部件组成,其结构如图 6-23 所示。

图 6-22　电磁离合器

驱动带轮由发动机曲轴前端的皮带轮通过三角驱动带或多槽驱动带驱动旋转。压盘一般用三只片簧与压盘轮毂相连接,压盘轮用一只平键与压缩机前端伸出的轴相连接,电磁线圈固定在驱动带轮内的压缩机驱动端盖上。

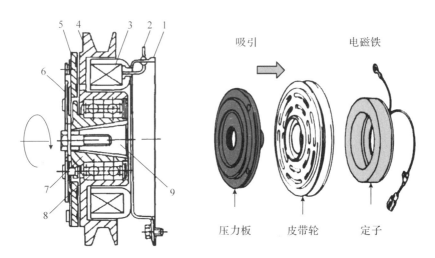

1—压缩机驱动端盖;2—电磁线圈电极引线;3—电磁线圈;4—驱动带轮;
5—压盘;6—片簧;7—压盘轮毂;8—滚珠轴承;9—压缩机轴

图 6-23　电磁离合器结构

当电磁线圈电路尚未接通时,压盘与驱动带轮在三只片簧的弹力作用下保持分离状态,大约有 0.4～1.0mm 的间隙。因此,曲轴运转时只带动电磁离合器的驱动带轮空转,压缩机不工作。

当电磁线圈电路通电时,在驱动带轮外端面产生很强的电磁吸力,将压盘紧紧地吸合在驱动带轮端面上(故压盘又称为吸盘),驱动带轮便通过压盘带动压缩机轴一起转动,从而使压缩机进入工作状态。

电磁离合器的工作原理如图 6-24 所示。

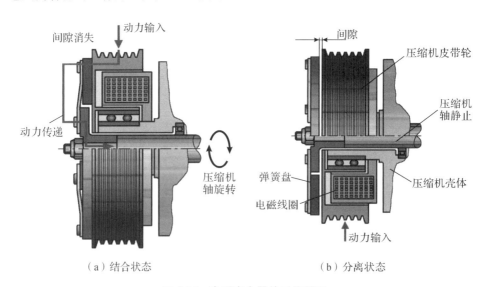

（a）结合状态　　　　　　　　　　（b）分离状态

图 6-24　电磁离合器的工作原理

(4)冷凝器

冷凝器(见图 6-25)安装在汽车发动机冷却液散热器的前面,以利用车辆行驶中的迎面风冷却散热。为了保证良好的散热效果和提高制冷能力,在冷凝器前面还安装有风扇。当空调系统工作或发动机的冷却液温度上升到一定值时,温控开关自动接通风扇电路,增强冷凝器和散热器的散热效果。高温高压的气态制冷剂流经冷凝器散热,变成液态制冷剂。冷凝器的清洁程度与其换热状况有很大关系,应经常检查冷凝器表面,以免冷凝器因散热不良而造成冷凝器的压力和温度过高、制冷能力下降等情况。

图 6-25　冷凝器

冷凝器是一种由铜管(或铝管)与散热片(铝片或铁片)组成的热交换器,结构如图 6-26 所示。制冷剂在铜管或铝管中流动,散热片套装或焊接在管的周围以便散热。

按散热片结构不同,冷凝器可分为管片式、管带式和平流式三种。管片式冷凝器的结构:管道＋散热片,管道可以为任何形状,而散热片为上面打上很多孔,管道通过这些孔与散热片配合,其结构形状与家庭取暖用的新型热交换器相似,用于大中型客车,如图 6-25(a)所示。管带式冷凝器的结构:管道＋散热带,管道横截面基本上为矩形,散热带呈 S 形或者 U 形,散热带与管道是贴合的,结构如图 6-25(b)所示。管带式冷凝器的散热效率可比管片式冷凝器提高 10％左右,但工艺复杂、成本较高,一般用于小轿车空调系统。平流式冷凝器是为适应 R134a 制冷剂而研制的新型冷凝器,突破了前二者的局限性,传热效率更高。在平流式冷凝器中,制冷剂的流动是同时通过几条管带完成的,所以整个冷凝器内的制冷剂散热面积比管带式大得多,提高了制冷剂的冷却效率,如图 6-26(c)所示。

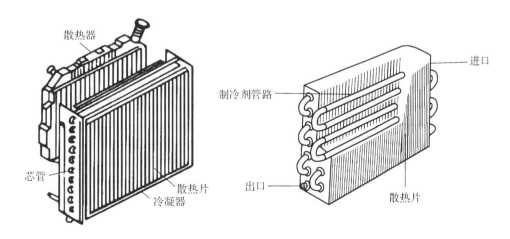

（a）管片式冷凝器

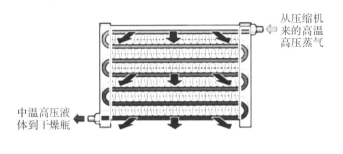

（b）管带式冷凝器

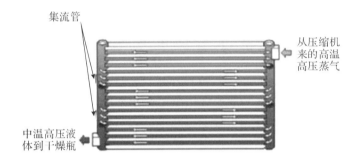

（c）平流式冷凝器

图 6-26　冷凝器的结构

（5）储液干燥器

桑塔纳 2000 型汽车空调储液干燥器安装在发动机盖下，与冷凝器的出口相连。其作用是储液、干燥、过滤，具体形状如图 6-27 所示。

链接：汽车空调
储液干燥器

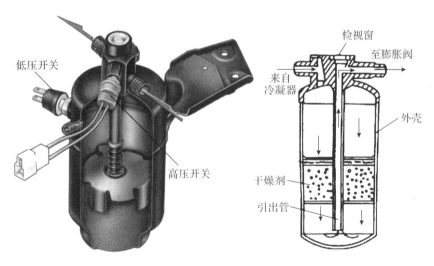

图 6-27　储液干燥器

储液干燥器上方有观察窗,从观察窗上可观察制冷剂的流动情况和制冷剂的量,如图6-28所示。如果可观察到连续不断的气泡,说明制冷剂不足;如果几乎没有气泡,说明制冷剂的量合适;如果看不到气泡,说明制冷剂过量。

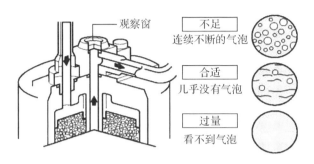

图 6-28　从观察窗上观察制冷剂的流动情况和制冷剂的量

图 6-29 为储液干燥器的构造示意图。储液干燥器主要由外壳、观察窗、安全熔塞等组成。它的外壳由钢材焊接或拉伸而成,在其内部装有中心吸管、干燥剂和过滤网等。在储液器上部出口端装有一玻璃视液镜,用于观察制冷剂在工作时的流动状态,由此可判断制冷剂量是否合适,以及制冷系统的基本工作情况。储液干燥器一般配合膨胀阀式制冷系统工作,储液收集器一般配合孔管式制冷系统工作。

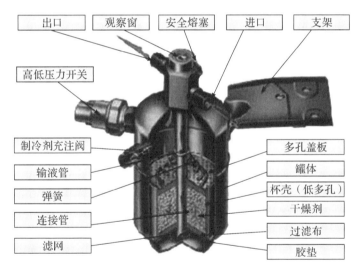

图 6-29　储液干燥器

（6）蒸发器

蒸发器如图 6-30 所示,其安装在热力膨胀阀高压通道出口与低压通道入口之间,一般内藏在仪表盘下方空调器的通风管路中。蒸发器的功用是吸收车厢内的热量、降温除湿。

图 6-30　蒸发器

蒸发器的结构与冷凝器相似,也是由铜管(或铝管)与铝片(或铁片)组成的一种热交换器。有所不同的是冷凝器是通过散热片散热使制冷剂冷凝成高温、高压液体,而蒸发器则是通过铝片(或铁片)吸收其周围的热量使空气冷却降温变成冷气,故又称为冷却器。由于蒸发器的芯管管径较大、管壁较薄,因此不能与冷凝器互换使用。

蒸发器分为管片式和管带式两种。为了提高蒸发效率,目前小轿车空调系统普遍采用全铝管带式蒸发器。图 6-31 所示为管带式蒸发器结构。

图 6-31　管带式蒸发器结构

当热力膨胀阀节流降压后的低温、低压制冷剂在蒸发器内流动时,由于制冷剂蒸发汽化吸热,并通过管壁和吸热片吸收风道中空气的热量,因此空气冷却降温变成冷气(即产生冷源),再用鼓风机将冷空气从各出风口送入车内(乘员室内),从而达到降温目的。

在蒸发器产生冷气的同时,空气中的水分由于温度降低而凝结在蒸发器表面变成水滴滴落到收集器中排出,从而起到除湿作用。

(7)高低压管路

由于汽车空调的各总成部件一般分散安装在汽车的各个部位,当汽车在颠簸的道路上高速行驶时,各部件均产生振动,因而制冷系统不能用刚性金属管连接,只能用柔性橡胶软管连接。汽车空调软管由中间的橡胶软管、两端铆压金属接头组成。软管必须具有吸收振动能力,不能泄漏制冷剂,并能承受一定的重量。

由于汽车运行的特点,制冷剂容易从软管连接接头处泄漏,又由于汽车空调系统高压压力高的特点,软管容易爆裂,使制冷剂瞬时大量泄漏,因而连接软管成了汽车空调装置中制冷剂最容易发生泄漏的薄弱环节。汽车空调中常用的有耐氟氯丁橡胶软管和尼龙软管。尼龙软管的外径比耐氟氯丁橡胶软管的外径小,其耐压、耐爆裂强度高,最小爆裂强度是29.6MPa,而耐氟氯丁橡胶软管的耐爆强度为14.8MPa。用于汽车空调的耐氟氯丁橡胶软管常用的有 6 号(内径为 8mm)、8 号(内径为 10mm)、10 号(内径为 12.5mm)、12 号(内径为16mm)四种。汽车空调常用三种尺寸的软管,回气软管中的制冷剂是低压蒸气,所用软管直径是三种尺寸中最大的一种,以保证有充足的制冷剂进入压缩机;高压软管中的制冷剂是高压蒸气,高压软管直径较小;高压液体管路中的制冷剂是高压液体,所用管径是三种中最小的一种。高低压管路外形结构如图 6-32 所示。

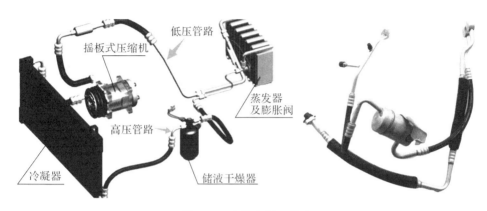

图 6-32　空调高低压管路

(8)冷冻润滑油

为保证压缩机正常工作润滑,压缩机必须采用专用冷冻润滑油,该润滑油在空调制冷系统中完全溶于制冷剂中,并随制冷剂一起在制冷系统中循环流动。制冷剂的工作温度有时会超过120℃,而蒸发温度又很低,温度范围为−30～+10℃,因此冷冻润滑油工作在高温与低温交替的条件下,因此也叫冷冻机油,它有润滑、密封、冷却和降低压缩机噪声的作用,保证压缩机正常运转、可靠工作和延长使用寿命。需要注意的是,新能源汽车由于采用了高电压驱动的电动压缩机,需要采用绝缘性质的冷冻油。

三、取暖系统

汽车空调的取暖系统可以将车内的空气或从车外吸入车内的空气加热,提高车内的温度。汽车空调的取暖系统按热源的不同,可分为热水取暖系统、燃气取暖系统和废气取暖系统。轿车空调的取暖系统一般采用热水取暖,采用发动机的冷却水,使冷却水流过加热器芯,再利用鼓风机将冷空气吹过加热器芯,使车内的温度升高,因此称水暖式取暖系统。

水暖式取暖系统主要由加热器芯、水阀、鼓风机、控制面板等组成,水暖式取暖装置的管路连接如图 6-33 所示。

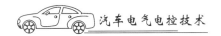
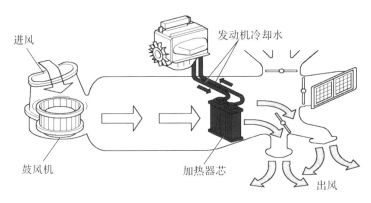

图 6-33　水暖式暖风装置的管路

1. 加热器芯

加热器芯也称为暖水箱芯,如图 6-34 所示为桑塔纳 2000 汽车上的加热器芯,加热器芯由水管和散热片组成,发动机的冷却水进入加热器芯的水管,经散热片散热后,再重新回到发动机的冷却系统。

图 6-34　加热器芯

2. 暖水阀

暖水阀(见图 6-35)用来控制进入加热器芯的水量,进而调节暖风系统的加热量。调节时,可通过控制面板的调节杆或控制按钮调节。

图 6-35　暖水阀

3.鼓风机

鼓风机由可调节速度的直流电机和鼠笼式风扇组成,其作用是将空气吹过加热器芯后送入车内。其结构如图6-36所示。

图6-36　鼓风机

4.电动汽车的取暖系统

电动汽车没有传统燃油汽车的发动机,没有了热源,因此要靠额外的热能来采暖。电动汽车空调系统暖风常见的方案如下:

(1)PTC电加热器。PTC电加热器是采用PTC热敏电阻元件为发热源的一种加热器。PTC热敏电阻按材质可以分为陶瓷PTC热敏电阻和有机高分子PTC热敏电阻。用于空调辅助电加热器的是陶瓷PTC热敏电阻。某车型PTC加热电阻由高压供电,由整车控制器或空调控制器控制搭铁回路。PTC加热电阻的电路原理及外观如图6-37所示。有些车型PTC加热电阻的工作由专门的控制模块控制,PTC控制模块采集加热请求,同时根据整车控制器或压缩机控制器控制信号、PTC总成内部传感器温度反馈等信号综合控制PTC通断。PTC控制模块采集信息内容包括风速、冷暖程度设置、出风模式、加热器起动请求和环境温度。

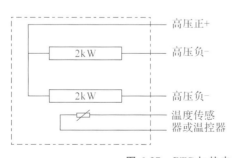

图6-37　PTC加热电阻电路原理及外观

(2)热泵。由传动带驱动的直流无刷电动机的电动汽车热泵式空调系统工作原理如图所示。空调系统的制冷/制热模式由四通换向阀转换,实线箭头表示制冷工况,虚线箭头表示制热工况。从原理上讲,该系统与普通的热泵空调并无区别,但是用于电动汽车上,其专门开发了双工作腔滑片压缩机、直流无刷电动机和逆变器控制系统。在热泵工况下,系统从融霜模式转为制热模式时,风道内换热器上的冷凝水将迅速蒸发,在风窗玻璃上结霜,影响

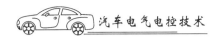
驾驶的安全性。

（3）余热＋辅助 PTC。利用大功率器件（功率变换、驱动电机、电机控制器等）工作时产生的热量,对车内环境进行热交换。当热量不足时,启用辅助 PTC 加热器。

四、通风（配气）系统

空调的通风系统有两个功能:一是通风,根据汽车空调对新鲜空气的要求,汽车内部设有引进新鲜空气代替污浊空气的通风系统;二是配气,汽车空调将新鲜空气、冷气、热气有机地进行配合调节,形成冷暖适宜的气流,并按要求往不同方向吹出。空调的通风配气管路一般装在仪表台下部,内部装有鼓风机、蒸发器、加热器芯及 3 个主要的风门,分别是内外循环风门、混合风门和模式风门。在手动空调中,各风门的操纵由开关通过拉索机械控制,在自动空调中,各风门由电机控制。鼓风机可以使空气在管路内部循环流动;利用蒸发器和加热器芯获得所需要温度的气体。

如图 6-38 所示为空调的通风配气管路。经过内外循环风门,空调外气/内气→进入鼓风机→进入蒸发器冷却→由混合风门调节进入加热器芯加热→由模式风门控制吹往各出口。混合风门逆时针旋转:进蒸发器（冷空气）后再进加热器芯的空气量随着风门旋转而减少,即被加热的空气少,反之,混合风门顺时针旋转,吹出的热风多。

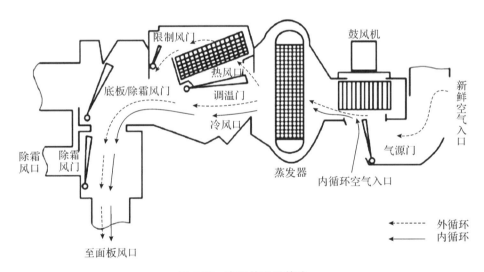

图 6-38　空调的通风管路

1. 内外循环风门（进气口配气）

内外循环（进气）风门主要用来改变空调进气的来源,选择车内空气循环或是将新鲜的车外空气引入车内。正常使用时,考虑到车内的通风,选择吸入外部空气。当选择吸入外部空气时,进气口风门打开外部空气吸入口,并关闭内部空气导入口。当外面空气污染时,切换到内部循环。

2. 混合风门（温度调整）

温度匹配通过移动空气混合风门,改变经过蒸发器后的冷空气与经过加热器芯的热空气的比例来控制温度。

3.模式风门(出风口配气)

出风口配气利用模式风门移动风挡进行出口的切换,有五种模式,即五种不同的出风口位置组合:⟥FACE(吹脸)、⟥BI-LEVEL(吹脚和身体)、⟥FOOT(吹脚)、⟤DEF(前风窗除雾)、⟥FOOT-DEF(吹脚并前风窗除雾)。

五、空气净化系统

汽车空调空气净化装置可以除去车内空气中的灰尘,保持车内空气清洁。部分车辆的空气净化装置还具备去除异味、杀灭细菌等作用,一些高级轿车上还装备了静电除尘和负离子发生器,使车内的空气更加清新。图 6-39 为空调的空气净化系统结构示意图。

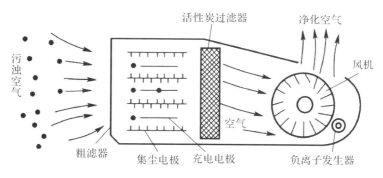

图 6-39　空气净化系统结构

1.过滤除尘

目前大部分车辆的空气净化装置采用的方法是在空调系统的送风和回风口处设置空气滤清装置,它仅能滤除空气中的灰尘和杂物,因此,结构简单,只需定期清理过滤网上的灰尘和杂物即可,故广泛用于各种汽车空调系统中。如图 6-40 所示为桑塔纳 2000 的空调滤芯,安装在空调的进风口。

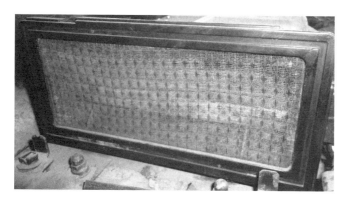

图 6-40　空调滤芯

2.烟雾驱除

有些空调空气净化装置中设有烟雾传感器,当烟雾传感器检测到车内存在烟气时,便通过放大器自动使鼓风机在高速挡运行,驱除车内的烟气。

3.多功能空气净化装置

多功能空气净化装置主要由粗滤器、静电除尘装置、活性炭滤清器、负离子发生器和鼓风机等组成。

粗滤器的作用是过滤较大的杂质。

静电除尘装置利用高压电极产生高压电场,对空气进行电离,使尘粒带电,然后在电场作用下产生定向运动,使其沉降在正负电极板上而实现对空气的过滤除尘。

活性炭滤清器用于除臭去毒。活性炭能吸收汗臭、烟臭和人体发出的异味,还能吸收有毒的氯化物和硫化物等。当活性炭表面吸附满气体分子后,就会失去作用,必须更换。

负离子发生器的作用是利用电晕放电法使空气离子化。研究发现,空气中若含有大量的负离子,能够对人产生镇静作用以及其他良好的生理调节作用。

六、电气控制系统

手动空调电气控制系统的控制内容一般按物理量参数和控制部件来划分。按物理量参数不同,手动空调电气控制可分温度控制、压力控制和转速控制等电气系统;按控制部件不同,手动空调控制可分为压缩机电磁离合器控制、鼓风机控制、配风控制等电气系统。

传统乘用汽车对空调制冷系统的控制常采用压缩机电磁离合器控制,主要是通过控制压缩机电磁离合器线圈电路的通断来控制压缩机的工作状态,从而达到控制蒸发器表面温度的目的,这种方式的特点是压缩机间断运行。配风控制主要控制内外循环风门的开度以及空气净化器的开关,改善空气的清洁度;控制混合风门的开度,调节出风温度;控制鼓风机转速,调节出风速度/大小;控制送风方式风门的开度,调节出风角度,以满足吹头/吹脚/除雾除霜等需要。在控制方式上,主要是控制各个执行机构,比如风门电机、压缩机的电磁离合器、鼓风机以及热水阀、空气净化器等,从而达到控制车内空气的温度、湿度和清洁度以及合适的送风量。

控制汽车空调制冷温度的方法有两种:控制蒸发温度和控制蒸发压力。

1.汽车空调控制系统的控制元件

为了确保正常工作,汽车空调控制系统中设有一系列控制元件和执行机构,主要有温度控制元件、压力控制元件、转速调节装置等。

(1)温度控制元件

车内的温度对乘员舒适性起着决定性作用。车内温度的控制方法主要有恒温器(开关)控制方法、蒸发器温度调节器控制和全自动温度控制(参考自动空调系统部分内容)等方法。用恒温器控制蒸发温度(即开关控制法)是靠电磁离合器的开启和停止来实现压缩机对冷量的控制,常用的温度控制元件有恒温开关(温度控制器)、压力开关,控制精度均不高。

手动空调中的温度控制元件有恒温开关(蒸发器表面温度开关)、环境温度开关、水温开关等,通过这些开关控制电磁离合器、风扇等工作,使空调保持正常工作。

1) 恒温开关(蒸发器表面温度开关)

如图 6-41 所示,恒温开关又称蒸发器表面温度开关或恒温器,是汽车空调系统中温度控制的一种开关元件,可用于检测车内温度,并使它稳定在一定范围内。为了充分发挥蒸发器的最大冷却能力,同时又不致造成蒸发器表面的冷凝水结冰、结霜而堵塞蒸发器换热片之间的空气通道,蒸发器表面的温度应当控制在 1~4℃ 范围内。恒温器的作用就是根据蒸发器表面温度的高低,接通和切断空调压缩机电磁离合器线圈电路,使蒸发器表面温度保持在规定的(一般为 1~4℃)范围内。恒温开关可分为机械压力式和电子式两种。

（a）蒸发器表面温度开关　　　　　　　　（b）开关位置

图 6-41　蒸发器表面温度开关

2) 环境温度开关

环境温度开关是串联在压缩机电磁离合器电路中的一种保护开关,桑塔纳 2000 汽车上环境温度开关一般安装在前挡风玻璃下方、雨刮电机旁边,实物如图 6-42 所示。通常当环境温度高于 4℃ 时,其触点闭合;而当环境温度低于 4℃ 时,其触点将断开而切断电磁离合器的电源。也就是说,当环境温度低于 4℃ 时是不宜开动空调制冷系统的,其原因是当环境温度低于 4℃

图 6-42　环境温度开关

时,由于温度较低,压缩机内冷冻油黏度较大,流动性很差,如果这时启动压缩机,润滑油还没来得及循环流动并起润滑作用,压缩机就会因润滑不良而磨损加剧甚至损坏。

3) 水温开关

水温开关又称冷却液过热开关,其作用是防止在发动机过热的情况下使用空调。水温开关一般安装在发动机散热器或冷却液出水口管路上,以便监测发动机冷却液温度,实物如图 6-43 所示。当发动机冷却液温度超过某一规定值时,水温开关触点断开,切断电磁离合器电路使压缩机停止运转。当冷却液温度降低到某一规定值时,水温控制开关触点自动复位,压缩机恢复工作。

图 6-43　水温开关

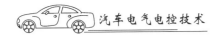

4)蒸发器温度调节器

用蒸发器温度调节器取代蒸发器压力调节阀,安装在汽车空调上用于温度的自动控制。它是一种电磁阀,起开关通断作用,安装在压缩机进口处。用导线把它和热力开关相连接,而热力开关的毛细管感温包固定在蒸发器上。热力开关内含簧顶薄膜和一个薄膜控制的电气开关,其工作原理如图6-44所示。当感温包感测到温度高于设定值时,薄膜变形,断开电开关,截断至电磁阀的电流,依靠弹簧打开调节阀,制冷剂流入压缩机。相反,若感温包感测到温度低于设定值时,对薄膜的压力降低,薄膜弹簧起作用,电开关闭合,从而接通到电磁阀的电路,由于电流作用,调节器关闭,截断制冷剂到压缩机的通路。

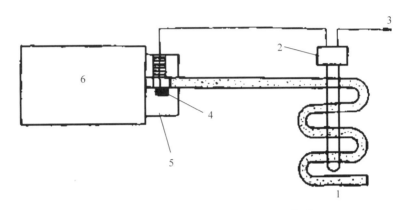

1—蒸发器;2—热力开关;3—接电源;4—阀盖;

5—蒸发器温度调节器;6—压缩机

图6-44　蒸发器温度调节器工作原理

(2)压力控制元件

在汽车空调系统中,一般都设有压力保护开关,分高压保护和低压保护两种。

1)高压压力开关

高压压力开关是用来防止系统在异常高压下工作,保护系统不受损坏。空调制冷系统中使用的高压开关常见的有触点常开型和触点常闭型两种。触点常闭型的高压开关安装在空调高压管路,串联在电磁离合器的电路上,在汽车空调系统中,高压开关的压力控制范围为:2.82～3.10MPa时断开,1.03～1.73MPa时接通(不同车型压力值不同)。当制冷剂压力过高时,压缩机停止工作。触点常开型的高压开关主要控制风扇的工作,当制冷剂压力过高,高压开关闭合,控制风扇高速运转,从而使制冷剂降温降压。

2)低压压力开关

低压压力开关主要是防止压缩机在缺少制冷剂的情况下空转,以免压缩机因缺乏润滑油而遭受破坏;同时也起到低温环境保护作用,以免在过低的环境温度下使制冷系统工作而造成蒸发器表面结冰,并增加不必要的功耗。根据低压开关的安装区域的不同,低压开关的作用也不相同。一种低压开关是安装在系统的高压回路中,防止压缩机在压力过低的情况下工作。因为,高压回路中压力过低,说明缺少制冷剂。缺少制冷剂将影响润滑效果,久而久之将损坏压缩机。另一种低压开关是设置在低压回路中(一般是蒸发器出口),直接由吸气压力控制。当压力低于某一规定值时,接通高压旁通阀(电磁阀),让部分高压蒸气直接进入蒸发器,以达到防止蒸发器结冰或除霜的目的。这种装置一般用于大、中型客车的空调制冷系统中。

3）高压卸压阀

如果制冷剂的压力升得太高，它将会损坏压缩机。因此，在典型的空调系统中，有一个装在压缩机或高压管路上由弹簧控制的卸压阀，其结构如图 6-45 所示。不同系统和不同厂家，此阀的压力调整值有所不同，一般在 2.413～2.792MPa 范围内变化。当压力超出调整值时，卸压阀将开始使制冷剂放空溢出，直到压力降低到调定值为止，此时在弹簧作用下，阀又自动关闭，以保证制冷系统正常工作。

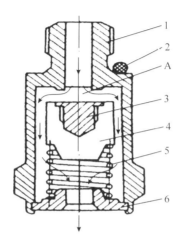

A—泄压通道；1—阀体；2—O 形密封圈；3—密封塞；4—下弹簧座；5—弹簧；6—上弹簧座

图 6-45　泄压阀结构

泄压阀一般安装在压缩机高压侧或储液干燥器上。正常情况下，弹簧力大于制冷剂压力，密封塞被压紧密封。当高压侧压力异常升高时（此值为设定值，不同系统和厂家，设定值也不同），弹簧被压缩，密封塞被打开，制冷剂释放出来，压缩机压力立即下降。当压力低于设定值后，弹簧又立即将密封圈压紧。

（3）其他控制装置

对于非独立式汽车空调系统，空调压缩机是由汽车发动机来驱动的。因此，在有些特定的工况下，需要对汽车空调制冷系统的工作和汽车发动机的动力输出之间进行协调。在现代汽车上，协调上述两者之间关系的常用装置有发动机怠速调节装置和加速断开装置。

1）发动机怠速调节装置

怠速调节装置可分为两类：第一类是被动式调节，当发动机怠速运转时，自动切断压缩机离合器电路，使压缩机停止运行，以减轻发动机的负荷，稳定发动机怠速性能，一般用怠速继电器控制。第二类是主动式调节，即在发动机怠速运转时，加大油门，以增加发动机的输出功率，并使发动机转速稍有提高，达到带负荷的低速稳定运转的目的。这类装置称为怠速提升装置。

①怠速继电器

怠速继电器的主要功能是防止汽车怠速时，由于压缩机负荷造成的发动机工作不稳定。其采用在发动机处于怠速运转时自动切断压缩机电磁离合器电路，使压缩机停止工作的方法来稳定发动机转速。

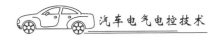

②怠速提高装置

电控燃油喷射系统怠速控制装置是目前普遍采用的由步进电机带动的怠速控制结构。电控燃油喷射系统的怠速控制电路中,空调工作信号是发动机 ECU 的重要传感器信号之一,当空调制冷系统启动,ECU 接收该信号后,驱动由步进电机带动的怠速控制阀门,将旁通气道开度加大,增加怠速时的进气量,使发动机转速增加,制冷压缩机正常工作。

2)加速断开装置

加速断开装置主要是为了在驾驶员急加速时,使压缩机停止工作,解除压缩机的动力负荷,让发动机全部输出功率用来克服加速时的阻力,迅速提高车速。加速断开装置往往用继电器控制,当检测到驾驶员在急加速时,利用继电器切断电磁离合器线圈电路,使压缩机停止工作;过后,利用继电器自动接通电磁离合器线圈电路,使压缩机又恢复工作。

2.汽车空调控制系统的调节

汽车空调控制系统由专门的控制面板调节控制,无论是手动空调还是自动空调,绝大部分空调的控制面板与空调控制器组合在一起;例外的如丰田卡罗拉,空调控制面板和空调放大器(空调放大器是丰田对空调控制器的叫法)是分开的,通过 LIN 总线传输信号。事实上自动空调既能自动控制温度,也能和手动空调一样,人工控制温度,即是双模式的,因此,在具体的空调控制实现途径上是一致的。一般空调控制系统

空调操作开关的使用

的调节模式主要包括进气选择(内外循环选择)调节、出风口位置调节、温度调节和鼓风机转速调节等。当手动调节空调面板各模式开关、A/C 开关、鼓风机转速开关时,功能上按手动空调使用。

(1)进气选择(内外循环选择)调节

通过控制面板上的进气方式选择按钮或拨杆控制进气选择风门的位置,实现内外循环的控制。当进气选择风门堵住新鲜空气进气口时,空调系统实现空气内循环;当进气选择风门堵住内循环空气道时,空调系统实现空气外循环。

(2)出风口位置调节

车厢内的出风口一般设置有中央出风口、边出风口、下出风口和挡风玻璃除霜出风口等,通过控制面板上的出风口位置选择按钮调节出风口位置。空调控制面板上的出风口位置选择按钮对出风口位置选择风门的控制一般有拉线式和电动机式。

(3)温度调节

温度调节通过空调控制面板上的温度调节按钮完成,温度调节按钮联动空气混合风门和控制进入加热器芯的发动机冷却液的热水阀。

当操作温度调节按钮处于冷位置时,空气混合风门挡住加热器芯的进气道,热水阀处于关闭位置,发动机冷却液不能进入加热器进行循环。经鼓风机吹送的风在流经蒸发器后由出风口进入车厢内。

当操作温度调节按钮处于冷热交界位置时,空气混合风门处于中间位置,热水阀处于打开位置,发动机冷却液进入加热器进行循环。经鼓风机吹送的风在流经蒸发器和加热器芯后由出风口进入车厢内。

当操作温度调节按钮处于热位置时,空气混合风门完全打开加热器芯的进气道,热水阀处于打开位置,发动机冷却液进入加热器进行循环。经鼓风机吹送的风在流经蒸发器和加

热器芯后由出风口进入车厢内。

（4）鼓风机转速调节

鼓风机转速调节可以通过在鼓风机电路中串联不同的电阻来实现，如果采用自动空调，则可利用大功率三极管实现无级调速。

如图6-46所示为自动空调系统控制面板上的调节选择，主要有内外循环（进气口）选择按钮、温度选择按钮、模式（出风口）选择按钮、鼓风机速度调节按钮及其他按键。不同车型的选择按钮有所不同，但功能基本是相同的。

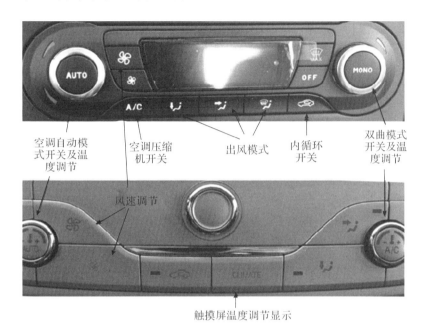

图6-46　自动空调控制面板调节按钮功能

模块三　自动空调系统

一、自动空调系统概述

汽车自动空调系统指的是自动控制温度的空调系统，即恒温空调系统。汽车自动空调系统是在常规空调系统的基础上，增加了基于温度闭环控制为核心的空调控制器，其模糊控制框图如图6-47所示。自动空调系统与手动空调系统采用的是相同的基础部件，即相同的制冷系统、取暖系统、配气系统（机械）部件等，区别在于自动空调系统在温度等信号采集后，控制器计算后基于制冷、取暖、配气等方面进行电气化综合控制。自动空调最大的特点是能够根据乘坐者设定的温度要求，实现空调系统的恒温控制。也就是说，即使车内温度/湿度、环境温度、阳光强度、乘员人数发生变化，空调控制计算机都能识别出来，并通过调节进气模

式风门的位置、空气混合风门的位置、送风模式、鼓风机的转速甚至压缩机工作状况等,使车内温度、空气湿度及流动状况维持在使用者设定的水平上,即车内温度经设定后不会随环境温度变化。

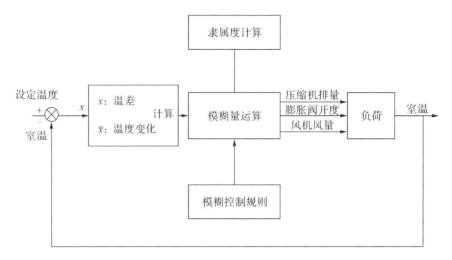

图 6-47　汽车空调模糊控制框图

自动空调系统的舒适性、安全性、节能环保性好,但结构上要比手动空调系统复杂。一般自动空调都具有自诊断功能,以便于对空调系统进行故障检修。自动空调系统与手动空调系统的对比见表 6-1。手动空调只能手动对冷/热风的温度和风量进行粗略的分级调节,不能设定车内空调的具体温度。自动空调可以根据已设定的温度,自动调节从而保持车内温度的恒定。一般自动空调调节按钮会有 AUTO 字样。

表 6-1　自动空调系统与手动空调系统的对比

异同点		手动空调	自动空调
相同之处	结构	相同的制冷系统、取暖系统、配气系统(机械)部件等	
	控制内容	都是实现在封闭空间内自动对空气温度、湿度、流速、清洁度的调节控制	
相异之处	控制方式	手工调节	自动调节:能够根据乘坐者设定的温度要求,实现空调系统的恒温控制(部分自动空调能自动调节空气湿度与清洁度)
	性能	使用不便、舒适性差	舒适性、安全性、节能环保性好
	复杂程度	简单	结构比较复杂

二、自动空调的控制原理

自动空调系统的核心是对室内温度的恒定控制,以空调控制器为控制中心,结合各种传感器对汽车发动机的有关运行参数(如水温、转速等)、车外的气候条件(如气温、空气湿度、日照强度等)、车内的气候条件(如平均温度、湿度等)、空调的送风模式(如送风温度、送风口的选择等)等多种参数进行实时检测,并与操作面板送来的信号(如设定温度信号、送风模式信号等)进行比较,通过运算处理后进行判断,通过混合空气温度、调节风速、调整出风口位置、调整进风口位置等执行机构的调整和修正,实现温度与空气环境的全季节、全方位、多功能的最佳控制和调节。同时它还具备自我诊断、保护和容错功能。

传统的汽车自动空调系统主要是对空气侧的控制(取暖系统和通风系统),而对制冷系统的运行仅起监测和保护作用,即以空气侧的控制为主、以制冷系统的控制为辅对空调系统进行控制。自动空调系统的控制内容如图 6-48 所示。

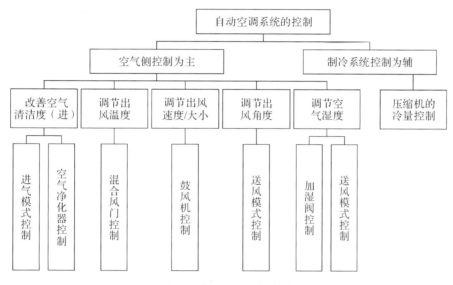

图 6-48 自动空调的控制内容

以丰田凌志 LS400 轿车自动空调系统为例看自动空调系统的工作原理,通过空调系统的基础部件,自动空调系统用温度选择器设置要求的温度(T_{SET}信号)和按 AUTO 开关来触发自动恒温控制,空调 ECU 系统利用各类传感器的反馈信号(有 T_R、T_{AM}、T_S 信号),自动控制调整风速、气流、混风来实现并保持该预定的温度 T_{AO},图 6-49 为自动空调系统的控制示意图。

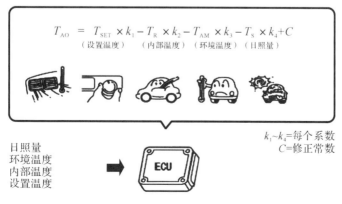

$$T_{AO} = T_{SET} \times k_1 - T_R \times k_2 - T_{AM} \times k_3 - T_S \times k_4 + C$$

（设置温度）　（内部温度）　（环境温度）　（日照量）

$k_1 \sim k_4$=每个系数
C=修正常数

日照量
环境温度
内部温度
设置温度

图 6-49 自动空调系统的控制示意

空调 ECU 计算要吹的空气温度 T_{AO} 和气流量,并根据各传感器和设定温度决定使用哪个配气口,控制空气混合挡板的位置、送风机马达速度和气流挡板的位置,图 6-50 为自动空调控制系统的结构原理图。

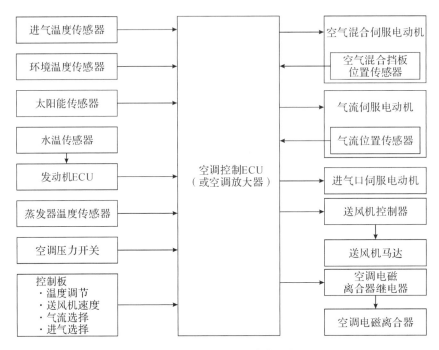

图 6-50　自动空调控制系统的结构原理

三、电气控制系统

手动空调系统由于电气部件较少,因此对电气的控制方式较简单,自动空调系统则由于电气系统部件多而复杂,控制相对较复杂。各种不同类型的轿车空调系统差别较大,但其控制电路的组成仍有一定规律可循。按功能模块划分,电气控制系统电路一般由温度自动控制电路、进气模式控制电路、送风模式控制电路、鼓风机控制电路、冷却风扇控制电路、压缩机控制电路等组成。

另外,按电路的输入、输出及控制原则划分,自动空调电气控制系统可分为三部分:传感器、空调计算机(控制面板)和执行器,如图 6-51 所示。

自动空调系统传感器信号类型见表 6-2,自动空调传感器信号主要有四种:一是驾驶员通过空调面板设定的温度信号和功能选择信号;二是车厢内温度传感器、车外环境温度传感器、阳光传感器等各种传感器输入的信号;三是进气风门、空气混合风门的位置反馈信号;四是保护压缩机等空调系统装置信号。

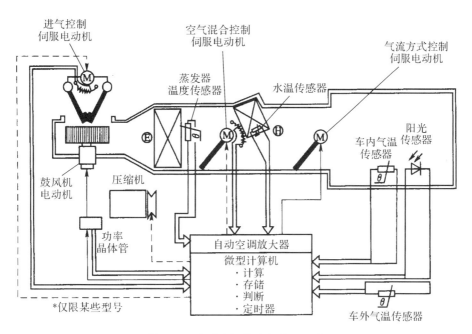

图 6-51　自动空调的电气控制系统

表 6-2　自动空调传感器信号类型

输入信号种类	输入信号元件
驾驶员设定的信号	温度设定开关、A/C 开关、MODE 开关、AUTO 开关、鼓风机开关等
工作环境信号	车内温度传感器、车外温度传感器、阳光传感器、水温传感器、蒸发器传感器等
风门位置反馈信号	进气风门位置传感器、空气混合风门位置传感器等
保护装置信号	压力传感器(开关)、锁止传感器、发动机功率保护装置等

　　自动空调执行器信号类型见表 6-3,主要有三种:一是向驱动各种风门的伺服电动机或真空驱动器输送的信号;二是控制鼓风机转速的电压调节信号;三是控制压缩机开启或停止的信号。

表 6-3　自动空调执行器信号类型

输出信号种类	执行元件/输出信号
控制配气风门信号	进气模式控制电动机、空气混合控制电动机、送风模式控制电动机等
控制鼓风机转速信号	加热器继电器、超高速继电器、功率晶体管、鼓风机等
控制压缩机开停信号	压缩机继电器等
信息显示信号	显示屏、各种指示灯和报警灯等

1. 车内温度传感器（室温传感器）

车内温度传感器是自动空调的重要传感器之一，它检测汽车内部温度，用作温度控制的基础。它能影响到出风口空气的温度、出风口风量、模式门和进气门的位置等。

自动空调系统的车内温度传感器一般为负温度变化系数的热敏电阻器，随着温度的升高，热敏电阻器的阻值减小；随着温度的降低，热敏电阻器的阻值增大，车内温度传感器可分为吸气型和电动机型车内温度传感器，现代轿车多采用吸气型车内温度传感器，如图6-52所示，且多安装在空调操作面板或仪表附近，如图6-53所示。

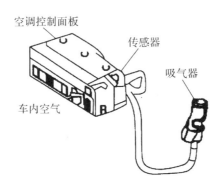

图 6-52　吸气型车内温度传感器

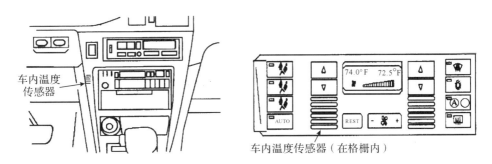

图 6-53　车内温度传感器的安装位置

2. 车外温度传感器（环境温度传感器）

车外温度传感器也称环境温度传感器、外界空气温度传感器或大气温度传感器。车外温度传感器是自动空调的重要传感器之一，它检测外部温度，用来控制由外部温度波动所引起的内部温度波动。它能影响到出风口空气的温度、出风口风量、送风模式风门的位置、进气模式风门的位置等。

车外温度传感器一般为负温度变化系数的热敏电阻器，大众帕萨特轿车的车外温度传感器结构外形如图6-54所示，车外温度传感器一般都是安装在前保险杠内、水箱之前或位于车辆前减振器下面的前护栅部位，如图6-55所示，也有部分车辆安装在后视镜中，如东风标致307车型。

图 6-54　车外温度传感器结构外形

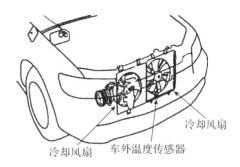

图 6-55　车外温度传感器安装位置

3. 蒸发器温度传感器

蒸发器温度传感器用于防冻、控制气流的温度和延时气流。通过测量蒸发器表面温度修正空气混合风门位置,用于鼓风机的时滞控制,在蒸发器表面温度低于 0℃ 时,使压缩机不工作,防止蒸发器表面结霜。

与车内温度传感器类似,蒸发器温度传感器也是负温度变化系数的热敏电阻器,其特性曲线与车内温度传感器类似。一般蒸发器温度传感器安装在蒸发器表面出风口方向的翅片上,如图 6-56 所示。

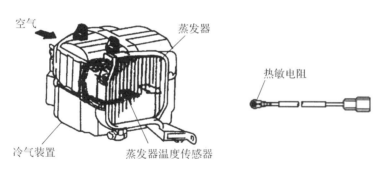

图 6-56　蒸发器温度传感器安装位置

4. 阳光传感器

阳光传感器又叫太阳能传感器、光敏传感器。阳光传感器通过光敏二极管测量阳光的强弱变化,转化成电流值信号,用来控制由日照波动引起的内部温度波动。它可修正混合门的位置与鼓风机的转速。

阳光传感器在 60W 灯源(25cm 距离)的强光照射下,电阻约为 4kΩ,用布遮住阳光传感器,电阻为无穷大。阳光传感器一般都安装在仪表台的上面,靠近前挡风玻璃的底部,如图 6-57 所示。

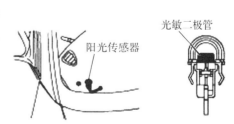

图 6-57　阳光传感器安装位置

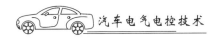
5. 内外循环电机

内外循环电机也称进气伺服电机,有三线式和五线式之分。五线式内外循环电机的结构与五线式空气混合门电机结构基本相同,三线式内外循环电机的结构与电气原理如图 6-58 所示。

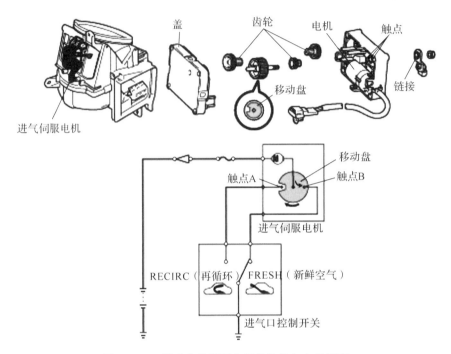

图 6-58 三线式内外循环电机的结构与电气原理

三线式内外循环电机的结构比较简单,雅阁 2.3 中 2 号线为电源线,当 4 号线接搭铁,进气门会运行到新鲜(FRESH)位置;当 3 号线接搭铁,进气门会运行到再循环(RECIRC)位置。

6. 模式电机

模式电机也称气流控制伺服电动机或送风模式电动机。由于自动空调的出风口有三大类:吹脸(VENT 或 FACE)、吹脚(FOOT)、除雾(DEF)。有五种组合:吹脸(VENT)、双层(B/L)、吹脚(FOOT)、吹脚除雾(F/D)、除雾(DEF)。在手动挡,可以控制风门处于五种出风类型中的任一种;在自动挡,计算机可以控制风门处于吹脸、双层(FACE & FOOT)、吹脚三种出风类型的任一种。丰田凌志 LS400 模式电机的结构与电气原理如图 6-59 所示。

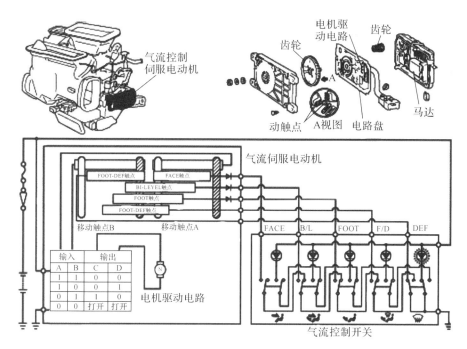

图 6-59 丰田凌志 LS400 模式电机的结构与电气原理

7.空气混合电机

由于混合风门在风道中所处位置很特殊,混合风门的位置动一点,车内空气温度就相差很多,所以空气混合控制伺服电动机是系统最为关键的部件之一。

目前常用的空气混合控制伺服电动机有五类,如图 6-60 所示。

图 6-60 空气混合控制伺服电动机的分类

8.鼓风机

许多轿车的鼓风机结构几乎相同。如图 6-61 所示为典型的空调鼓风机控制电路,该电路由三部分组成:输入信号电路、空调控制计算机、鼓风机执行电路。

按下手动调速开关或自动(AUTO)开关,空调控制计算机接通加热继电器回路,鼓风机通电工作,通过鼓风机电阻器、功率晶体管或超高速继电器构成回路,实现不同的转速变化。其中,电阻器为低速回路通道,功率晶体管为低速至高速变化通道(即实现无级调速的关键),超高速继电器为超高速回路通道。鼓风机属于大电流用电装置,其控制元件损坏的概率较高。

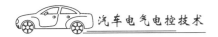

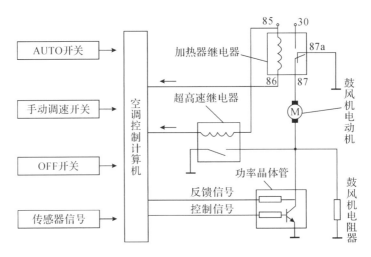

图 6-61　典型的空调鼓风机控制电路

9.功率晶体管

自动空调的功率晶体管主要实现对鼓风机的转速控制,通过调整功率晶体管基极电流来控制到送风机马达的电流。根据内部温度和设置温度之间的差距,用 T_{AO} 的值连续控制送风机速度。功率晶体管控制鼓风机转速的电气原理如图 6-61 所示。

10.控制面板

空调控制器一般与空调控制面板合在一起,即空调控制面板就是控制器,如图 6-62 所示。丰田卡罗拉轿车空调控制器和控制面板是分开的,空调控制器也称为空调放大器。空调控制器控制空调系统各个部件上的执行器。驾驶员通过触摸按钮向计算机输入各种信号,传感器将各种状态参数输入计算机。计算机通过计算、分析、比较,发出指令,控制各执行器动作:改变风速,开停压缩机,打开所需的风门,按照输入的预设温度,控制温度门的位置,显示操作信息,及时进行故障报警等。

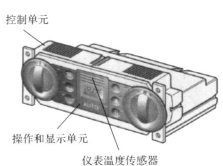

图 6-62　典型的空调控制面板

现代不少中高级轿车空调控制面板上采用驾驶员区与前排乘客区两个独立的空调配气系统操作区域,可为驾驶员及前排乘客提供不同的空调(配气)系统,其舒适性、节能环保性更佳。

模块四　汽车空调系统的保养维护★

一、空调系统的保养

链接：汽车空调
系统的使用

1.空调系统的正确使用

使用汽车空调时，必须注意以下几点：

(1)使用空调时，鼓风机开关应在发动机稳定运转几分钟后才能接通，然后再按下空调A/C开关启动压缩机运转。

(2)当温度调节处于最大冷气量位置时，鼓风机应当接通高速挡，以免蒸发器过冷而结冰。

(3)在通风换气而不需冷气时，只需接通鼓风机即可，不必按"A/C"键启动压缩机。

(4)挡风玻璃前面的进风口应保持畅通。空调系统不用时，为了避免有害气体进入车内，地板出风口应当关闭。

(5)只有在所有车门关闭时，空调系统调节的冷气或暖气效果才会显著。当汽车停放在太阳光下、车内温度较高时，应打开车窗，放出车内热空气。

(6)在发动机怠速运转状态下使用汽车空调时，应适当调高发动机怠速转速(一般调高到 1000 r/min 或稍高。设有怠速提高装置的汽车能够自动提高发动机怠速转速，不必调高怠速转速)，以免发动机因驱动压缩机的负荷增大而熄火。

(7)汽车行驶过程中，如果长距离爬坡或超车时，应暂时停止压缩机工作，以免发动机动力不足或发动机超负荷运行而过热。

(8)汽车夜间行驶时，空调不宜长时间使用，以免充电系统负荷过大而导致蓄电池亏电。

(9)汽车停驶时，连续使用空调的时间不能太长，以免冷凝器和发动机散热不良而影响空调的制冷性能和发动机寿命。

(10)汽车以低速(低于 25km/h)行驶时，变速器应换用低速挡位，使发动机保持足够转速运转，防止发电机发电量不足和空调冷气不足。

(11)取暖效果取决于发动机冷却液温度，只有在发动机冷却液温度达到正常工作温度后，才能获得最佳取暖效果。

(12)当制冷量突然减少时，应断开空调开关 A/C，检查排除空调系统故障后再继续使用。

2.空调的日常保养

汽车空调的日常保养需注意如下几方面：

(1)保持送风通道空气进口过滤器的清洁，送入车厢内的空气都要经过空气进口过滤器的过滤，因此应经常检查过滤器是否被灰尘杂物所堵塞并进行清洁，以保证进风量充足，防止蒸发器芯子空气通道阻塞，影响送风量。一般每星期应检查一次。

（2）在春秋或冬季不使用冷气的季节里，应每半个月启动空调压缩机一次，每次 5～10min。这样制冷剂在循环中可把冷冻机油带至系统内的各个部分，从而可防止系统管路中各密封胶圈、压缩机轴封等部件因缺油干燥而引起密封不良和制冷剂泄漏，并使压缩机、膨胀阀以及系统内各活动部件的动作不致结胶黏滞或生锈。还要注意的是，在进行这项保养时，应在环境温度高于 4℃时进行，否则，当环境温度过低会因冷冻机油黏度过大流动性变差，当压缩机启动后不能立即将油带到需要润滑的部位而造成压缩机磨损加剧甚至损坏的情况。

（3）应定期通过装在储液干燥器顶或冷凝器后高压管路上的视液镜观察是否缺少制冷剂。

（4）经常检查制冷系统各管路接头和连接部位的螺栓、螺钉有无松动现象，是否有与周围机件相磨碰的现象，胶管是否老化，在进出翼子板孔处的隔震胶垫是否脱落或损坏等。

（5）检查各连接导线、插头是否有损坏和插头松动现象。

（6）经常注意空调在运行中有无不正常的噪声、异响、振动和异常气味，如有应立即停止使用并送专业修理部门及时检查和修理。

二、汽车空调的维护

汽车空调的故障绝大部分是由制冷系统泄漏造成的，因此对汽车空调系统的维护主要包括检漏、排空制冷剂、抽真空、加注制冷剂、加注冷冻机油等。

1. 检漏

汽车空调制冷系统是密封性要求很高的系统，其各部件及管路多采用可拆式连接，而制冷剂的渗透能力很强，所以它的泄漏是不可避免的。因此，检漏是汽车空调系统维护中十分重要的环节。目前常用的检漏方法主要有以下几种。

（1）外观检漏

制冷剂与冷冻机油互溶并一起在制冷系统内部循环，当因密封不良而使制冷剂泄漏时，便会带出少量的冷冻机油，使泄漏处形成油斑，长时间后粘上尘土便形成了油泥。因此，在外观检漏时，应仔细观察系统的各连接部位有无上述现象，如有，则该部位为重点怀疑的泄漏点，可再用其他检漏方法来证实该处是否真的是泄漏点。

（2）真空保压法

在抽真空作业完成后，关闭歧管压力表的高、低压手动阀，使制冷系统内部的真空状态维持一定的时间(一般约为 15min)，观察歧管压力表指示的真空度有无变化。如无变化，说明系统不存在泄漏；如真空表的指示值回升，说明系统存在泄漏点。此方法只能判断系统有无泄漏而不能确定泄漏的具体部位。

在加注冷冻机油和制冷剂之前，采用真空保压法对系统进行检漏是十分重要的一个环节，在确定系统无泄漏点后再进行其他作业，可减少很多无谓的重复作业和浪费。

（3）肥皂泡沫法检漏

在确定系统存在泄漏且需要确定具体的泄漏点时，可用此方法，具体操作步骤为：给制冷系统内部充注干燥的氮气，压力一般为 780～1170kPa，然后将浓肥皂水涂在需要检查的部位，重点是各连接点和有焊缝的部位。仔细观察有无肥皂泡产生，如有，该处即为泄漏点。

（4）着色法检漏

在确定系统存在泄漏且需要确定具体的泄漏点时,可用此方法,具体操作步骤为:将有色染料加入制冷系统中,使之随制冷剂一起在制冷系统内部循环流动。如有泄漏点,染料将随制冷剂一起流出,使泄漏部位变色。仔细观察管路和部件的颜色,即可判断泄漏点。

（5）仪器法检漏

使用检漏仪检漏是汽车空调系统检漏作业中最常用、最主要的方法,其基本程序为:使制冷系统内部保留一定的制冷剂,启动制冷系统,再用仪器检查泄漏点,重点是各连接点和有焊缝的部位。

2.制冷剂排空

由于汽车空调修理或其他原因需将制冷系统内的制冷剂排放干净,这个过程称为排空。图 6-63 所示为制冷剂排空方法:

（1）把歧管压力表组连接到系统的高、低压检修阀上;

（2）启动发动机并使转速维持在 1000～1200r/min,并运行 10～15min;

（3）风扇开至高速运转,将系统中所有的控制开关都放到最冷位置,使系统达到稳定状态;

（4）把发动机转速调到正常怠速状态;

（5）关闭空调的控制开关,关闭发动机;

（6）打开歧管压力表组上的高、低压阀,让制冷剂从中间软管流入回收装置中;

链接:汽车空调制冷剂的加注

（7）歧管压力表组的高、低压力表指示为零,说明系统内制冷剂已排空。

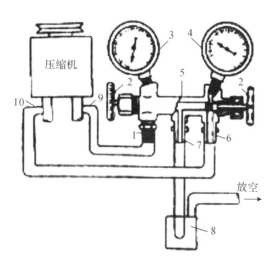

1—低压管;2—手柄;3—低压表;4—高压表;5—表阀;
6—高压管;7—维修软管;8—集油罐;9—吸气阀;10—排气阀

图 6-63　制冷剂排空

3.制冷系统的抽真空

抽真空的目的是排除制冷系统内残留的空气和水分,同时也可进一步检查系统的密闭

性,为向系统内充注制冷剂做好准备。实际上抽真空并不能直接把水分抽出制冷系统,而是压力降低后水的沸点也降低了,水汽化成水蒸气抽出系统外。

抽真空管路连接如图 6-64 所示。具体操作过程如下:

(1)将歧管压力表的两根高、低压软管分别接在高、低压侧气门阀上,将其中间软管与真空泵相连接。

(2)打开歧管压力表上的高、低压手动阀,启动真空泵,观察低压表的指针,应该有真空显示。

(3)连续抽 5min 后,低压表应达到 0.03MPa(真空度),高压表略低于零。如果高压表不能低于 0 刻度,表明系统内有堵塞,应停止,修复后,再抽真空。

(4)真空泵工作 15min 后,低压表指针应在 0.01~0.02MPa 范围。如果达不到此数值,这时应关闭高、低压手动阀,观察低压表的指针。如果指针上升,说明真空有损失,系统有漏点,应停止,修复后才能继续抽真空。

(5)系统压力接近于真空时,关闭高、低压手动阀,保压 5~10min。如果低压表指针不动,则打开高、低压手动阀开启真空泵,继续抽真空,抽真空的时间不得少于 30min,如果时间允许,可再长些。

(6)抽真空结束时,先关闭高、低压手动阀,再关闭真空阀,其目的是防止空气进入制冷系统。

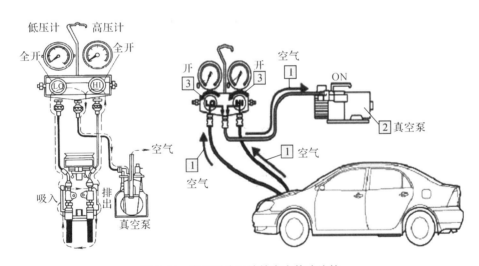

图 6-64　空调制冷系统抽真空管路连接

4.制冷剂的充注

在制冷系统经过抽真空并确认没有泄漏后,可开始对系统充注制冷剂。

充注方法主要有两种:一种是从高压端充注,充注的是液态制冷剂,制冷剂罐倒立,压缩机停转,它是靠制冷剂罐内与系统之间的压差与位差进行充注的,这种方法适合于系统内抽过真空而无制冷剂的情况,它的特点是速度快;另一种方法是从低压端充注气态制冷剂,制冷剂罐正立,压缩机工作,它适合于向系统内补充少量制冷剂的情况。

高压端充注方法如下:

(1)如图 6-65 所示,将歧管压力表组与系统检修阀、制冷剂罐连接好。

（2）用制冷剂排出连接软管内的空气,具体方法是:先关闭高、低压手动阀,拆开高压端检修阀和软管的连接,然后打开高压手动阀,最后打开制冷剂瓶罐上的阀门。当软管排出制冷剂气体后,迅速将软管与检修阀连接,并关闭高压手动阀。用同样的方法清除低压端连接软管内的空气,然后关闭好高、低压手动阀及制冷剂瓶罐上的阀门。

（3）将制冷剂罐倾斜倒置于磅秤上,并记录起始质量。

（4）打开制冷剂瓶罐上阀门,然后缓慢打开高压手动阀,制冷剂注入系统内,当磅秤指示到达规定质量时,迅速关闭制冷剂阀门。

（5）关闭高压手动阀,充注结束。

注意:高压端充注制冷剂时,严禁开启空调系统,也不可打开低压手动阀,防止产生压缩机液击现象。

低压端加注气态制冷剂的方法如图 6-66 所示。

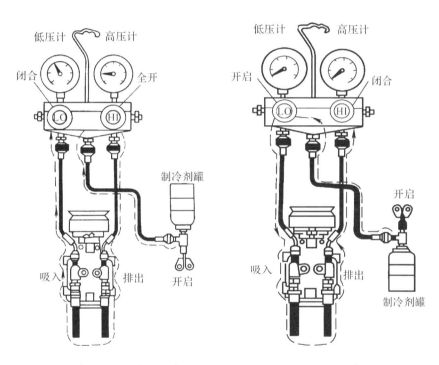

图 6-65　高压端充注液态制冷剂　　　图 6-66　低压端加注气态制冷剂

制冷剂充注量是否合适可从以下几方面观察。

（1）压力表观察:如 R12 制冷剂系统,发动机转速为 2000r/min,风机转速为最高挡,气温为 30～35℃ 时,系统内低压侧压力应为 0.15～0.19MPa,高压侧压力应为 1.37～1.67MPa。R134a 制冷剂系统压力稍低。

（2）储液干燥器上视液窗观察:系统工作时视液窗内清亮、无气泡,可观察到有液体流动。

（3）参照厂方提供的手册加注。

5.冷冻机油的检查与添加

（1）压缩机冷冻机油量的检查

如图 6-67 所示为压缩机冷冻机油量的检查。卸下加油塞,通过加油塞孔察看并旋转离

合器前板,把油尺用棉纱擦干净,然后插到压缩机内,直到油尺端部碰到压缩机内壳体为止,取出油尺,观察油尺浸入深度。

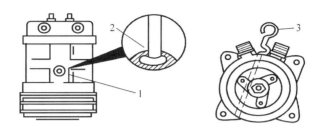

1—加油塞;2—加油孔;3—油尺

图 6-67 压缩机冷冻机油油量的检查

(2)冷冻机油加注

1)利用压缩机本身抽吸作用,将冷冻机油从低压阀处吸入,此时发动机一定要保持低速运转。

2)利用抽真空加注冷冻机油的步骤如下所示:

①对制冷系统抽真空。

②选用一个有刻度的量筒,盛入比要加注的冷冻机油还要多的冷冻机油。

③将连接在压缩机上的低压软管从歧管压力计上拧下来,并将其插入盛有冷冻机油的量筒内,如图 6-68 所示。

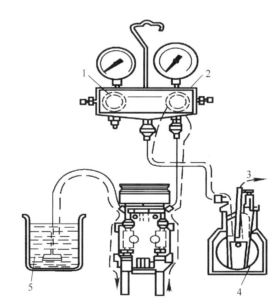

1—低压手动阀关闭;2—高压手动阀开启;3—排出空气;

4—真空泵;5—冷冻机油

图 6-68 抽真空法加注冷冻机油

④启动真空泵。

⑤按抽真空法加注冷冻润滑油后,还应继续对制冷系统抽真空、加注制冷剂。

模块五　汽车热泵空调系统★

一、热泵空调工作原理

炎热的季节,开启车内空调为车内空间降温是使用汽车必不可少的一部分,但对燃油车或是新能源电动汽车的续航能力都会造成一定的影响,尤其是新能源电动汽车,许多车主在天气环境较为极端的情况下甚至出现了不敢开空调的现象。但近年来随着"热泵空调"的出现,这种现象在电动车行业里面出现了缓和的现象,"热泵"技术在电动汽车节能方面做功夫,也确保了电动汽车使用效率的最大化。

热泵空调相较于带电阻加热空调的优势就在于节能,不少电动车车主在冬天时候都"舍不得"打开车辆暖气,怕影响车辆的续航能力。Denso 电装旗下的热泵空调系统使用 1kW 的电力即可以产生 3kW 的制冷效果和 2kW 的制热效果。也就是说热泵空调系统的制冷效果仅需传统空调的三分之一的能耗,制热效果仅需传统空调的二分之一的能耗便能产生相同的效果。在同样的制热情况下,采用了热泵空调的车型行驶里程将会大大增加,显示了热泵空调系统自身的优异特性和空调系统综合热管理能力提升的体现。

1.什么是热泵空调系统?

(1)热泵原理

热泵原理总结起来是水往低处流,热往冷处走。如同一台抽水机,将原本要往低处流动的水抽上高处;热泵空调的原理就是利用热泵将会把热量从温度高的地方"抽"到温度低的地方。

热泵空调在制冷模式下,热泵从室内吸收热量,然后通过压缩和热交换把热量送到室外,以达到室内降温的目的;在制热模式下,该过程反向进行,从室外吸收热量,然后通过热交换把热量送到室内,以达到供暖的目的。

压缩机将会派出高压蒸汽,经过转换阀门进入到冷凝器内,蒸汽也将转换为液态,液体将会流入蒸发器中,蒸发器将会进行吸热处理,对车内空间进行降温。打个比方就是夏天车主上车打开空调之后,热泵就会将车内的热"抽"出车内,再将外界的热量通过压缩机转换为冷气输送到车内。

(2)热泵空调系统

根据前述,汽车传统空调系统主要由压缩机、冷凝器、膨胀阀、蒸发器四部分组成。我们知道汽车空调系统在蒸发器侧是低温,在冷凝器侧是高温。蒸发器就藏在汽车乘客舱出风口的后面,当空调打开时,外界的空气经过蒸发器变成低温,吹进车厢内就变成凉爽的冷风了。

热泵空调制热本质上和空调制冷是同样的原理。不同在于空调是通过制冷剂在蒸发器蒸发从室/舱内环境吸热,再把吸走的热量以及压缩机做的功一起通过制冷剂在冷凝器的冷凝向室/舱外环境排出;而热泵则反之,从室/舱外环境吸热,向室/舱内放出吸取的热量以及

压缩机做的功。如图 6-69 所示,热泵空调的制冷原理和汽车传统空调的制冷原理略有不同,主要差别在于:

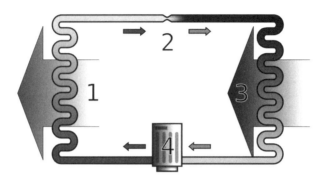

图 6-69 热泵空调制热示意图

1)工作原理不同。热泵空调主要是通过逆循环方式让热量由低温物体向高温物体流动,可减少工作过程中能量消耗。普通空调是通过制冷剂的液化、汽化来完成冷热交替的,需要压缩机的带动。

2)动力来源不同。热泵空调和 PTC 空调消耗的是电能,热泵空调耗电量更低。燃油车上的空调动力来源于发动机,消耗的汽油。

根据热力学第二定律,热量可以从高温物体传到低温物体,但不能"自发的"从低温物体传到高温物体。热泵就是要通过外力,将热量从车外低温区域传递到车内高温区域!只要构建一个封闭的循环系统,有两个管道区域:一个低压管道,并把它放到低温区域,另一个是高压管道,并把它放到高温区域。然后让制冷剂在这个系统中从低压管道向高压管道循环,制冷剂在低压区很容易就吸热沸腾,变成蒸汽,然后加压进入高压区,在高压区放热冷凝,然后重新通过减压阀进入低压区继续吸热。周而复始,往复不断,热量就这样从低温区进入了高温区。不管是空调制冷,还是热泵供暖,都是这个原理。加压和循环,都需要消耗电能,消耗的电能少,搬运的热量多,热泵的效率就好。

图 6-70 所示为热泵空调制冷与制热模式工作对比。

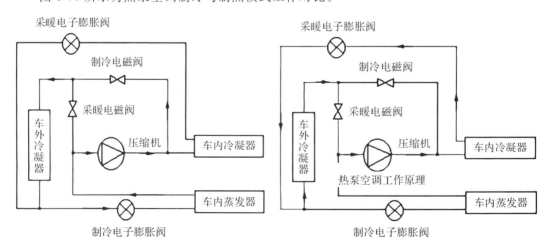

图 6-70 热泵空调制冷与制热模式工作对比

2.比亚迪海豚热泵空调系统

2021 年 9 月,比亚迪电动 3.0 平台海洋系列首款车型——海豚车上市,该车首次搭载了热泵空调系统,对整车热管理系统的效能有较大提升。海豚车热泵空调系统主要由电动空调压缩机(最大功率 6kW)、电子风扇、电机散热器、车外冷凝器、车内冷凝器与车内蒸发器、动力电池直冷直热板、气液分离器、热管理集成模块以及板式换热器(位于热管理集成模块下方)组成,制冷剂为 R134a(比亚迪部分纯电动车型采用 R410a)。热管理集成模块上集成了 6 个电磁阀、3 个电子膨胀阀以及 9 个制冷剂管接头。

海豚车热泵空调系统原理示意图,如图 6-71 所示。图中 PT-1、PT-2 表示两个制冷剂压力及温度传感器 P-1 表示制冷剂压力传感器,T-1、T-2 表示两个制冷剂温度传感器。海豚车热泵空调系统取消了传统电动汽车的高压 PTC 加热器,替换为低压风加热 PTC 加热器(1kW),用于极低温环境温度下辅助采暖。海豚车热泵空调除了可以实现车内制冷、车内采暖功能外,还

链接:比亚迪海豚热泵空调

全球首次实现了通过制冷剂对动力电池直接冷却、直接加热功能,以及对驱动电机、电机控制器等电驱单元热量利用等五大功能,并实现了整车智能综合热管理。搭载热泵空调技术的海豚车冬季续航能力提升 10% 以上,车辆覆盖了 −30～40℃ 宽域温度范围,最低每百千米能耗降至 10.3kWh。

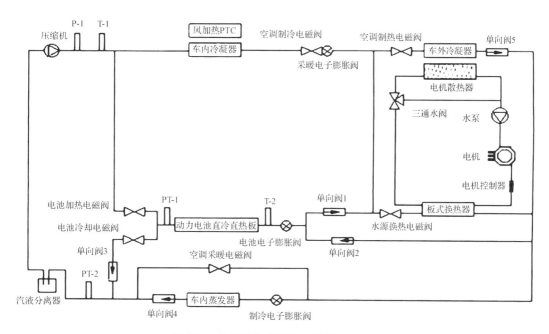

图 6-71　比亚迪海豚热泵空调原理示意图

习题

1.汽车空调由哪几个系统组成?各系统的作用是什么?

2.试分析汽车空调的制冷原理。

3.压缩机可以分为哪些类型?

4.汽车空调的制冷系统主要由哪些部件组成？各有什么作用？

5.分析自动空调和手动空调的区别。

6.桑塔纳2000中控制电磁离合器工作的主要有哪些部件？

7.试分析自动空调的控制工作过程。

8.简述CCOT、CCTXV和VDOT、VDTXV的原理与结构差异。

9.影响手动空调制冷效果的因素有哪些？影响自动空调制冷效果的因素又有哪些？

学习单元七
汽车辅助电气系统

知识目标

1. 熟练掌握汽车雨刷、门窗、中控门锁、座椅等辅助电气系统的作用和功能；
2. 熟练掌握汽车雨刷、门窗、中控门锁、座椅等辅助电气系统的工作原理；
3. 熟练掌握汽车雨刷、门窗、中控门锁、座椅等辅助电气系统的结构组成。

能力目标

1. 能正确指出汽车雨刷、门窗、中控门锁、座椅等辅助电气系统各部件在实车上的安装位置；
2. 能够正确操作使用汽车雨刷、门窗、中控门锁、座椅等辅助电气系统。

现代汽车辅助电气系统主要向舒适、娱乐、保障安全等方面发展,汽车上的辅助电气除了汽车用音响设备、通信器材和汽车电视等服务性装置外,都是一些与汽车本身使用性能有关的电器设备,如汽车雨刷系统、电动门窗、电动后视镜、电动座椅、汽车防盗系统等。下面重点对雨刷、门窗、中控门锁、座椅等几种辅助电气系统做详细介绍。

模块一 汽车雨刷系统

一、汽车雨刷系统的作用和功能

汽车雨刷系统主要作用是利用雨刷片刮除附着于车辆挡风玻璃上的雨点;向风窗表面喷洒清洗液,利用雨刷片刮除清洗液,保持风窗表面洁净,从而改善驾驶员的能见度,增加行车安全。

链接:汽车雨刷系统

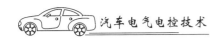

汽车雨刷系统一般都具备快挡、慢挡、复位挡、间歇挡、喷水挡、点动挡等几个功能挡位。大雨及暴雨的时候利用雨刷快挡快速连续刮动；中、小雨的时候雨刷慢速连续刮动；雨量不大或毛毛细雨时，雨刷用间歇挡位每隔几秒钟刮动一次，现在很多汽车间歇时间可以手工或自动调整；雨停的时候用复位挡让雨刷片运动到最低位置停止；没下雨但挡风玻璃上有水的时候，可用点动挡刮一下清除水珠，停止按动开关后雨刷片会自动复位再停止；挡风玻璃有灰尘的时候可以用喷水挡喷出清洗液然后启动雨刷片清洁挡风玻璃。另外，还有一些车上有自感应雨刷，即挡风玻璃上有雨量感应器，能根据雨量自行改变雨刷的运动速度。

二、汽车雨刷系统的工作原理

1.雨刷系统快慢挡的工作原理

为了实现电动机的高、低速挡位工作，雨刷电动机采用三刷式电动机，其工作原理如图 7-1 所示。直流电动机工作时，在电枢内的所有线圈中同时产生反电动势，每个小线圈都产生相等的反电动势，电动势的方向如图 7-1 所示。

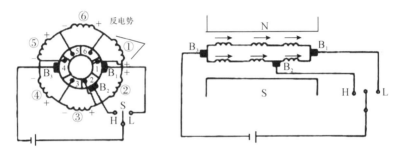

图 7-1　永磁式雨刷电动机

当开关拨到低速挡 L 时，在两个电刷 B_1、B_3 之间有两条并联支路，各有 3 个线圈，反电动势方向如图 7-1 所示。当开关 S 拨到高速挡 H 时，在两个电刷 B_2、B_3 之间也有两条并联支路，一个支路有 2 个线圈串联，另一个支路有 4 个线圈串联，但其中一个线圈的反电动势方向与另三个线圈的反电动势方向相反。反电动势的减小，使电枢的转速上升，重新达到电压平衡，这样永磁式雨刷电动机就得到了高、低速不同的工作挡位。

2.雨刷系统复位挡的工作原理

为了不影响驾驶员的视线，要求雨刷系统能自动复位，即不论在什么时候关闭雨刷开关，雨刷片都能自动停在挡风玻璃的下部，图 7-2 为雨刷系统的自动复位装置的原理图。雨刷电机的复位开关内主要有触点 4、6 和铜环 7、9，铜环随着雨刷电动机的旋转而转动。当雨刷片停在风窗玻璃的最低位置时，触点 4、6 和铜环 7 接触；若雨刷片没有停在规定位置，则只有触点 6 和铜环 9 接触。

当电源开关接通时，把雨刷开关拉到"Ⅰ"挡，电流从蓄电池的正极→电源开关 1→熔丝 2→电刷 B_3→电枢绕组→电刷 B_1→雨刷开关"Ⅰ"挡→搭铁，雨刷电动机低速运转。

当雨刷开关拉到"Ⅱ"挡时，电流从蓄电池的正极→电源开关→熔丝→电刷 B_3→电枢绕组→电刷 B_2→雨刷开关"Ⅱ"挡→搭铁，雨刷电动机高速运转。

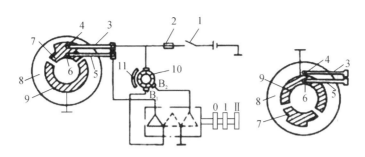

1—电源开关；2—熔丝；3、5—触电臂；4、6—触点；
7、9—铜环；8—涡轮；10—电枢；11—永久磁铁

图 7-2　雨刷系统的自动复位装置

当雨刷开关推到"0"挡时，如果雨刷片没有停在规定的位置，则电流经蓄电池正极→电源开关 1→熔丝 2→电刷 B_3→电枢绕组→电刷 B_1→雨刷开关"0"挡→触点臂 5→铜环 9→搭铁，这时电动机将继续转动，当雨刷片到规定位置时，触点臂 3、5 都和铜环 7 接触，使电动机短路。与此同时，电动机电枢由于惯性而不能立刻停下来，电枢绕组通过触点 3、5 与铜环 7 接触而构成回路，电枢绕组产生感应电流，因而产生制动扭矩，电动机迅速停止转动，使雨刷片停在规定的位置。

自动复位装置一般和雨刷电机装在一起，如图 7-3 所示为雨刷电机及连动杆总成，由雨刷电机及复位开关两部分组成，主要完成驱动雨刷传动机构运转并使其复位的功能。

图 7-3　雨刷电机及连动杆总成

3.雨刷系统间歇挡、喷水挡的工作原理

雨刷系统在间歇挡工作时，雨刷片每隔几秒钟刮动一次；在喷挡工作时，喷水泵先喷出清洗液，然后雨刷片把挡风玻璃上的清洗液刮干净并自动停止。传统汽车上间歇挡和喷水挡的工作由雨刷继电器控制。雨刷继电器内部有触点，触点的断开和闭合由继电器内部的电路控制。

当雨刷继电器接收到间歇挡的信号时，雨刷继电器内部的触点就会间歇闭合和断开，雨刷继电器内部的触点闭合时，雨刷就工作，雨刷继电器内部的触点断开时，雨刷就停止工作，从而形成雨刷的间歇动作；当雨刷继电器接收到喷水挡的信号时，雨刷继电器内部的触点就会闭合，几秒钟后断开，雨刷继电器内部的触点闭合时，雨刷就工作，刮除挡风玻璃上的清洗液，雨刷继电器内部的触点断开时，雨刷就停止工作。

4.控制模块和网络控制的雨刷系统工作原理

随着继电器功能的不断增强,继电器也慢慢演变为一个功能更加强大的电子控制模块。另外,在原有的基础上,雨刷也出现了一些新功能,比如间歇时间可以自动调整、随雨量或车速改变调整雨刷的运动速度等。早期的本田雅阁、帕萨特等雨刷系统由雨刷马达、喷水马达、雨刷开关、雨刷继电器模块等组成,雨刷开关的所有信号都传给雨刷继电器模块,由该模块控制雨刷的工作。雨刷电机中装有自动复位机构,保证雨刷片到规定位置时才停止。

图 7-4 所示为继电器模块控制的雨刷工作框图,雨刷开关把不同挡位信号送给继电器模块,由继电器模块内部电路处理后,控制雨刷电机、喷水电机工作。同时,继电器模块会根据车速、雨量等信号调整雨刷电机的工作。

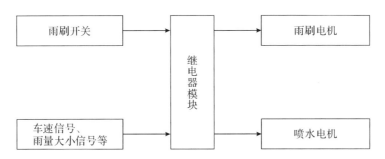

图 7-4 继电器模块控制的雨刷工作框图

随着汽车网络技术的应用越来越广泛,雨刷系统一般纳入汽车舒适系统。图 7-5 为网络控制的雨刷系统工作框图(迈腾汽车)。

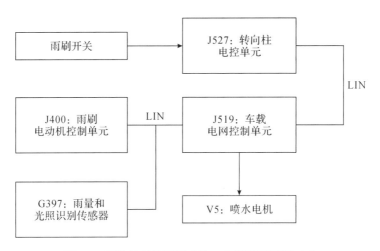

图 7-5 网络控制的雨刷系统工作框图(迈腾汽车)

如图 7-5 所示,迈腾雨刷系统主要由车载电网控制单元 J519、雨刷电动机控制单元 J400、雨量和光照识别传感器 G397 及喷水电机 V5 等组成,J519 车载电网控制单元是雨刷系统的主控单元。雨刷开关把挡位信号送给转向柱电控单元 J527,J527 转向柱电控单元通过 LIN 总线把信号送给 J519 车载电网控制单元,从而控制 J400 雨刷电动机和 V5 喷水电机工作。

三、汽车雨刷系统的结构组成

传统汽车雨刷系统主要由雨刷电机、雨刷开关、雨刷继电器、雨刷传动机构、喷水电机等组成。

如图 7-6 所示为雨刷系统的雨刷电机、传动机构和雨刷片。电动机轴端的蜗杆驱动涡轮 4，涡轮 4 带动摇臂 6 旋转，摇臂 6 使拉杆 7 往复运动，从而带动雨刷片左右摆动。

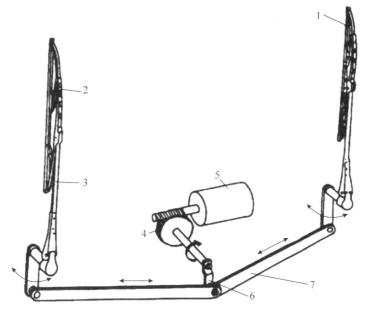

1—雨刷片；2—雨刷片架；3—雨刷臂；4—涡轮；
5—电动机；6—摇臂；7—拉杆

图 7-6　雨刷电机、传动机构和雨刷片

如图 7-7 所示，喷水系统由喷水泵、储液罐、输液导管以及喷嘴等组成。

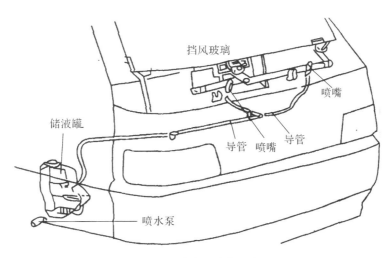

图 7-7　喷水系统的组成

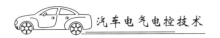

桑塔纳 2000 雨刷系统就是由雨刷继电器控制,它主要由雨刷开关、雨刷继电器、雨刷电机总成、喷水泵等组成。具体实物见图 7-8、图 7-9。

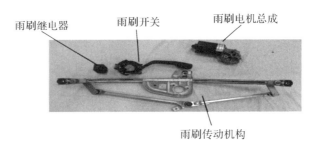

雨刷继电器　　雨刷开关　　　雨刷电机总成

雨刷传动机构

图 7-8　桑塔纳 2000 雨刷系统元器件

喷水泵

图 7-9　桑塔纳 2000 洗涤器总成

桑塔纳 200 雨刷系统动画

帕萨特 B5 雨刷系统动画

三菱蓝瑟雨刷系统的操作使用

模块二　汽车电动门窗

一、电动门窗的作用和功能

电动门窗以电为动力使门窗玻璃自动升降。它是由驾驶员或乘客操纵开关接通门窗升降电动机的电路,电动机产生动力,通过一系列的机械传动使门窗玻璃按要求进行升降。其优点是操作简便,有利于行车安全。

装有电动门窗的汽车在各个车门都装有玻璃升降开关的按钮,向上按开关玻璃上升,向下按开关玻璃下降。在驾驶员侧的车门上,有一个主控开关,可以控制全车车门玻璃的升降。电动门窗一般有延时、安全锁止、一键升降、防夹手等功能。延时功能是断开点火开关后,驾驶员仍可操纵开关使电动门窗工作,可保持 40s 左右的时间;安全锁止功能是指门窗锁上后,只能由驾驶员控制四个门窗,后排乘客无法控制门窗,该项功能可以最大限度地避免后排儿童自行打开门窗把头手伸出窗外;一键升降功能是指一次按下门窗升降开关,门窗便会自动升起或降下的功能,有些厂家为了节约成本,只在驾驶员一侧安装一键升降门窗装置;门窗防夹手功能是一项舒适性配置,电动门窗玻璃关闭时,遇到阻力后会自动停止,或者改变玻璃上升行程为下降行程,从

链接:比亚迪玻璃升降系统

链接:车窗防夹系统

而防止夹伤。另外,还有些汽车可以用遥控钥匙来控制门窗的关闭。

二、电动门窗的工作原理

桑塔纳 2000 电
动门窗动画

所有门窗系统都装有两套控制开关,一套装在驾驶员侧车门或仪表台上,为主控开关,驾驶员可以通过主控开关控制四个门窗的工作;另一套分别装在每个乘客门窗侧,为独立开关,可由乘客控制,如图 7-10 所示为实际应用较广泛的电动门窗工作电路。当驾驶员控制左右门窗下降时,具体工作路径为:12V→熔断器→主控开关 8 的左后门窗下降开关→左后门窗独立开关 7"上"(原始位置)→主控开关 8"上"(原始位置)→搭铁;当驾驶员控制左右门窗上升时,电流反方向流经电机,电机反转带动门窗玻璃上升。

奥迪电动门窗
的操作使用

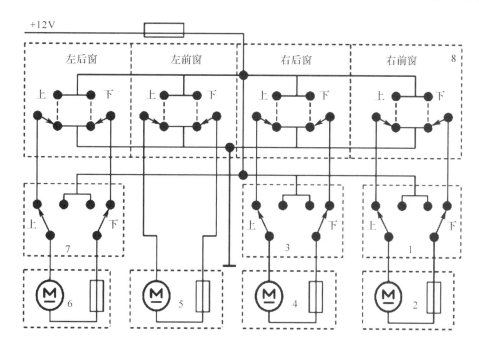

1—右前门窗开关;2—右前门窗电机;3—右后门窗开关;4—右后门窗电机;
5—左前门窗电机;6—左后门窗电机;7—左后门窗开关;8—驾驶员主控开关

图 7-10　通用型电动门窗工作电路图

电动门窗若要实现延时、一键升降等功能,就需要在电路中增设继电器或控制模块,图 7-11 所示为本田雅阁轿车电动门窗电路,驾驶座门窗设有控制单元,实现点动控制和一键自动控制两种方式,主开关中的驾驶座门窗开关上、下各两挡。轻按开关为 1 挡(即点动挡),门窗随按动开关的时间长短运动。将开关按到底为 2 挡(即一键升降挡),松开开关后由控制单元控制,门窗可自动完全开启或关闭。驾驶座电动门窗电机总成设有自动停位机构,当电动门窗玻璃到达上下终点时,由自动停位机构自动切断其控制回路而停止运转。其他各门窗无一键自动控制功能,其开闭程度均由开关闭合时间长短决定。各门窗电动机均

设有过载保护器,防止电动机过载烧坏。

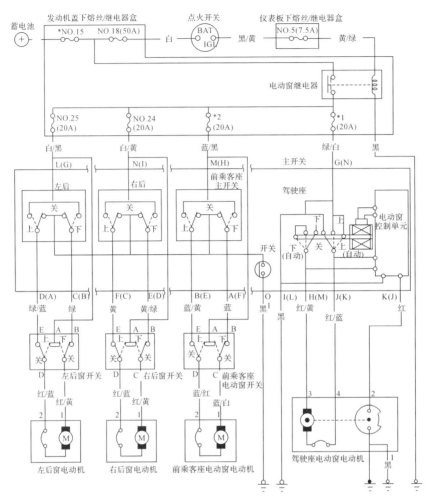

图 7-11 本田雅阁轿车电动门窗电路

现代汽车一般把电动门窗放入舒适系统网络控制。如图 7-12 所示为帕萨特电动门窗工作框图,J386 为左前电动门窗电机及控制模块,J387 为右前电动门窗电机及控制模块,J388 为左后电动门窗电机及控制模块,J389 为右后电动门窗电机及控制模块,各车门门窗电机和控制模块装成一体。该车 4 个门窗控制模块都由 CAN 总线连在一起,当驾驶员控制左前电动门窗上下运动时,主控开关将左前门窗开关信号送入 J386 控制模块,J386 控制其电机运转,从而带动门窗上下运动,并将工作信号通过 CAN 总线发送给 J393 控制模块;若驾驶员控制右前电动门窗上下运动,主控开关将右前门窗开关信号送入 J386 控制模块,J386 模块通过 CAN 总线把信号传递给 J387 和 J393,J387 控制其电机运转,带动门窗上下运动。

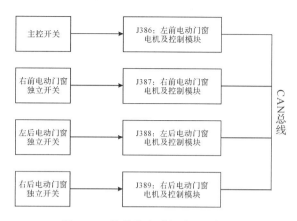

图7-12　帕萨特电动门窗工作框图

三、电动门窗的结构组成

常规电动门窗系统由门窗开关、玻璃升降器、继电器或控制模块等组成,门窗升降器由电动机、传动装置组成。电动机是用来为门窗升降提供动力的装置,一般采用双向转动的永磁电动机,通过改变电流方向来实现正反转以实现门窗的升或降。传动装置按传动方式可分为齿扇式、齿条式、钢丝滚筒式等多种类型。齿扇式升降器如图7-13所示。齿扇上连有螺旋弹簧,当门窗下降时螺旋弹簧收缩吸收能量;当门窗上升时螺旋弹簧伸展而释放能量,以减轻电动机的负荷。于是无论门窗上升或下降,电动机的负荷基本相同。当电动机传动时,通过涡轮蜗杆减速并改变旋转方向,使齿扇转动,并带着门窗玻璃上升下降。

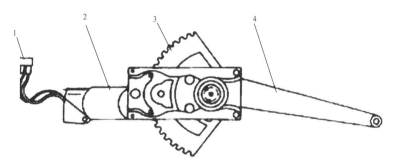

1—电源接头;2—电动机;3—齿扇;4—推力杆

图7-13　齿扇式升降器

齿条式的升降器如图7-14所示。升降器采用柔性齿条和小齿轮。当电动机转动时,通过涡轮蜗杆减速机构将动力传给小齿轮,小齿轮又使齿条移动,齿条通过拉绳带着门窗玻璃进行升降。

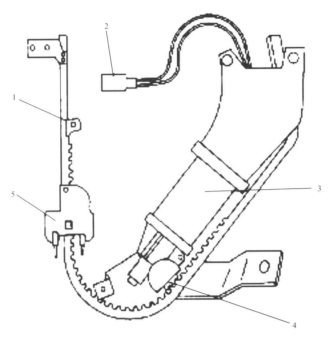

1—齿条;2—电源接头;3—电动机;4—小齿轮;5—凸片

图 7-14　齿条式升降器

　　如图 7-15 为桑塔纳 2000 电动门窗的结构组成,它由门窗开关(主控开关、独立开关)、安全开关、玻璃升降器(门窗电机和传动装置的总成)、自动下降继电器、延时继电器、热保护器等部件组成。

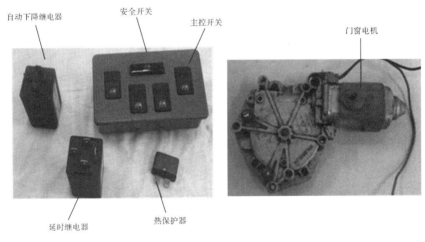

图 7-15　桑塔纳 2000 电动门窗组成

　　桑塔纳 2000 仪表台上安装有电动门窗的主控开关,主控开关上设有 4 个门窗的开关,驾驶员通过主控开关可以控制 4 个门窗工作;主控开关侧还安装有安全开关,按下安全开关,后排乘客就不能再操纵门窗的工作;每个乘客侧安装一个独立开关,可以操纵旁边门窗的工作;自动下降继电器可以使驾驶员侧门窗具有一键下降的功能;延时继电器可以使电动门窗熄火后仍可继续工作 40s 左右的时间；另外，在桑塔纳 2000 的电动门窗电路中安装了热保护器，当主电路电流过大、通电时间过长时，可通过热保护器断开主电路，防止电机因电流过大而烧坏，热保护器冷却后又会继续接通电路。玻璃升降器采用钢丝滚动式，也称为涡轮蜗杆式，如图 7-16 所示。它的机械部分由涡轮、蜗杆、绕线轮、钢丝绳、导轨、滑动支架等组成。当升降器中电动机电路接通后，转轴输出转矩，经涡轮蜗杆减速后，再由联轴缓冲器传递到卷丝筒，带动卷丝筒旋转，使钢丝绳拉动滑动支架在导轨上下运动，达到玻璃升降的目的。

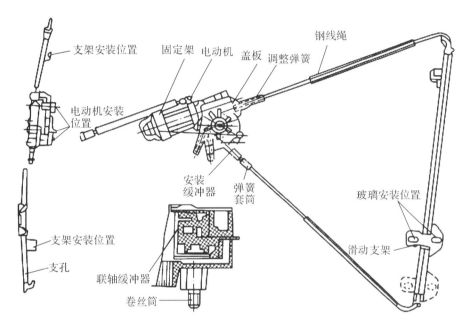

图 7-16 桑塔纳 2000 轿车电动门窗玻璃升降器结构

模块三 汽车中控门锁

一、中控门锁的作用和功能

现代轿车上都装有中控锁，它是可以同时控制全车车门关闭与开启的一种控制装置。它一般具有以下几种功能：

(1)中央控制锁止功能。操纵门锁总开关，即可使所有门锁或行李厢锁同时锁止。在有的轿车上，当车速达到 20km/h 左右时，所有门锁与行李厢锁将自动锁止，防止车内乘员离开汽车而发生意外和行李厢内物品丢失。

(2)后车门安全锁止功能。中控门锁设置后车门安全锁止功能的目的是防止车内儿童擅自打开车门。只有当中控门锁处于"开锁"状态时，后车门安全锁门才能退出。

（3）内外开启与内外锁止功能。在车内开启和锁止车门时，由门锁控制开关来完成；在车外开启和锁止车门时，由钥匙转动控制开关来完成。

（4）防驾驶员侧车门误锁功能。在配装中控门锁的汽车上，当驾驶员侧车门关上后，内部锁止开关处于锁止位置并不能将该车门锁止，目的是防止车钥匙忘在车内而不能打开车门。有的汽车为了防止钥匙锁在车内，设置了钥匙开锁报警开关，安装在点火开关旁边，用其监测点火钥匙是否插进钥匙孔内。当钥匙插在钥匙孔内时，钥匙开锁报警开关电路接通发出报警信号；当钥匙离开钥匙孔时则取消报警。

二、中控门锁的工作原理

1. 中控门锁的工作原理

如图 7-17 为桑塔纳 3000 中控门锁的工作电路，该车的驾驶员侧和副驾驶员侧门锁开关可以控制四个门的开锁闭锁；四个车门内侧各安装了门锁电机，驾驶员和副驾驶员处安装了门锁开关，当驾驶员或副驾驶员侧门锁开关打开或闭合，会相应地给 J330 控制模块一个电信号，J330 经内部电路处理后，控制相应门锁电机工作，从而使四个门锁一起打开或关闭。后排两个门锁由单独门锁开关机械操纵控制，故未在电路图中绘制。

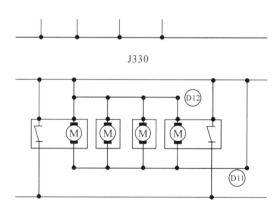

图 7-17 桑塔纳 3000 中控门锁工作电路

现代汽车上，一般把中控门锁和电动门窗、后视镜等一起纳入舒适系统共同控制。如图 7-18 所示为帕萨特中控门锁工作框图，J386 为左前电动门窗电机及控制模块，J387 为右前电动门窗电机及控制模块，该车 4 个门窗控制模块都由 CAN 总线连在一起，各车门有相应的门锁开关，当左前闭锁开关信号送入 J386 门窗控制模块，J386 一方面可控制左前闭锁器动作，同时通过 CAN 网络把闭锁信号送给 J387 右前门窗控制模块、J388 左后门窗控制模块、J389 右后门窗控制模块，各门窗控制模块控制相应的闭锁器动作，可使 4 个车门同时开锁或闭锁。

2. 中控门锁的遥控原理

中控门锁的无线遥控功能是指不用把钥匙键插入锁孔中就可以远距离开门和锁门，其最大优点是：不管白天黑夜，无须探明锁孔，可以远距离、方便地进行开锁（开门）和闭锁（锁门）。

　　遥控的基本原理是：从车主身边钥匙发出微弱的电波，由汽车天线接收该电波信号，经电子控制器 ECU 识别信号代码，再由该系统的执行器（电动机或电磁经理圈）执行启/闭锁的动作。

　　门锁遥控系统通常由 1 个便携式发射器和 1 个车内接收机组成，从发射器发出的可识别信号由接收机接收并解码，驱动门锁打开或锁止，其主要作用是方便驾驶员锁门或开门。当中控门锁接收到正确的代码信号，由执行器执行开锁闭锁的动作；如输入的代码信号不符，将不能触发接收电路。如在 10min 内有多于 10 个代码信号输入不符，该锁就认为有人企图窃车，于是停止接收任何信号，包括接收正确的代码信号，遇到这种情况必须由车主用钥匙机械地插入门锁孔才能开启车门。

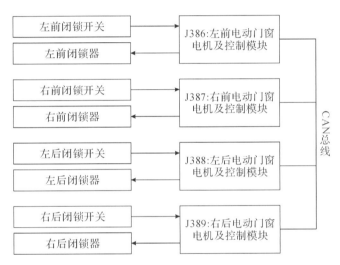

图 7-18　帕萨特中控门锁工作框图

三、中控门锁系统的结构组成

　　目前汽车上装用的中控门锁种类很多，但其基本组成主要有门锁开关、门锁执行机构和门锁控制器。

　　大多数中控门锁的开关都是由总开关和分开关组成，总开关装在驾驶员身旁车门上，驾驶员操纵总开关可将全车所有车门锁住或打开；分开关装在其他各个车门上，可单独控制一个车门。

　　中控门锁执行机构是用于执行驾驶员的指令，将门锁锁止或开启。门锁执行机构有电磁电动机式、直流电动机式和永磁电动机式 3 种驱动方式。其结构都是通过改变极性转换其运动方向而执行锁门或开门动作的。

　　门锁控制器是为门锁执行机构提供锁止/开启脉冲电流的控制装置。无论何种门锁执行机构都是通过改变执行机构通电电流方向控制连杆左右移动，实现门锁的锁止和开启。

　　门锁控制器的种类很多，按其控制原理大致可分为晶体管式、电容式和车带感应式 3 种门锁控制器。晶体管式门锁控制器内部有两个继电器，一个控制锁门，一个控制开门。继电器由晶体管开关电路控制，利用电容器的充放电过程控制一定的脉冲电流持续时间，使执行机构完

成锁门和开门动作。电容式门锁控制器利用电容器充放电特性,平时电容器充足电,工作时把它接入控制电路,使电容器放电,使继电器通电而短时吸合,电容器完全放电后,通过继电器的电流中断而使其触点断开,门锁系统不再工作。车速感应式门锁控制器装有一个车速感应开关,当车速大于一定数值时,若车门未上锁,驾驶员不需动手,门锁控制器自动将门上锁。

模块四　电动座椅与自动座椅

一、电动座椅

　　汽车座椅的主要功能是为驾驶员及乘员提供便于操作、舒适安全、不易疲劳的驾乘位置。电动座椅是指以电动机为动力,通过传动装置和执行机构来调节座椅的各种位置,使驾驶员或乘员乘坐舒适的座椅。

　　电动座椅一般可进行座椅前后、座椅前端上下、座椅后端上下和座椅倾斜度等八个方位的调节,有的电动座椅还可以进行头枕或者腰托的位置调整。

链接:汽车电动座椅的内部结构

　　图 7-19 为本田雅阁轿车电动座椅电路图,座椅各个方向的调整通过总开关改变电动机电流方向实现。

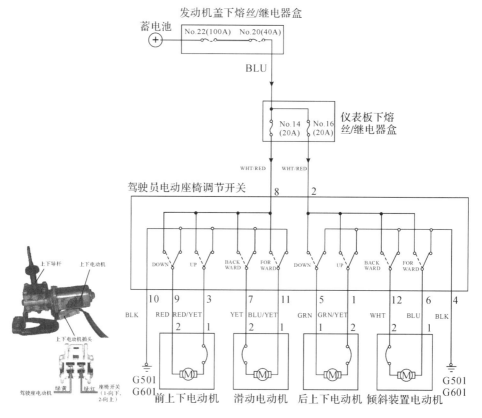

图 7-19　本田雅阁轿车电动座椅电路图

常规电动座椅一般由前上下马达、后上下马达、滑动马达、倾斜装置马达等四个调节电动机组成,座位的旁侧装有调节开关。调节电动机一般为永磁式电动机,根据各电动机通电方向不同均可实现正反两方向的旋转。因此,四个调节电动机可分别实施座椅前后、座椅前端上下、座椅后端上下和座椅倾斜度等八个方位的调节。图 7-20 所示为电动座椅电机安装位置。还有的座椅上头枕也可以上下电动调整。

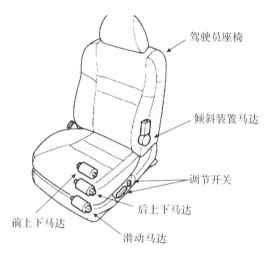

图 7-20　电动座椅电机安装位置

二、自动座椅

1.自动座椅概述

普通电动座椅在一定程度上提高了驾驶员与乘客的方便性和乘坐的舒适性。但对于某些特殊情况的驾驶环境,如两个不同身材的驾驶员轮流使用车辆的情况,两个驾驶员就必须经常性地调整座椅的位置、方向盘的位置与高度、后视镜的位置等。自动座椅是在传统电动座椅的基础上,装备有存储记忆功能的控制器,即实现了电动座椅的记忆存储和恢复功能。驾驶员可以按照自身的意愿和实际需求进行相应的设定,之后将设定的信息存储在电动座椅 ECU 内,使得电动座椅具有记忆存储和恢复功能。在需要时驾驶员只需按动恢复按钮,就可以将座椅调整到已设定的最舒适、最方便的位置,即实现电动座椅的自动调整功能。

2.自动座椅的控制功能与工作原理

雷克萨斯 LS400 自动座椅电子控制系统由输入信号电路(座椅开关、位置传感器)、电动座椅 ECU 和执行机构的驱动电动机三大部分组成,自动座椅电子控制系统原理如图 7-21所示。该系统能完成方向盘倾斜及伸缩调整、后视镜调整、座椅调整、安全带锁扣位置调整等功能,自动座椅的控制功能如图 7-22 所示。

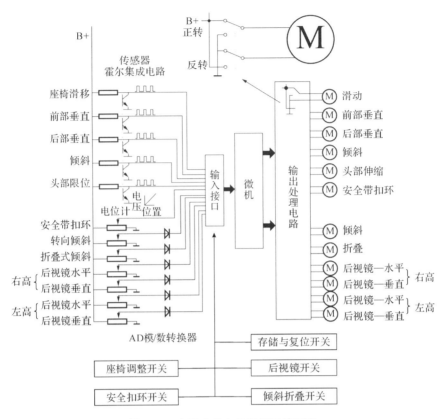

图 7-21　自动座椅电子控制系统原理

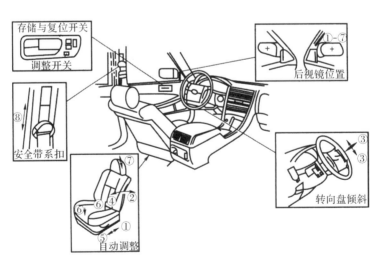

图 7-22　自动座椅控制功能

3.自动座椅的结构组成

以雷克萨斯 LS400 型轿车的自动座椅为例,自动座椅由座椅 ECU、(方向盘)伸缩与倾斜 ECU、后视镜 ECU、座椅(调整)开关、存储和复位开关、腰垫开关、位置传感器及驱动电动机、安全带扣环调整装置等组成。座椅部件安装位置如图 7-23 所示。

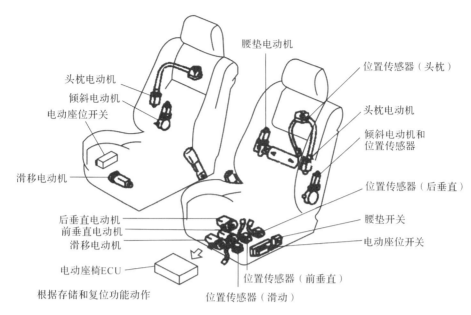

图 7-23　自动座椅的组成

自动座椅的前后滑动、座椅的前后部的垂直上下调节、座椅的高度调节、靠背的倾斜度调节、枕垫的上下调节,以及腰垫的调节等都是由座椅 ECU 控制,它具有记忆功能,能把驾驶员调定的座椅位置靠电脑储存下来,作为以后调节的依据。驾驶员需要调节时,只要按一下按钮即可按记忆自动调节到理想的位置。自动座椅的记忆一般有两到四个记忆组数。

4. 雷克萨斯 LS400 自动座椅的使用

现代轿车自动座椅基本都具备了电动座椅、后视镜的记忆调整功能,部分高档车还具有转向柱的电动记忆调整功能,不同的车型在细节上、功能上有一定的差异。自动座椅系统设定与使用方法如下。

链接:汽车电动座椅的使用

(1)信息存储。只要将点火开关置于接通 ON,变速杆置于停车 P 挡位置,并进行如下操作,即可将所期望的座椅位置存储起来。

1)利用适当的手动开关,将电动座椅、外后视镜、安全带、倾斜与伸缩转向柱置于所期望的位置。

2)推入(压下)存储和复位开关 L_1 或 L_2,如图 7-24 所示;再推入(压下)SET 开关(在进行该步骤时保持推入)。此时,如图 7-25 所示,由各种开关将信号送至转向柱倾斜与伸缩 ECU(过程 A);如果 ECU 判定该系统需要存储信息,它就进一步确定转向柱的位置和安全带的系紧(固定),并将此信号送至电动座椅 ECU 和外后视镜 ECU(过程 B);当电动座椅 ECU 收到信号后,就将座椅位置存储于该 ECU 的存储器中,然后又将储存完成信号送回转向柱倾斜与伸缩 ECU(过程 C)。与此类似,外后视镜 ECU 存储外后视镜的位置,但没有存储完成信号返回。

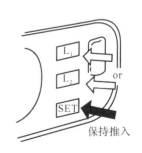

图 7-24　驾驶位置存储与复位开关

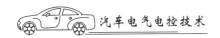

图 7-25　信息存储过程示意

（2）选择已存储的座椅位置。如图 7-24 所示，压下存储和复位开关 L_1 或 L_2（可听到约 0.1s 的蜂鸣声），即可选择到所期望的已存储的座椅位置。从安全角度考虑，在踩制动踏板时和车辆行驶过程中，禁止选择。

（3）点火钥匙插入时的位置控制。当点火钥匙插入点火开关的钥匙孔内，且将点火开关接通（置于 ON），变速杆置于停车 P 挡位置时，其工作过程如图 7-25 所示，座椅便能按表 7-1 和图 7-26 所示的顺序自动调节至最舒适的位置。

表 7-1　自动座椅自动调节顺序表

序　号	工作情况
①	滑移调节至后部
②	靠背调节至后部
③	靠背调节至前部
④	滑移调节至前部
⑤	前、后垂直调节
⑥	头枕位置调节

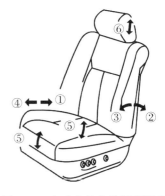

图 7-26　电动座椅自动调节顺序

（4）点火钥匙拔出时的位置控制。当点火钥匙从点火开关上拔出时，座椅位置的自动控制即会停止，且在驾驶员门被打开和保持打开之后 30s 内停止。其工作过程与点火钥匙插入时基本相同，但直到点火钥匙再次插入时转向柱倾斜与伸缩系统才能正常工作。

习题

1. 汽车雨刷系统的作用是什么？主要由哪些挡位组成？
2. 永磁式三刷电动机是怎样实现变速的？
3. 永磁式电动机雨刷的自动复位装置是如何工作的？
4. 雨刷系统的间歇刮水功能是如何实现的？
5. 说明电动门窗的主要功能。
6. 说明桑塔纳 2000 电动门窗的各部件的名称及作用。
7. 说明中控门锁的组成。
8. 说明中控门锁的功能。
9. 简述雅阁轿车电动座椅的工作原理。
10. 什么是自动座椅？简述自动座椅的控制功能有哪些。

学习单元八
汽车巡航系统

知识目标

1. 熟练掌握汽车巡航系统的作用、工作原理及类型；
2. 了解不同类型(真空、电磁、电子油门)的巡航系统的工作原理；
3. 了解自适应巡航系统、自动驾驶系统、无人驾驶系统的工作原理、结构组成；
4. 了解"智能网联汽车技术路线图"的内容。

能力目标

1. 能够熟练操作使用汽车巡航系统；
2. 能正确指出汽车巡航系统各部件在实车上的安装位置；
3. 能够识别汽车巡航系统的常见类型；
4. 能够复述巡航系统的结构组成及常用实物部件的名称与作用；
5. 能够清楚描述巡航系统的使用注意事项。

模块一　汽车巡航系统概述

一、汽车巡航系统概述

1. 什么是汽车巡航控制系统

链接：汽车巡航系统

汽车巡航控制系统简称为汽车巡航系统，实质上是一种汽车车速自动控制系统，即控制汽车自动以恒定速度行驶的系统，故汽车巡航控制系统也称为汽车恒速控制系统或自动驾驶系统，英文全称为 Cruise Control System，简称 CCS。也有部分车型用 Cruise 表示巡航系统，部分欧系车则用 GRA 表示巡航系统(General Rate Application)。

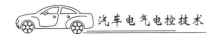

2.使用巡航控制系统的目的

使用巡航控制系统的目的是通过自动调节发动机节气门开度（或负荷），控制汽车在驾驶员设定的车速下自动稳定行驶，以减轻驾驶员在高速公路上驾驶的劳动强度，提高行驶舒适性，并可使发动机在理想的转速范围内运转。

(1)提高汽车行驶的稳定性和舒适性。巡航控制系统可保证汽车在有利车速下等速行驶，从而提高行车稳定性和舒适性。

(2)提高行车的安全性。巡航控制系统实现了部分自动驾驶的功能，尤其是在上坡、下坡或平路行驶时，减轻了驾驶员的劳动强度，可使驾驶员精力集中，从而提高行车安全性。

(3)降低油耗和排气污染。巡航控制系统选择在最佳车速和发动机转速下运行，有助于发动机燃烧完全，提高热效率，降低油耗，减少废气排放物，有利于节能和环保。

(4)延长车辆的使用寿命。稳定的等速行驶可使额外惯性力减少，可减少机件损伤，使汽车故障减少，使用寿命延长。

巡航控制系统最早应用在飞机上，20世纪50年代末开始在汽车上引用后很快就受到青睐，尤其是近几年来世界各国高速公路的通车里程增多，扩大了汽车巡航控制系统大显身手的空间，因此，巡航控制系统在汽车上的应用也越来越多，其也是无人驾驶的基础技术。

3.巡航控制系统的分类

汽车巡航控制系统经历了30多年的发展过程，出现过多种类型的巡航控制装置，目前主流是按巡航控制装置执行机构的结构原理进行分类，主要有：

(1)真空驱动型巡航控制系统

用于车速稳定、升速和减速控制的执行器为真空式节气门驱动装置，其驱动力来自进气歧管的真空度或由真空泵产生的真空度，控制器通过调节节气门驱动装置的真空度来实现节气门开度的控制。这种类型的巡航系统目前处于淘汰状态。

(2)电机驱动型巡航控制系统

节气门驱动装置的动力来源于电动机，控制器通过控制电动机的转动来调节节气门的开度，以实现车速稳定、增速和减速控制。根据电机的驱动方式又可分为电磁电机式和电子油门控制式。

如图8-1所示，早期的CCS主要采用真空驱动型执行器，20世纪70年代后较多采用电

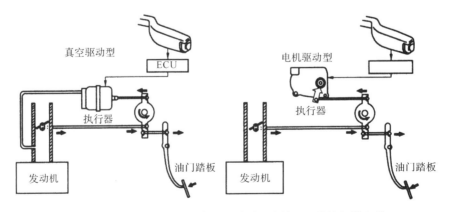

图8-1 真空驱动型与电磁电机驱动型巡航控制系统执行器比较

磁电机驱动型,以便更精确地控制车速。目前在电子油门时代,巡航系统的功能已经和发动机管理系统中的电子油门整合在一起了。

二、汽车巡航系统的控制原理

基本的巡航控制系统主要根据车速和节气门位置传感器的反馈信号实现车速稳定控制,它实质上是一个基于车速反馈控制的电子控制系统。巡航控制系统基本控制原理如图 8-2 所示,驾驶员通过控制开关设定车速后,巡航控制 ECU 存储设定的车速,同时将车速传感器输入的实际车速与设定车速进行比较。当两车速有误差时,ECU 就输出控制信号,通过驱动电路使执行器动作,使节气门开度增大或减小,以控制汽车在设定的车速下稳定行驶。

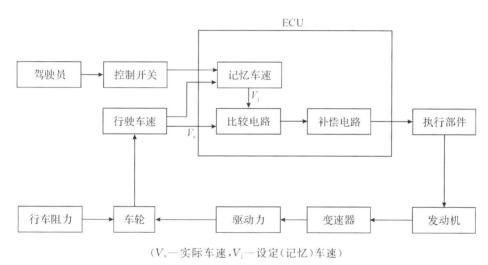

（V_s—实际车速,V_j—设定（记忆）车速）

图 8-2 巡航控制系统基本控制原理

模块二 典型汽车巡航系统结构与原理

一、汽车巡航控制系统的总体结构

汽车巡航控制系统主要由传感器(开关)、执行器和巡航控制 ECU 组成。传感器和开关将信号传送至巡航控制 ECU;巡航控制 ECU 根据这些信号,计算出节气门的适当开度值,通过输出接口将驱动信号传送至执行器;执行器则据此调节节气门开度,并将实际行驶车速反馈给巡航控制 ECU,完成对车速的闭环控制。巡航控制 ECU 根据车辆的功能需求,主要完成了巡航的设定、加减速、取消、恢复、自动保护及自诊断功能。

按执行机构的结构原理分类的三种巡航系统分别为:真空式巡航控制系统、电磁电机

式巡航控制系统和电子油门式巡航控制系统。这三种巡航控制系统在使用操作上差异不大,但在结构原理上有比较大的差异,主要体现在执行器的类型及控制上,其结构组成比较如图 8-3 所示。

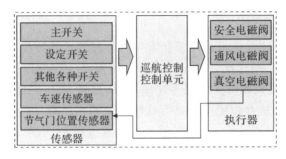

(a)真空式巡航控制系统

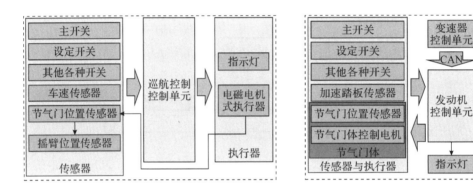

(b)电磁电机式巡航控制系统　　　　(c)电子油门式巡航控制系统

图 8-3　三种巡航控制系统的结构组成比较

　　真空式巡航控制系统主要通过控制电磁阀执行器实现真空度对节气门的开度控制,故需要三个电磁阀分别实现对节气门的"拉""放"及"安全保护"动作。在结构上,真空式巡航控制系统的输入信号有五类:实现车速稳定及反馈控制的车速传感器和节气门位置传感器、开启或关闭巡航系统的主开关信号、对巡航进行设定等控制的操作开关信号以及其他完成巡航辅助的各类取消开关信号。由于真空度从物理上只能产生吸力(拉力),故真空电磁阀对应的是真空执行器的"拉"动作,节气门拉索不能产生推力,只能通过真空执行器的通风电磁阀实现对节气门拉索"放"的目的。当需要快速终止巡航控制功能时,通过真空执行器的安全电磁阀,迅速释放节气门拉索,对巡航控制系统的部件起到安全保护的作用。

　　电磁电机式巡航控制系统主要通过控制电磁电机执行器实现电机对节气门开度的直接控制,由电机拉索实现对节气门的"拉""放"动作。由于电机的动作位置需要反馈,故设计了一个摇臂位置传感器进行反馈。"安全保护"动作则由安全电磁离合器实现。在结构上,巡航控制系统的输入信号是类似的,主要有实现车速稳定及反馈控制的车速传感器和节气门位置传感器、开启或关闭巡航系统的主开关信号、对巡航进行设定等控制的操作开关信号、其他完成巡航辅助的各类取消开关信号以及用于对巡航电机位置进行反馈控制用的摇臂位置传感器信号。

电子油门式巡航系统由于采用了一体化的节气门直动式电机,油门踏板与节气门体间不存在拉索,故巡航系统作为一个功能模块集合在发动机控制单元中,大大简化了系统的结构,发动机控制单元通过节气门体电机直接控制节气门的开度。在结构上,巡航控制系统的输入信号是类似的,主要有通过 CAN 总线传输过来的车速信号、电子油门反馈控制系统(电子油门是实现油门反馈控制的闭环控制系统)、开启或关闭巡航系统的主开关信号、对巡航进行设定等控制的操作开关信号以及其他完成巡航辅助的各类取消开关信号。

二、电磁电机式巡航系统结构与原理

1.电磁电机式巡航控制系统控制功能分析

现代轿车巡航控制系统通常都设有如下的功能。

(1)巡航速度的锁定控制

链接:帝豪巡航
系统的使用

当行驶在高速公路上,路面质量好,没有人流,分道行车,无逆向车流,适宜较长时间稳定行驶时,适合通过巡航设定操作,保持车速 V_s 在设定的车速 V_j 附近恒速行驶。若驾驶员需要加速,只需踩下加速踏板,汽车便加速行驶;松开加速踏板,汽车便又进入已设定的巡航系统,按锁定的车速恒速行驶。

(2)巡航速度的取消控制

当驾驶员需要恢复车辆的自然状态,暂时取消巡航控制时,可通过以下几种操作方式,向控制单元发送指令,巡航控制单元会停止向执行器供电,并断开电磁离合器,使节气门不受执行器控制。

以丰田汽车为例,车速高于 40km/h,控制单元保持记忆设定车速 V_j 的巡航暂时取消信号有:

1)制动开关(停车灯开关)信号。根据汽车运行情况需要踩下制动踏板时,巡航控制系统可立即取消巡航功能,由驾驶员操控车辆行驶速度,以确保行车安全。

2)驻车制动开关。当驾驶员拉停车制动器时,立即自动取消巡航控制功能。

3)离合器开关(手动变速器)或空挡启动开关(自动变速器)信号。当驾驶员拉停车制动器、踩离合器踏板或置变速器于空挡位时,也立即自动取消巡航控制功能。

4)手动取消。驾驶员直接操纵巡航控制开关的 CANCEL 开关,也立即自动取消巡航控制功能。

以上 4 种巡航取消信号,在巡航控制功能消除后,如果行驶速度未低于巡航低限车速(40km/h),原设定的车速 V_j 仍将保留于巡航控制系统中,可随时恢复原巡航车速。

巡航取消后,控制单元自动清除记忆车速的巡航取消信号有:

1)巡航主开关信号。在巡航系统已工作情况下,当驾驶员操纵巡航主开关,控制单元自动清除记忆车速 V_j,巡航将永久取消,不能恢复。

2)低速自动取消信号。当车速 V_s 低于巡航控制车速低限(40km/h)时,巡航控制功能自动取消,控制单元不再保留记忆车速 V_j,巡航将永久取消,不能恢复。

3)自动保护取消信号。当车速 V_s 与巡航记忆车速 V_j 相差过大,在一定时间内,巡航控

制单元控制执行器,使节气门动作,但仍无法使实际车速 V_s 保持在记忆车速 V_j 合理范围内上下变动,巡航控制单元出于对车辆的保护,巡航控制功能自动取消,控制单元不再保留记忆车速 V_j,巡航将永久取消,不能恢复;同时通过自诊断功能,使巡航控制系统处于故障模式,巡航系统暂时失效。

(3)巡航车速的调整控制

1)巡航加速。在巡航行驶中,驾驶员可通过巡航加速功能开关使汽车在原设定的巡航车速的基础上加速行驶,不松开加速(ACC)开关,车速就会连续不断地增加,直到放松加速开关为止。巡航控制系统自动控制汽车在放松加速开关瞬间的车速下稳定行驶。

2)巡航减速。在巡航行驶中,驾驶员可通过巡航减速功能开关使汽车在原设定的巡航车速的基础上减速行驶,不松开减速(COAST)开关,车速就会连续不断地降低,直到放松减速开关为止。巡航控制系统在松开减速开关瞬间重新记忆车速 V_j,同时自动控制汽车在该车速下稳定行驶。如果巡航减速降到巡航低限车速以下,巡航控制系统将清除所有记忆车速。

(4)巡航车速的恢复控制

巡航控制功能被取消后,驾驶员根据路面及车流情况又要求汽车在原巡航控制车速下稳速行驶时,可通过恢复(RES)功能开关输入控制单元恢复信号,控制单元查找记忆车速,通过控制执行器立刻恢复原设定车速(记忆车速)的巡航控制。

2.电磁电机式巡航控制系统结构组成

丰田电磁电机式巡航控制系统主要由传感器(开关)、执行器和巡航控制 ECU 组成。传感器和开关将信号传送至巡航控制 ECU。根据这些信号,巡航控制 ECU 计算出节气门的适当开度,根据这些计算将驱动信号传送至执行器,执行器则据此调节节气门开度。典型的巡航控制系统组成及在车上的布置如图 8-3(b)、图 8-4、图 8-5 所示。

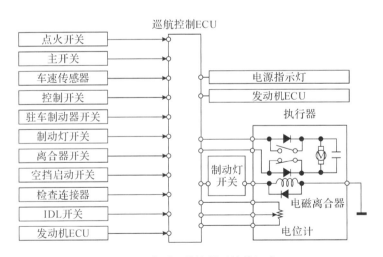

图 8-4　典型巡航控制系统的组成

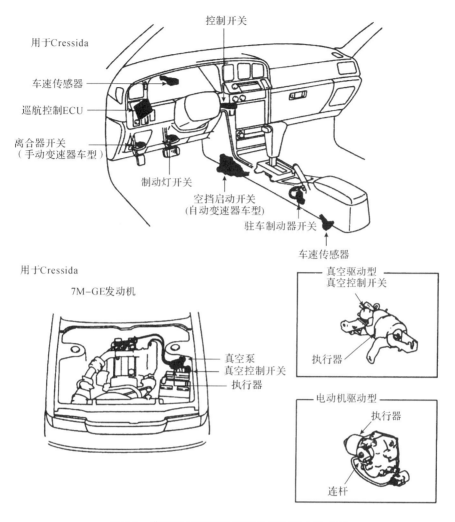

图 8-5　典型巡航控制系统部件及在车上的布置

三、电子油门式巡航系统

　　国产大众帕萨特领驭、奥迪、宝来等轿车采用了电子油门式巡航系统，它是集成在发动机电子控制单元中的一个子系统，在电子油门控制系统的基础上，增加了巡航操作开关和巡航指示灯，巡航系统执行器与电子油门控制系统的节气门控制部件重用，极大地简化了巡航控制系统的结构。以帕萨特领驭轿车为例，电子油门式巡航控制系统主要由电子油门控制系统（加速踏板位置传感器、节气门控制部件、发动机控制单元等）、巡航操作开关、车速传感器、制动灯开关、制动踏板开关及巡航指示灯等组成。

链接：大众定速巡航系统

　　1.电子油门控制系统

　　国产大众帕萨特领驭、奥迪等轿车采用了电子油门控制系统。在电子油门中，节气门不是通过加速踏板的拉索来控制的,加速踏板与节气门之间无机械式连接装置,它们之间是通过电气线路相连的,故其巡航控制系统与电磁电机式相比在控制方式上有所差异。大众轿车电子油门结构如图 8-6 所示。

电子油门控制系统包括用于确定、调整及监控节气门位置的所有部件。它主要由加速踏板、加速踏板位置传感器、发动机控制单元、数据总线、EPC(电子功率控制)指示灯和节气门控制部件(执行机构)等组成。

加速踏板位置由两个加速踏板位置传感器 G79 和 G185 来检测并通知发动机控制单元。这两个传感器是一个可变电阻,装在一个壳体内,并与加速踏板成一体,但各自独立。加速踏板位置传感器安装位置如图 8-7 中的箭头所示。加速踏板位置(驾驶员意愿)是发动机控制单元的一个主要输入参数。

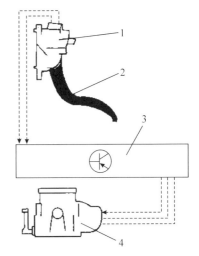

1—加速踏板位置传感器;2—加速踏板;
3—发动机控制单元;4—节气门控制部件

图 8-6　电子油门结构

节气门控制部件壳体内包括节气门驱动装置 G186、节气门角度传感器 G187 和 G188。节气门驱动装置 G186 是一个伺服电动机,该电动机由发动机控制单元控制,按与一弹簧力相反方向打开节气门。节气门角度传感器 G187 和 G188 是个电位计(可变电阻),它将节气门的位置信号传送给发动机控制单元,这两个角度传感器是相互独立的。

巡航控制时,通过巡航开关将信号输入到发动机控制单元,再由发动机控制单元发出指令来控制节气门控制部件内的节气门驱动装置(电动机)来调整巡航车速。

发动机不转且点火开关打开时,发动机控制单元根据加速踏板位置传感器的信息来控制节气门控制器。也就是说,当加速踏板踏下一半时,节气门驱动装置以同样的尺度打开节气门,则节气门也打开一半。当发动机运转时(有负荷),发动机控制单元可独立于加速踏板位置传感器来打开或关闭节气门。这样,即使加速踏板只踏下一半,但节气门可能完全打开了,其优点是可避免节气门上节流损失。此外,在一定负荷状态下涉及有害物质的排放和油耗值将明显改善。

在组合仪表上有一个 EPC 灯,EPC 是 Electronic Power Control 的缩写,意为"电子功率控制",也就是电子油门(E-Gas)。EPC 警报灯的安装位置如图 8-8 所示。在发动机运转时,如电子油门发生故障,组合仪表将接通 EPC 警报灯,同时发动机控制单元的故障存储器会记录该故障。

由于电子油门控制系统是通过控制单元来调整节气门的,因此电子油门控制系统可以设置各种功能来改善驾驶的安全性和舒适性,其中最常见的就是 ASR(牵引力控制系统)和速度控制系统(巡航控制)。

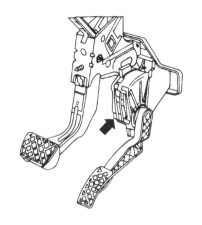

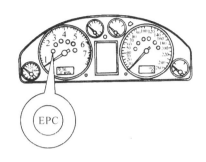

图 8-7　奥迪 A6 加速踏板位置传感器 G79　　　　图 8-8　奥迪 A6 电子油门 EPC 故障警报灯
　　　　　和 G185 的安装位置

2.巡航操作开关

帕萨特领驭轿车的巡航操作开关主要安装在多功能方向盘上,如图 8-9 所示。

将左操纵杆上的 GRA 开关推至 ON/OFF 位置可启动/关闭巡航控制系统。按下巡航操作开关"SET－"键可设定或降低巡航车速(短按幅度为 1.5km/h,长按则自动减小油门开度以降低巡航车速,领驭轿车在巡航车速低于 45km/h 时将自动取消巡航控制,宝来轿车在低于 30km/h 以下将自动取消巡航控制);按下"RES＋"键可恢复或增加巡航车速(短按幅度为 1.5km/h,长按则自动加大油门开度以增加巡航车速)。

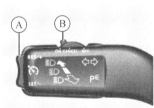
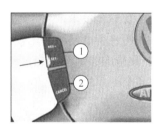

图 8-9　帕萨特领驭轿车多功能方向盘上的巡航操作开关

通过按下 CANCEL 键或踩制动踏板可暂时关闭巡航控制系统。松开制动踏板后,按下"RES＋"键可恢复巡航车速稳定行驶。如果恢复暂时关闭的巡航控制系统时存储器内无设定的巡航速度,则可通过:①在车速达到期望车速时按下"SET－"键;②按下"RES＋"键直至达到期望的巡航车速时松开。

完全关闭巡航控制系统可通过把 GRA 开关推至 OFF 位置或关闭点火开关清除存储的车速,从而完全退出巡航控制系统。如果通过油门加速使车速超过设定车速 10km/h 的时间多于 5min,原设定的速度失效,巡航速度必须重新设定。

模块三　智能网联汽车

2016 年 10 月 26 日,中国汽车工程学会在其年会上发布了"节能与新能源汽车技术路线图",包括节能汽车、纯电动和插电式混合动力汽车、燃料电池汽车、智能网联汽车、汽车制造技术、汽车轻量化技术及动力电池技术等七大领域未来 15 年的发展路线制定。

智能网联汽车技术路线图由智能网联汽车产业技术创新战略联盟研究制定。2016—2020 年是我国智能网联技术发展的起步期。计划到 2020 年,驾驶辅助、部分自动驾驶、有条件自助驾驶新车装配率超过 50％,网联式驾驶辅助系统装配率达到 10％,满足智慧交通城市建设需求。

技术路线图的意义在于理清智能网联汽车的定义、技术架构、国内外发展现状,分析国内外智能网联汽车的技术差距。在此基础上制定我国智能网联汽车技术发展的总体目标与发展路径,提出重大创新需求与优先行动项,为中国汽车产业转型升级提供参考。

根据总路线图里程碑规划,至 2020 年,驾驶辅助/部分自动驾驶车辆(ADAS)市场占有率达到 50％。至 2025 年,高度自动驾驶车辆市场占有率达到约 15％。至 2030 年,完全自动驾驶(无人驾驶)车辆市场占有率接近 10％。

智能网联汽车发展的总体思路分为三个阶段:近期推进以自主环境感知为主,网联信息服务为辅的部分自动驾驶(即 PA 级)应用;中期重点形成网联式环境感知能力,实现可在复杂工况下的半自动驾驶(即 CA 级);远期推动可实现 V2X 协同控制、具备高度/完全自动驾驶功能的智能化技术。

路线图将智能网联汽车技术架构分为"三横两纵"形式:车载平台和基础设施分别对应到车辆/设施的关键技术、信息交互关键技术、基础支撑技术。最终实现大幅降低交通事故发生率和交通事故伤亡人数;显著提升交通效率;有效降低交通能源消耗和污染排放;提高驾驶舒适性,解放驾驶员;使老年人、残疾人等都拥有驾车出行的权利的发展愿景。

智能网联乘用车里程碑:目前为辅助驾驶推广期,直到 2025 年达到完全自动驾驶。按照智能网联汽车技术路线图,中国实现汽车自动驾驶,共分为四步走,至 2025 年或更长时间实现高度或完全自动驾驶。

第一步:2016—2017 年,实现驾驶辅助功能(DA),包括自适应巡航、自动紧急制动、车道保持、辅助泊车。

第二步:2018—2019 年,实现部分自动驾驶(PA),包括车道内自动驾驶、换道辅助、全自动泊车。

第三步:2020—2022 年,实现有条件自动驾驶(CA),包括高速公路自动驾驶、城郊公路自动驾驶、协同式队列行驶、交叉口通行辅助。

第四步:2023—2025 年乃至更长时间实现高度及完全自动驾驶(HA/FA),包括车路协同控制、市区自动驾驶和无人驾驶。

2016 年 9 月 20 日,美国交通部正式颁布《自动驾驶汽车联邦政策》(*Federal Automated Vehicles Policy*),其为全球第一部自动驾驶汽车法规。我国专家学者认为中国在智能网联汽车的竞争中具有很大优势,在未来智能汽车时代,中国将具备独特优势,如北斗导航系统、5G 通信技术等。

智能网联汽车技术的推广需要建立完善的、支持互联互通的行业标准和安全网络。在中国汽车工程学会和中国智能交通产业联盟的领导下,通用汽车正携手清华大学和长安汽车一起牵头拟定中国网联汽车技术(V2X)应用层标准。

一、自适应巡航控制系统

1.什么是自适应巡航控制系统

自适应巡航控制系统实质上是汽车巡航控制系统的升级版,即在原有巡航系统基于车速反馈控制的基础上,增加了基于车距反馈控制的功能。自适应巡航控制系统是一种智能化的自动控制系统,英文全称 Adaptive Cruise Control System,简称 ACC。

链接:自适应巡航系统

ACC 不仅能实现定速巡航功能,而且还能自动控制车辆与前方车辆保持设定的安全距离。CCS 仅帮助驾驶员实现了自动油门控制,ACC 则帮助驾驶员同时实现了自动油门和自动刹车控制。作为一种主动安全控制系统,ACC 不仅解放了驾驶员的双脚,使高速工况的驾驶更加舒适,而且能有效减少高速追尾事故的发生。在车辆行驶过程中,安装在车辆前部的车距传感器(雷达)持续扫描车辆前方道路,同时轮速传感器采集车速信号。当与前车之间的距离过小时,ACC 控制单元可以通过与制动防抱死系统、发动机控制系统协调动作,使车轮适当制动,并使发动机的输出功率下降,以使车辆与前方车辆始终保持安全距离。自适应巡航控制系统在控制车辆制动时,通常会将制动减速度限制在不影响舒适的程度,当需要更大的减速度时,ACC 控制单元会发出声光信号通知驾驶者主动采取制动操作。当与前车之间的距离增加到安全距离时,ACC 控制单元控制车辆按照设定的车速行驶,即 ACC 具有自动加速、减速或刹车及保持设定好车速的功能,典型应用场景如图 8-10 所示。

无前行车辆	发现前行车辆	追随前行车辆	改换车道

定速巡航	减速控制	跟踪巡航	恢复定速巡航

图 8-10 ACC 的典型应用场景

2.自适应巡航控制系统的工作原理

汽车巡航定速装置(GRA)的目的是达到驾驶员设置的希望车速,对车速进行稳定性控制。而自适应巡航定速系统则首先要根据行车环境情况做判断:当无正前方行驶的车辆时,达到驾

驶员设置的希望车速;当有正前方行驶的车辆时,将实现由驾驶员设置的希望车距(有时间差)。即汽车巡航控制系统是基于车速反馈控制,车距控制由驾驶员完成。自适应巡航控制系统是基于"车速＋车距"反馈控制,当然驾驶员的干预高于自适应巡航系统。汽车巡航控制系统与自适应巡航控制系统的控制原理对比如图 8-11 所示。

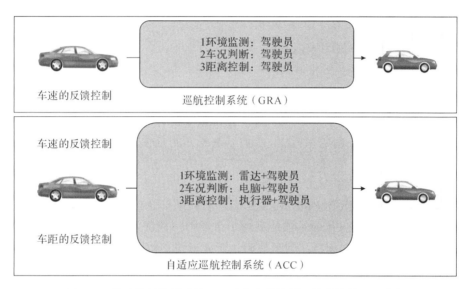

图 8-11　汽车巡航控制系统与自适应巡航控制系统的控制原理对比

自适应巡航系统的核心是对车辆环境的感知,其中的环境监测由车距测量系统实现。其原理是雷达传感器发射信号到接收部分反射信号所用的时间取决于目标物间的距离。距离扩大到两倍时,发射信号到接收反射信号所用的时间也延长到两倍,从而测定前方车辆的位置。雷达传感器的测距原理如图 8-12 所示。

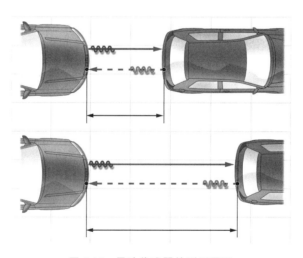

图 8-12　雷达传感器的测距原理

雷达探测信号以波瓣状向外发射,信号强度随离发射器距离的增大而逐渐减弱,图 8-13 为雷达探测信号形状示意图。

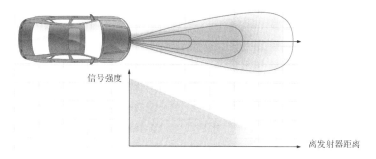

图 8-13　雷达探测信号形状示意

要确认前方车辆的位置,必须附加一个信息,即前方车辆在本车前方以何种角度运动。此信息可通过运用三波束雷达探测技术来获得。通过每个雷达波瓣接收(反射)信号的振幅(＝信号强度)关系可确定角度信息,角度信息探测示意图见图 8-14 和图 8-15。77GHz 的雷达传感器目前已经在高端奢华轿车上的自适应巡航控制系统(ACC)上应用多年了。

图 8-14　角度信息探测示意

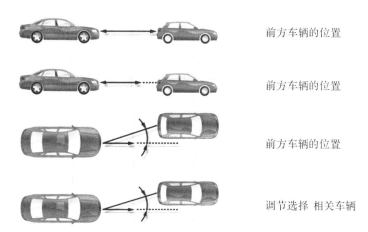

前方车辆的位置

前方车辆的位置

前方车辆的位置

调节选择 相关车辆

图 8-15　调节自适应巡航定速系统所需的信息

车距调控系统感应器 G529 和车距调节系统控制单元 J428 安装在同一壳罩内。若感应器/控制单元任一发生故障，则必须换掉整个单位元件。车距调控系统感应器 G529 发射模数化频率信号并接收反射信号。控制单元对雷达探测信号及其他附加输入信号进行处理。通过这些信号可以在雷达探测范围内众多物体中找出作为进行相关调控参照物的车辆。

如图 8-16 所示，自适应巡航系统的操作通过位于转向柱左侧的 ACC 操作杆来进行，可以进行 ACC 距离、速度和开关的设置，操作和定速巡航类似。开启 ACC 后，用户可以通过 SET 按钮来设置车速，需要调节车速的话，上下调整拨杆（SPEED）即可，通过 DISTANCE 设定车距，还可以调节与前车车距，一般都是 4～5 个车距，所有重要信息在里程表中央进行显示。

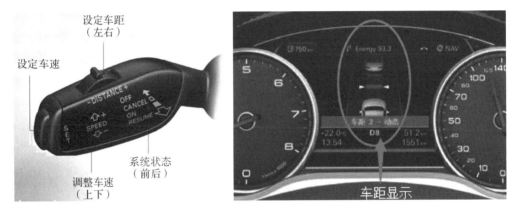

图 8-16　自适应巡航操作杆与信息显示示意

需驾驶员采取动作：当系统发觉实施的刹车功能并不能保证事先给定的车距，就会发出一声急促的信号（gong）声，另外里程表上以 0.5Hz 频率闪动的红色预存显示提示驾驶员应采取主动刹车，如图 8-17 所示。

图 8-17　需要驾驶员干预时的信息提示

3.自适应巡航控制系统的结构组成

自适应巡航控制系统主要由距离探测器（测距传感器）、ACC 控制器、动力控制器、制动作动器和人机接口（HMI）组成，如图 8-18 所示。

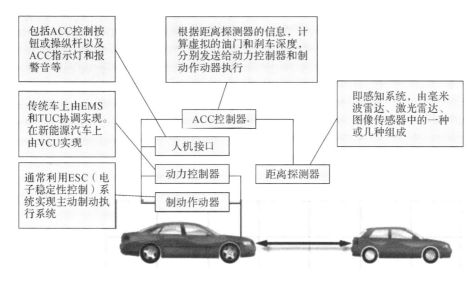

图 8-18　自适应巡航控制系统的结构组成示意

不同车型 ACC 系统的差异主要在于采用的测距传感器方案不同，多数 ACC 系统采用了毫米波雷达作为测距传感器，有些车型则还包含了激光雷达和摄像头。不同类型的测距传感器简易比较如图 8-19 所示。

毫米波雷达的主要缺点是容易受到电磁波的影响，特别是不能用含金属的物体遮挡，对安装位置提出了严格要求，如别克君越轿车的毫米波雷达传感器隐藏在车标后面，其车标采用了特殊的镀铟工艺。典型车型的毫米波雷达安装位置如图 8-20 所示。

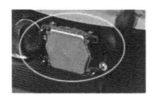

隐藏于前格栅或保险杠后的毫米波雷达，集成了雷达控制单元

激光雷达

单目摄像头及其控制单元

图 8-19　不同测距传感器的简易比较

高尔夫选择将雷达安装在塑料的保险杠中，避免金属物遮挡

别克君越则将毫米波雷达传感器隐藏在车标后面，其车标采用镀铟工艺

ACC用毫米波雷达探测距离通常要求在150m或以上，为避免雷达波发射到地面或天空产生误检或漏检，对安装垂直度的要求较高，通常要求偏差在±1°范围内

图8-20 典型车型的毫米波雷达安装位置

4.自适应巡航控制系统的使用

有些车型在方向盘上设置了 ACC 控制按钮，比巡航定速多了跟车距离调节按钮。ON/OFF 按键是用于开启和关闭巡航功能的总开关，在巡航开启的情况下，CANCEL 按键可以临时关闭巡航功能，再通过 RES＋（或 RESUME）恢复巡航。有些车型在方向盘左下方设置巡航操纵杆，ACC 操纵杆比定速巡航操纵杆多了跟车距离调节按钮（见图8-21）。

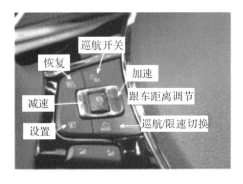

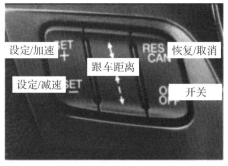

在巡航已开启的情况下，RES+/SPEED+使车辆加速，SET-/SPEED-使车辆减速，当按下SET-或SET时，用当前车速更新巡航目标车速并保存

跟车距离调节用于增加或减少跟车距离，通常只是定性调节跟车距离等级。在不同车速下的目标跟车距离不同，由系统自动计算

CCS的操纵杆

ACC操纵杆

图8-21 自适应巡航系统按键的常见布局

通过仪表上的指示灯可以观察 ACC 的工作状态,并在必要时通过报警锣音提醒驾驶员介入操纵车辆。在 ACC 自动巡航期间,驾驶员仍可以随时接管车辆的控制,如图 8-22 所示。

考虑到乘坐的舒适性,自适应巡航控制系统对于刹车的干预程度最大仅有全部制动力的30%,因此,当遇到需要更大制动强度以保证安全的情况仍需要驾驶员介入

ACC工作状态指示灯

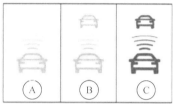

A:　前方无车,ACC正常定速巡航
B:　前方有车,ACC正常跟随前车
C:　前方有车,ACC制动程度不足
　　　以保证安全,报警锣音提示驾
　　　驶员介入制动

例如,需要超车时可深踩油门加速,超车后松开加速踏板自动恢复巡航控制

随时踩下制动踏板进行减速,并退出巡航控制。例如,遇到非车辆障碍物需要驾驶员介入刹车

图 8-22　自适应巡航系统的信息提示

二、自动驾驶与无人驾驶

1. 自动驾驶与无人驾驶的异同

据统计,机动车辆事故中,81%都是由人为错误造成的,仅在美国一年死于交通事故的人数就达到 3.3 万,事故造成的直接损失超过 1000 亿美元。拥有一辆自动驾驶汽车,就像是车轮后安装了一台电脑,也意味着在驾驶过程中可以减少人为因素。但无人驾驶不等于自动驾驶,无人驾驶汽车和自动驾驶汽车并不完全一样。

无人驾驶中的"无人"指的是人工智能的控制权高于人类,汽车驾驶不再需要人类司机的存在。自动驾驶则意味着车辆拥有部分或完全自主行驶能力,但在必要时,仍需要人类来手动操控车辆。汽车行业对自动驾驶的观念比较保守,人们一开始的目标就是保留驾驶员,在此基础上为驾驶员提供驾驶辅助,让驾驶更便捷、更舒适、更安全。自动驾驶可以有效降

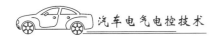

低交通事故死亡率、保障道路安全、缓解交通拥堵、增强驾车舒适度。

2016 年 5 月，一位特斯拉车主驾驶汽车时启动 Autopilot 功能，结果因事故丧生。事实上，Autopilot 只是驾驶辅助功能，并不是完整的自动驾驶系统。

2. 自动驾驶技术的等级

美国高速公路安全管理局（NHTSA）将自动驾驶技术分为了以下 5 个级别。

（1）无自动（0 级）：驾驶者在所有时间对主要基本汽车控制部件——刹车、方向盘、油门和动力，享有完全且唯一的控制权。

（2）个别功能自动（1 级）：这一级别的自动技术包括一到两个特定控制功能。例如，电子稳定控制或预充电刹车，汽车能够自动协助制动，以使驾驶者重新获得对车辆的控制或协助汽车更快地停下。

（3）多种功能自动（2 级）：这一级别包括至少两种主要基本自动控制功能，其设计初衷为共同协作减少驾驶者的控制。例如，结合了车道中央定位功能的自适应巡航控制系统。

（4）受限自动驾驶（3 级）：这一级别的自动驾驶能够在特定交通或环境条件下，或较大程度上依赖车辆本身来检测外界环境变化，或要求将控制权转回到驾驶者手中来的情况下，将驾驶者从所有安全性相关的功能操作中完全解放出来。驾驶者可能会需要进行偶尔的操作，但有足够舒适的过渡时间。此阶段就是所谓的自动驾驶系统。

（5）完全自动驾驶（4 级）：汽车能够自己操作所有安全性相关的驾驶功能，并在整个行驶过程中监测道路情况。在这种级别下，驾驶者只需提供目的地或导航信息，而不需要在行驶过程中提供任何控制操作。适用于有人乘坐车辆和无人乘坐车辆。此阶段就是目前热门的无人驾驶系统。

国外的谷歌无人驾驶汽车，以及国内试验的红旗 HQ3 等，就是属于受限自动驾驶的 3 级。虽然汽车在绝大部分时间内都是由计算机系统驾驶，工作人员只是在旁边观看，但在停车场、收费站等地点，工作人员仍然需要手动操作，以完成取卡、交费等动作；而像沃尔沃、雷克萨斯、大众等由汽车厂家研发的"无人驾驶汽车"，则大多属于 2 级或 3 级。现代自动驾驶主要还是辅助性自动驾驶功能，并不能做到完全的自动驾驶，未来当智能网联技术发展到一定程度，无人驾驶才会在社会上大量地应用。

另一方面，目前的无人驾驶汽车绝大多数仍然是在高速公路上进行试验，因为高速公路上车辆不多、路况较好，即使超车也能较轻松地完成。以国内进行试验的红旗 HQ3 为例，不论是在长沙—武汉的 286 公里高速路试，还是在北京—天津的 114 公里路试，都有着平均时速 80 公里、最高时速超 100 公里和数十次超车的记录。

在山路、城市道路等路况比较复杂的环境下，无人驾驶汽车所进行的实验则少得多。目前有在这方面进行实验的主要还是谷歌的无人驾驶汽车。

3. 自动驾驶的原理与结构

目前比较认可的自动驾驶系统是高级辅助驾驶系统（Advanced Driver Assistant System，ADAS），实质上是在目前自适应巡航控制系统的基础上，增加了更为强大的控制功能。ADAS 是利用安装于车上的各式各样的传感器，在汽车行驶过程中第一时间收集车内外的环境数据，进行静、动态物体的辨识、侦测与追踪等技术上的处理，结合各种计算以及建模，从而能够让

链接：奥迪辅助驾驶系统

驾驶者在最快的时间察觉可能发生的危险，以引起注意和提高安全性的主动安全技术。当然，随着技术发展，从电脑辅助人类驾驶变成了人类辅助电脑驾驶。但电脑、驾驶员都不可缺。

实现自动驾驶必要的三个条件：环境监测系统、决策支持系统、知识储备系统。自动驾驶系统在控制系统上已经不是简单的分析判断了，而是具备了一定的人类决策支持系统功能，并拥有实时导航地图、智能网联技术作后备的知识储备系统，其控制的功能也比单纯的车距控制增加了很多人类驾驶员操纵的 V2X 车辆交互控制功能。图 8-23 所示为汽车自适应巡航控制系统与自动驾驶系统的控制原理对比。

链接：汽车主动安全控制系统

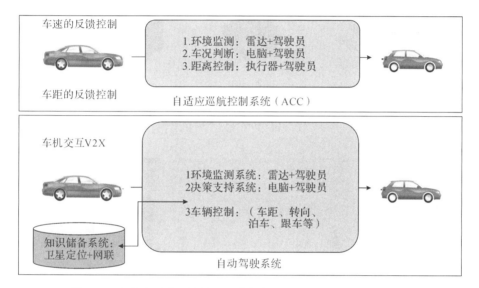

图 8-23　汽车自适应巡航控制系统与自动驾驶系统的控制原理对比

环境感知是自动驾驶实现的基础。自动驾驶汽车对于外界环境的感知，主要依赖两种识别功能，即静态环境识别和动态环境识别。静态环境识别主要依靠传感器扫描道路中的静态信息，配合高精度地图来确定汽车所处位置，继而进行导航；而动态环境识别则需要汽车能够第一时间发现道路中的动态目标。

若要辨别动态目标的形态，对于自动驾驶汽车来讲，就需要一些具有扫描纹理特征的可见光传感器来先进行识别。不同种类的传感器在汽车自动驾驶的过程中所承担的任务也不同。GPS 导航能够提供车辆定位功能，帮助汽车的决策系统精准地确认自己的位置信息；雷达则是用于检测道路中的障碍，来告知决策系统前方道路是否可行；而摄像头则是汽车能够沿着车道线行驶的关键，通过识别道路中的交通标识、路况信息，保证汽车行驶在合理的位置。任何一种传感器的功能若发挥到极致，都能使自动驾驶汽车很好地行驶，但在某些特定的场景，需要雷达、摄像头等不同传感设备之间的相互配合。

自动驾驶环境监测系统的传感器目前主要采用了雷达、摄像头等，车辆通过各种不同波段的雷达传感器感应识别车身周围的障碍物，方便行驶、会车和驻车时掌握好车辆距离。雷达是靠声波定位，为适应特殊（雨雪、沙尘暴等）天气，雷达需要有一定的抗干扰能力，目前自动驾驶系统采用的常见雷达如图 8-24 所示。

　　为更好地确保自动驾驶的安全,很多厂家考虑利用摄像头的高分辨率进行环境的监测,普遍会采用多个摄像头,摄像头要求其有强大的适应性,能够在雨雪、大雾等恶劣条件下正常使用,遇到强光照射时也能正常分辨前方道路。福特使用的 4 款激光雷达其中两个直立放置,重点监视周围和车上半部分的情况,另外两个激光传感器的放置角度稍稍倾斜,重点监控距离车辆比较近的情况,防止盲区的出现,如图 8-25 所示。谷歌的全自动驾驶测试车用的是价格昂贵、结构复杂的远距传感系统 LiDAR(激光雷达)。丰田的高速道路自动驾驶汽车上有 12 个传感器:1 个藏在内后视镜里的前摄像头、5 个测量周围车辆速度的雷达和 6 个探测周围目标位置的激光雷达。

短距K-LC5
雷达传感器　　　　　　中距MRR
　　　　　　　　　　雷达传感器　　　　　　激光扫描雷达

图 8-24　自动驾驶用雷达传感器

图 8-25　福特使用的 4 款激光雷达

表 8-1 是自动驾驶常用传感器性能对比。

表 8-1　自动驾驶常用传感器性能对比

传感器比较	超声波	红外线	激光	毫米波	摄像头
近距离探测能力	弱	一般	强	强	强
夜间工作能力	强	强	强	强	弱

传感器比较	超声波	红外线	激光	毫米波	摄像头
全天候工作能力	弱	弱	弱	强	弱
受气候影响	小	大	大	小	大
烟雾环境工作能力	一般	弱	弱	强	弱
雨雪环境工作能力	强	弱	一般	强	一般
温度稳定度	弱	一般	强	强	强
车速测量能力	一般	雨雪环境弱	弱	强	弱

其中红外线传感器受光线影响较大,测距较弱,只能解决很少的问题;超声波传感器目前处于淘汰状态;激光传感器遇到烟雾介质以及在雨雪天气中表现一般,并且成本高昂,但测速精度高、反应速度快,比较适合应用于高精地图的定位和数据采集;在一切清晰的情况下当然摄像头最好,但是其受环境因素以及外部因素影响较大(隧道中光线不足,天气因素导致的视线缩小等);而目前比较流行的毫米波雷达依靠其卓越的性能将成为主流。

目前毫米波雷达主流产品是24G和77G。77G用于中长距离,而24G用于短距离。德国车型很多使用1～2个77G+4个24G的布局,世界接近一半的毫米波雷达是博世和大陆公司生产的,博世公司的主要产品有LRR和MRR系列(LRR3,LRR4),大陆公司的主要产品有ARS系列(ARS300,ARS410,ARS430)。

目前全球汽车工业正在进入智能时代,进入汽车与互联网融合的新阶段。车联网、人工智能和自动驾驶是智能互联汽车的三大技术,而自动驾驶更是三者融合的方向。

全新沃尔沃S90轿车已可以实现时速130公里自动驾驶。像特斯拉的AutoPilot、沃尔沃的PilotAssist启动后,只有踩刹车才会主动解除辅助驾驶模式,踩油门和转动方向盘不会退出辅助驾驶模式。

4. 无人驾驶

无论车是无人驾驶还是自动驾驶,主动权可以在人手中,也可以在车手中,人可以选择自己手动行驶,也可以选择由车来自动行驶。目前推出的所谓无人驾驶汽车,驾驶座位上都有一个司机,并非真正的无人驾驶。这些汽车配备了自动驾驶和人工驾驶两种模式,测试中采用自动驾驶模式,称其为自动驾驶汽车更为准确一些。

百度无人驾驶车的路测成功,开创了中国无人驾驶车研发领域三个"最":路况最复杂,自动驾驶动作最全面,环境理解精度最高。百度无人驾驶车往返全程均实现自动驾驶,并实现了多次跟车减速、变道、超车、上下匝道、调头等复杂驾驶动作,完成了进入高速(汇入车流)到驶出高速(离开车流)的不同道路场景的切换。测试时最高速度达到100km/h。其技术核心是"百度大脑"在汽车领域的垂直应用"百度汽车大脑",包括高精度地图、定位、感知、智能决策与控制四大模块。百度无人驾驶是国内唯一一家通过功能安全26262国际标准的全自动驾驶研究项目。图8-26、图8-27、图8-28所示为百度无人驾驶的测试现场照片。

图 8-26　百度无人驾驶的测试现场照片

图 8-27　百度无人驾驶的测试车照片

　　传统车企更加倾向于以人工驾驶为主导、自动驾驶为辅助;而互联网企业所推崇的无人驾驶更加倾向于以车辆本身为主导的自动驾驶汽车。

　　无人驾驶汽车是通过车载传感系统感知道路环境,自动规划行车路线并控制车辆到达预定目标的智能汽车。它是利用车载传感器来感知车辆周围环境,并根据感知所获得的道路、车辆位置和障碍物信息,控制车辆的转向和速度,从而使车辆能够安全、可靠地在道路上行驶。

　　2020 年 11 月 11 日清华大学教授、国家智能网联汽车创新中心首席科学家李克强正式

图 8-28 百度无人驾驶的测试车现场超车照片

发布了《智能网联汽车技术路线图 2.0》。对智能网联汽车的发展路线、愿景和战略目标进行详细介绍。《智能网联汽车技术路线图 2.0》中提到,到 2035 年,中国方案智能网联汽车技术和产业体系全面建成、产业生态健全完善,整车智能化水平显著提升,网联式高度自动驾驶网联汽车大规模应用。《智能网联汽车技术路线图 2.0》是继新《能源汽车产业发展规划(2021—2035)》、《节能与新能源汽车技术路线图 2.0》之后,又一份定调未来 15 年技术路线发展的顶层设计文件。

《智能网联汽车技术路线图 2.0》系统梳理、更新、完善智能网联汽车的定义、技术架构和智能化网联化分级,分析了智能网联汽车的技术发展现状和未来演进趋势,对《智能网联汽车技术路线图 1.0》实现程度和实施效果进行了评估。在此基础上,研究了面向 2035 年的智能网联汽车技术发展的总体目标、愿景、里程碑与发展路径,提出创新发展需求,以期为我国汽车产业紧抓历史机遇、加速转型升级、支撑制造强国建设、制定中长期发展规划指明发展方向,提供决策参考。

链接:智能网联汽车技术路线图 2.0

 习题

1. ADAS 目前处于自动驾驶的什么阶段?

2. 解释下列名称的含义与作用:LDW、AEB、LAK、APS?

3. 车联网技术 V2X 包含了车辆与其他 Everything 的通信,目前主要有哪些?

学习单元九
汽车乘员约束系统

  知识目标

1. 熟练掌握汽车安全性的概念，能区分汽车主动安全系统与被动安全系统，并能准确描述其结构原理；

2. 掌握安全带的结构组成；

3. 掌握汽车乘员约束系统的作用、工作原理、结构组成及发展。

  能力目标

1. 能够熟练对汽车乘员约束系统的结构原理进行复述；

2. 能正确指出汽车乘员约束系统各部件在实车上的安装位置；

3. 能够判别安全气囊系统的工作状况；

4. 能够清楚描述安全气囊系统的使用注意事项。

模块一　汽车乘员约束系统概述

一、汽车安全性概述

随着现代汽车技术的飞速发展，现代汽车的安全性成为汽车设计、制造与使用的一个重要课题。汽车的安全性分为主动安全和被动安全。主动安全是指通过事先防范，使汽车具有主动防止发生事故的能力，主要有操纵的稳定性，制动的可靠性、平顺性等，如 ESP、ABS、ASR、ACC、主动防撞控制系统、高级辅助驾驶系统（ADAS）、自动驾驶系统、无人驾驶系统等。被动安全是指在交通事故不可避免发生的情况下使汽车具有减少损伤、保护乘员的能力（包括具有在车辆事故发生时大幅减低碰撞强度的功能），主要有防撞式车身、安全带和辅助乘员的保护系统(Supplemental Restraint System,SRS)等。

由于汽车事故难以避免,因此被动安全显得非常重要,安全带和安全气囊作为被动安全的重要研究成果,由于使用方便、效果显著、造价不高,已得到迅速发展和普及。

二、汽车安全带

1.安全带作用

汽车安全带是一种被动安全装置,它在汽车正面低速碰撞事故中能有效地保护乘员,在发达国家早已普及,欧洲许多国家法规规定汽车乘员必须使用安全带,我国也强制规定行车必须使用安全带。使用安全带是安全气囊有效发挥作用的前提条件。

2.安全带类型

安全带按控制方式可分为主动式安全带与被动式安全带,主动式安全带又称预紧式安全带。根据安装方式又可分为两点式(腰、肩带)、斜挂式、三点式(腰肩联合带)、四点式,如图 9-1 所示。

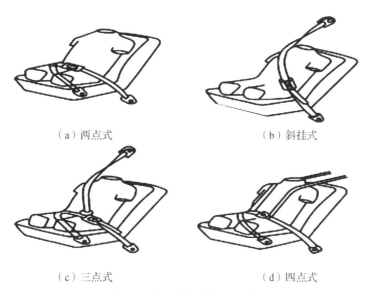

(a)两点式　　　　　　　　　　(b)斜挂式

(c)三点式　　　　　　　　　　(d)四点式

图 9-1　安全带的安装方式分类

(1)两点式,又称腰带式,是安全带的基本型。仅限制乘员腰部的称腰带;仅限制乘员上半身的称肩带。飞机乘员一般使用的就是这种安全带。软带从腰的两侧挂在腹部。优点是使用方便,容易逃出车外;缺点是腹部负荷很大,在撞车时,上身容易前倾,前座乘员头部会碰到仪表板或挡风玻璃。后座乘员一般可以使用这种安全带。

(2)斜挂式,又称安全肩带,软带经乘员胸前斜挂在肩部,可防止上体转动。其缺点是,撞车时乘员受力不均匀,下体容易向前挤出;若安装不当,身体会从带中脱出或头部被撞。这种安全带欧洲采用较多,但日本、加拿大、澳大利亚等国在标准中排除了这种安全带。国际标准中虽通过了这种安全带,但不推荐使用。由于最近开发了膝部保护装置与这种安全带并用,消除了这一缺点,美国已认可使用。

（3）三点式。三点式安全带有两种，一种是两点式和斜挂式合二为一的复合式，又称连续三点式；另一种是将防止上体前倾的肩带连在两点式安全带上任意点而成的，称为分离三点式。三点式兼有两点式和斜挂式的长处并且消除了短处，对乘客保护效果良好，实用性高，是现在最通用的一种安全带。

（4）四点式，又称马夹式安全带，是两点式安全带上再连两条肩带组合而成的。效果最好，也是最完善的一种；但使用不便，一般用于特殊用途车或赛车上。

3.安全带的结构

安全带基本结构一般包括软带、带扣、长度调整机构、卷带装置和固定部分。软带是安全带的本体，一般用尼龙织物、聚酯、维尼纶等合成纤维原丝编织成宽约 50mm、厚约 1.5mm 的带子。软带要求具有足够的强度、延伸性和吸收能量性，以便在撞车时起到缓冲作用，可用作腰带和肩带。各国对软带的性能和试验要求都有标准规定。生产的软带必须经过强度、伸长率、收缩率、耐磨、耐寒、耐热、耐水和耐光等考核试验，符合规定后才能使用。安全带主要靠软带的拉伸变形吸收能量，减缓二次碰撞的强度。其中肩带的拉伸变形量可达 40%。

带扣用以扣合或脱开安全带，分为有舌和无舌两类。有舌又分为包围型按钮式和开放型按钮式两种。长度调整机构是为了适应乘员的体形而调整软带长度的机构。

卷带装置是在不用安全带时自动将软带收卷的装置，以防止损伤带扣和软带。在使用时还具有调整软带长度的功能。卷带装置按卷带方式可分为无锁紧式卷带装置（不能在软带拉出的位置自动锁紧软带）、自动锁紧式卷带装置（可在软带拉出的任何位置自动锁紧软带）、手动无锁紧式卷带装置（能用手拉出软带，但不能锁紧的卷带装置）、紧急锁紧式卷带装置（可将安全带自由拉出或收回，但当拉出带子的速度超过某限值时，则立即锁住）四种。

4.安全带的工作原理

当事故发生的瞬间，安全带软带从棘轮轴拉出的加速度超过设计值时，棘轮轴两端的棘爪盘就卡死软带，限制软带拉出从而将成员固定在座椅上。当碰撞结束时，加速度为零，棘爪盘放松，软带可自由拉出。

现代轿车大量装备了预收紧式安全带与限力装置。它是在普通安全带的基础上增加预紧器构成的。预紧器可以与锁扣结合在一起（锁扣预紧器），也可以与卷收器结合在一起（卷收器预紧器）。预收紧装置用来尽量消除安全带的多余张紧余量，避免乘员被迅速膨胀的安全气囊伤害头部。由于汽车碰撞的形式不同，强度不同，准确点爆是收紧式主动安全带预紧器工作的基本要求。现代预紧器多采用电子控制器触发。如汽车配备了气囊且使用了智能控制器，则预紧式安全带的控制一般由气囊控制器完成。分两级控制：当碰撞强度达到第一级，未达到第二级，点爆预紧式安全带；达到第二级时，点爆安全气囊。

5.安全带的使用

安全带在发生交通事故时，虽能降低驾乘车人员受伤程度，但前提是必须正确使用，否则会大大降低其作用。首先，要经常检查安全带的技术状态，如有损坏应立即更换。在使用中，安全带应尽量系在髋部和胸前，即应该横跨在骨盆和胸腔之上形成一个水平放置的 V字。只能一个人使用，严禁双人共用，不要将安全带扭曲使用。使用安全带时不要让其压在坚硬易碎的物体上，如口袋里的手机、眼镜、钢笔等。座椅上无人时，要将安全带送回卷收器中,将扣舌置于收藏位置,以免在紧急制动时扣舌撞击在其他物体上。不要让座椅背过于倾斜,否则影响使用效果。安全带的带扣一定要扣好,防止受外力时脱落而不能起到保护作用。

模块二　汽车乘员约束系统原理与结构

一、安全气囊介绍

1. 安全气囊概述

安全气囊也称辅助乘员保护系统或乘员约束系统(Supplemental Restraint System),简称SRS,是一种被动安全装置,是一种当汽车遭到冲撞而急剧减速时能很快膨胀的缓冲垫。

安全气囊系统

据统计,全球每年都有约120万人死于交通事故,其中约20%的死亡是由正面碰撞事故导致,安全气囊的发明,大大减少了这类事故的发生。由于汽车碰撞事故不可避免,安全统计结果表明,当汽车发生正面碰撞,由于巨大的惯性力对驾驶员所造成的伤害中,胸部以上受伤的概率达75%以上。所以,安全气囊在设计时,主要是针对驾驶员的头部和颈部而设计的。使用安全气囊,可以吸收乘员在碰撞过程中的动能,减少破碎的玻璃和飞起的杂物对乘员的伤害,减少乘客后颈部受到的冲击。根据实际使用效果对比发现:只使用安全带,交通事故中的死伤率下降45%;只使用气囊,交通事故中的死伤率下降14%;使用安全带和安全气囊,交通事故中的死伤率下降50%。故安全气囊是座椅安全带的辅助装置,不是替代座椅安全带的装置,安全气囊与座椅安全带并用,才能对乘员发挥更大的保护作用。

2. 安全气囊的类型

(1)按照碰撞类型分类

根据碰撞类型的不同,安全气囊可分为正面碰撞防护安全气囊(与安全带配合使用)、侧面碰撞防护安全气囊和顶部碰撞防护安全气囊。正面碰撞防护安全气囊是目前应用最广泛的一种,而侧面碰撞防护安全气囊和顶部碰撞防护安全气囊现已逐渐普及。

(2)按照安全气囊数目分类

按照安全气囊安装数目可分为单气囊系统(只安装在驾驶员侧)、双气囊系统(驾驶员侧和副驾驶员侧各有一个安全气囊)和多气囊系统。

(3)按照安全气囊触发机构分类

按照安全气囊触发机构可分为机械式(M型)安全气囊、机电式(ME型)安全气囊和电子式(E型)安全气囊,现代汽车大部分采用了电子式安全气囊系统。

3. 汽车对安全气囊的要求

安全气囊是在汽车发生碰撞时才工作的安全装置,所以它的可靠性就显得尤为重要。

也就是说,汽车在发生碰撞时,根据不同车速,安全气囊需要自动判断是否起作用。但是汽车在紧急制动或在高低不平的路面上行驶时,汽车也会产生较大的减速度和激烈的振动,这时却要保证安全气囊不工作。此外,由于现代汽车安全气囊大多是电子控制式的安全气囊,这就要求安全气囊系统在汽车发生碰撞、电源出现故障的短时间(20s)内,应能够正常工作。因此,一般情况下,安全气囊系统采用双电源,在电源断电的情况下,安全气囊控制系统电路中的备用电源可引爆安全气囊。在技术上,对安全气囊的要求主要有以下几个方面:

(1)可靠性高

在汽车未发生碰撞事故的情况下,安全气囊的使用年限为7~15年。若在碰撞事故中安全气囊开启后,安全气囊系统要全套更换。

(2)安全可靠

安全气囊系统要能正确区分制动减速度和碰撞减速度的区别。

(3)灵敏度高

当汽车发生碰撞时,安全气囊系统要在二次碰撞(指驾驶员或乘客与转向盘、仪表板或风挡玻璃碰撞)前,正确快速打开气囊,并能正确泄气,起到缓冲作用。

(4)有防误爆功能

安全气囊系统一般采用二级门限控制,减速度的控制门限要合理。过低,安全气囊就会误引爆;过高,汽车发生碰撞时,安全气囊打不开,或者打开过晚。

(5)自诊断功能

安全气囊系统能及时发现故障,并以报警灯的形式报告驾驶员。

4.汽车安全气囊的发展趋势

近年来,随着汽车技术的发展与普及,人们对汽车安全性能要求越来越高,现代轿车大部分都配置了安全气囊系统。国外部分发达国家已经在交通法规中明确规定轿车必须配置安全气囊装置,随着世界汽车市场的竞争日益激烈,随着安全气囊制造成本的降低,安全气囊将作为标准配置装配到所有家庭用的经济型轿车上。

随着科技的发展和人们对汽车安全重视程度的提高,安全气囊技术近年来发展得很快,窗帘(屏蔽)式、智能化、多安全气囊是今后整体安全气囊系统发展的必然趋势。新的技术可以更好地识别乘客类型,采取不同的保护措施。系统采用重量、红外技术、超声波等传感器来判断乘客与仪表板远近、重量、身高等因素,进而在碰撞时判断是否点爆气囊、采用1级点火还是多级点火、点爆力多大,并与安全带形成总体控制。通过传感器,气囊系统还可以判断出车辆当前经历的碰撞形式,是正面碰撞还是角度碰撞,是侧面碰撞还是整车的翻滚运动,以便驱动车身不同位置的气囊,形成对乘客的最佳保护。

网络技术的应用也是安全气囊系统的发展方向。在汽车网络中,有一种应用面比较窄、但是非常重要的网络即 Safe-By-Wire。Safe-By-Wire 是专门用于汽车安全气囊系统的总线,Safe-By-Wire 技术旨在通过综合运用多个传感器和控制器来实现安全气囊系统的细微控制。与整车系统常用的 CAN、FlexRay 等总线相比,Safe-By-Wire 的优势在于它是专门面向安全气囊系统的汽车 LAN 接口标准。为了保证系统在汽车出事故时也不受破坏,Safe-By-Wire 中嵌入了多重保护功能。比如说,即使线路发生短路,安全气囊系统也不会因出错而启动。Safe-By-Wire 技术将会在汽车安全气囊系统中获得广泛的应用。

二、安全气囊的原理与结构

1.安全气囊的工作原理

(1)安全气囊的基本设计思想

在汽车发生一次碰撞后(见图 9-2(a))、二次碰撞前(见图 9-2(c)),迅速在乘员和汽车内部结构之间打开一个充满气体的袋子,使乘员撞在气袋上,避免或减缓二次碰撞(见图 9-2(b)),从而达到保护乘员的目的。由于乘员和气囊相碰时容易因振荡造成乘员伤害,所以在气囊的背面开两个直径 25mm 左右的圆孔。这样,当乘员和气囊相碰时,借助圆孔的放气可减轻振荡,放气过程同时也是一个释放能量的过程,因此可以很快地吸收乘员的动能,有助于保护乘员。

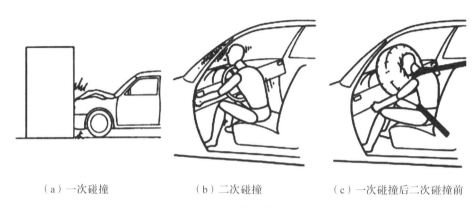

（a）一次碰撞　　　　（b）二次碰撞　　　　（c）一次碰撞后二次碰撞前

图 9-2　安全气囊设计思想示意

(2)安全气囊的工作过程

德国博世公司在奥迪轿车上的试验研究表明:当汽车以车速 50km/h 与前面障碍物碰撞时,安全气囊系统的动作时序如图 9-3 所示。图 9-4 为安全气囊的工作示意。

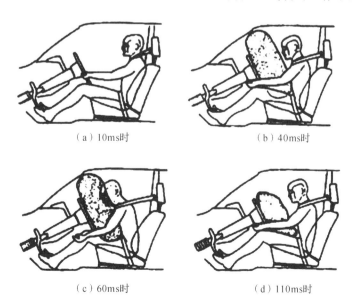

（a）10ms时　　　　　　　（b）40ms时

（c）60ms时　　　　　　　（d）110ms时

图 9-3　安全气囊的动作时序

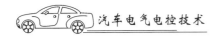

1）碰撞约 10ms 后，SRS 达到引爆极限，点火器引爆点火剂并产生大量热量，使充气剂（叠氮化钠药片）受热分解，驾驶员尚未动作，如图 9-3（a）所示。

2）碰撞约 40ms 后，气囊完全充满，体积最大，驾驶员向前移动，斜系在驾驶员身上的安全带被拉紧，部分冲击能量已被吸收，如图 9-3（b）所示。

3）碰撞约 60ms 后，驾驶员头部及身体上部压向气囊，气囊的排气孔在气体和人体压力作用下排气，吸收人体与气囊之间弹性碰撞产生的动能，如图 9-3（c）所示。

4）碰撞约 110ms 后，大部分气体已从气囊逸出，驾驶员身体上部回到座椅靠背上，驾驶员前方恢复视野，如图 9-3（d）所示。

5）碰撞约 120ms 后，碰撞危害解除，车速降低直至为零。

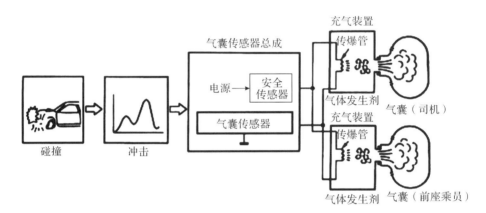

图 9-4 安全气囊的工作示意

由此可见，气囊在碰撞过程中的动作时间极短。从开始充气到完全充满约为 30ms；从汽车遭受碰撞开始到气囊收缩为止，所用时间仅为 120ms 左右，而人的眼皮眨一下所用时间约为 200ms 左右。因此，气囊动作状态和经历时间无法用肉眼确认。

2．安全气囊有效作用范围

汽车安全气囊系统并非在所有碰撞情况下都能起作用。正面 SRS 只有在汽车正前方或斜前方±30°角范围内（见图 9-5）发生碰撞，纵向减速度达到设定阈值，且安全传感器和任意一只前碰撞传感器接通时，才能引爆气囊充气。在以下情况下，SRS 不会引爆气囊充气。

（1）汽车遭受侧面碰撞超过斜前方±30°角时；

（2）汽车遭受横向碰撞时；

（3）汽车遭受后方碰撞时；

（4）汽车发生绕纵向轴线侧翻时；

（5）纵向减速度未达到设定阈值时；

（6）防护传感器未接通时或所有前碰撞传感器都未接通时；

（7）汽车正常行驶、正常制动或在路面不平的道路条件下行驶时。

减速度阈值根据 SRS 的性能设定，不同车型 SRS 的减速度阈值有所不同。在美国，因为 SRS 是按驾驶员不佩戴座椅安全带来设计的，气囊体积大、充气时间长，所以 SRS 应在较低的减速度阈值时引爆气囊，即汽车以较低车速（20km/h 左右）行驶而发生碰撞时，SRS 就

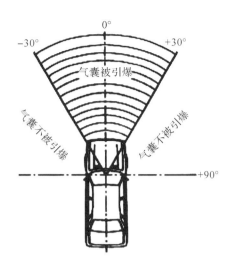

图 9-5　正面碰撞时安全气囊

应引爆。在日本和欧洲,由于 SRS 是按驾驶员佩戴座椅安全带来设计的,气囊体积小、充气时间短,所以设定的减速度阈值较高,汽车以较高车速(30km/h 左右)行驶而发生碰撞时,SRS 才能引爆气囊充气。

　　侧面气囊只有在汽车遭受侧面碰撞且横向加速度达到设定阈值时,才能引爆充气,且不会给正面气囊充气。

　　3.安全气囊的结构组成

　　安全气囊系统主要由安全气囊传感器、气囊组件及 ECU(因其内包含有传感器,也称为气囊传感器总成或中央气囊传感器总成)等组成;有些车型还在这一系统上增加电子式安全带预紧器,通常充气装置和气囊做成一体。因车型和生产年份的不同,整个系统的组成也各有不同,这些差异主要表现在传感器和气囊的数量上。

　　现代轿车安全气囊传感器一般分别安装在驾驶室间隔板左、右侧及中部;中部的安全气囊传感器与安全气囊系统和电子控制装置安装在一起。驾驶员侧防撞安全气囊装在方向盘中;乘员侧防撞安全气囊一般装在乘员侧仪表台上,外层用一塑料盖遮住,如图 9-6 所示。

　　(1)安全气囊传感器

　　安全气囊传感器最主要的为碰撞传感器,碰撞传感器作用是判别撞车程度,与电子控制器构成控制系统。碰撞传感器相当于一只控制开关,其工作状态取决于汽车碰撞时的减速度大小。

　　碰撞传感器按功用可分为碰撞信号传感器和碰撞防护传感器两类。碰撞信号传感器又称为碰撞烈度(激烈程度)传感器,安装在汽车左前、右前、前部中央和 SRS ECU 内部,分别称为左前、右前、中央和中心碰撞传感器,其功用是将汽车碰撞时的减速度输入 SRS ECU,用以判定是否发生碰撞。碰撞防护传感器简称防护传感器,又称为安全传感器或保险传感器,一般都安装在 SRS ECU 内部,其功用是控制气囊点火器电源电路,防止误点火。

　　在安全气囊系统电路中,左前、右前、中央和中心碰撞传感器之间均为并联关系。只有当碰撞防护传感器与任意一只碰撞信号传感器同时接通时,点火引爆电路才能接通,气囊才

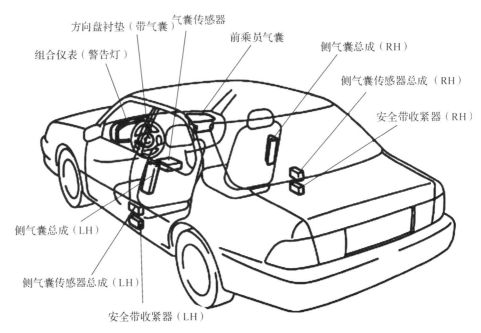

图 9-6　1997 年后产 LS400 SRS 系统的零件位置

能引爆充气。设置碰撞防护传感器的目的是防止前碰撞传感器意外短路而造成气囊误膨开。

碰撞防护传感器和碰撞信号传感器的结构原理完全相同,其唯一区别在于设定的减速度阈值有所不同。换句话说,一只碰撞传感器既可用作碰撞信号传感器,也可用作碰撞防护传感器,但是必须重新设定其减速度阈值。设定减速度阈值的原则是碰撞防护传感器的减速度阈值比碰撞信号传感器的减速度阈值稍小。当汽车以 40km/h 左右的速度撞到一辆静止或同样大小的汽车上或以 20km/h 左右的速度迎面撞到一个不可变形的障碍物上时,减速度就会达到碰撞信号传感器设定的阈值,传感器就会动作。

碰撞传感器按结构可分为全机械式、机电结合式、水银开关式和电子式。

电子式碰撞传感器没有电器触点,常用的电子式碰撞传感器有压阻效应式和压电效应式两种,一般用作中心碰撞传感器,分别利用半导体的压阻效应和压电效应制成。电子式碰撞传感器利用电子加速度计对汽车正向加速度进行连续测量,并将测量结果输送给 ECU,ECU 内有一套复杂的碰撞信号处理程序,能够确定气囊是否需要膨开。若需要气囊膨开,ECU 便会接通点火电路,安全保险传感器同时也闭合,则引发器接通,气囊膨开。电子式碰撞传感器结构如图 9-7 所示。

(2)安全气囊组件

气囊组件按功能分为正面气囊组件和侧面气囊组件两大类。按安装位置分为驾驶席气囊组件、前排乘客席(副驾驶席)气囊组件、后排乘客席气囊组件和侧面气囊组件四种。

气囊组件由螺旋电缆、气囊、点火器和气体发生器等组成。驾驶席气囊组件与乘客席气囊组件一般都用同一个 SRS ECU 控制,其组成部件和工作原理基本相同,但具体结构有所不同。

驾驶席气囊组件安装在转向盘的中央,前排乘客席气囊组件安装在副驾驶员座椅正前

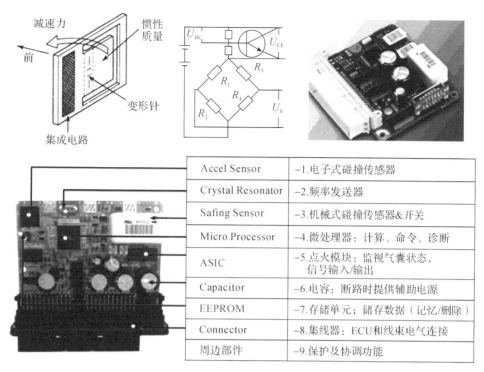

图 9-7 电子式碰撞传感器结构

方的仪表台上,如图 9-8 所示。

1)驾驶席气囊组件

驾驶席气囊组件的结构如图 9-9 所示,主要由气囊饰盖 2、SRS 气囊 3、气体发生器 4 和安装在气体发生器内部的点火器引线 5 组成。

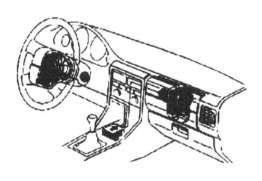

图 9-8 气囊组件安装位置

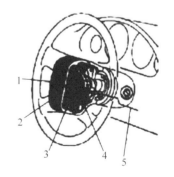

1—饰盖撕印;2—气囊饰盖;3—SRS 气囊;
4—气体发生器;5—点火器引线
图 9-9 驾驶席气囊组件结构

①气囊。SRS 气囊是用聚酰胺织物(如尼龙)制成,内层涂有聚氯丁二烯,用以密闭气体。气囊在静止状态时,像降落伞未打开时一样折叠成包,安放在气体发生器上部与气囊饰盖之间。气囊开口一侧固定在气囊安装支架上,先用金属垫圈与气囊支架座圈夹紧,然后用

铆钉铆接。目前用于制作气囊的材料有 420d（d 代表织物纤度单位：旦尼尔）、630d、840d 的尼龙 6 或尼龙 66 织物。SRS 气囊不会燃烧，在各种环境条件下，具有良好的耐磨性能和防裂性能，同时还具有机械强度高、使用寿命长、表面涂膜容易、与涂层结合牢固等优点。

气囊的大小依制造公司不同而有所差异。在日本和欧洲，由于座椅安全带的使用率超过 90%，因此驾驶席气囊大都采用体积较小（约 40 L）的气囊（奔驰、绅宝和沃尔沃公司除外，这些公司采用的气囊的体积与美国采用的基本相同，约为 60 L），通常称为"面部气囊"或"欧洲气囊"。模拟试验证明，如果驾驶员正确佩戴座椅安全带，这种成本较低的小气囊完全能够保护驾驶员的面部和胸部。在美国，由于有的州政府并未规定强制使用座椅安全带（使用率仅为 50% 左右），因此美国制造和进口气囊的体积较大，约为 60 L。采用这种体积较大的气囊时，即使在驾驶员没有佩戴座椅安全带的情况下，气囊也可起到保护驾驶员面部和胸部的作用。各种气囊的性能如表 9-1 所示。

表 9-1 各种气囊的性能比较

技术项目	美国驾驶席 SRS 气囊	欧洲驾驶席 SRS 气囊	美国乘客席 SRS 气囊	欧洲乘客席 SRS 气囊	侧面 SRS 气囊
体积/L	60～65	40～60	120～200	90～140	12～18
充气时间/ms	约 30	约 30	约 30	约 30	约 12
安装位置	转向盘上	转向盘上	仪表台下面手套箱上方	仪表台下面手套箱上方	车门或座椅靠背边缘
保护部位	面部、胸部	面部、胸部	面部、胸部	面部、胸部	腰部、头部

在汽车遭受碰撞时，气囊一般在一次碰撞后 10ms 内开始充气。从开始充气到气囊完全膨开的整个充气时间约为 30ms。驾驶席气囊膨开时，是沿转向柱管偏挡风玻璃方向膨开，防止驾驶员面部与挡风玻璃、胸部与转向盘发生碰撞。

气囊背面（与驾驶员或乘客方向相反一面）或顶部制有 2～4 个排气孔。当驾驶员在惯性力作用下压到气囊上时，气囊受压便从排气孔排气，持续时间不到 1s，从而吸收驾驶员与气囊碰撞的动能，使人体不致受到伤害。

②气体发生器。气体发生器又称为充气器，结构如图 9-10 所示，由上盖 1、下盖 3、充气剂（叠氮化钠固体药片）4 和金属滤网 6 组成，其功用是在点火器引爆点火剂时，产生气体向气囊充气，使气囊膨开。气体发生器按气体产生方式可分为烟火式和压缩气体式，目前大部分轿车采用的是烟火式充气。

气体发生器专用螺栓与螺母固定在转向盘上的气囊支架上。螺栓为圆形平头螺栓，螺母外圆为圆形，外圆上压制有几条沟槽，由于没有六角对边，因此用扳手无法进行装配（其目的就是不允许拆卸），只有使用专用工具才能进行装配。为了便于安装，驾驶席气体发生器一般都做成圆形。

气体发生器壳体由上盖和下盖两部分组成。上盖上制有若干个长方形或圆形充气孔。下盖上制有安装孔，以便将气体发生器安装到转向盘上的气囊支架上。上盖与下盖用冷压工艺压装成一体，壳体内装充气剂、滤网和点火器。金属滤网安放在气体发生器壳体的内表面，用以过滤充气剂和点火剂燃烧产生的渣粒。

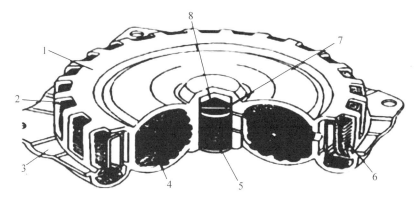

1—上盖；2—充气孔；3—下盖；4—充气剂；
5—点火器药筒；6—金属滤网；7—电热丝；8—引爆炸药

图 9-10　安全气囊气体发生器的结构

③充气剂。充气剂普遍采用叠氮化钠片状合剂。叠氮化钠是无色有剧毒的六方形晶体，溶于水和液氨，微溶于乙醇，不溶于乙醚，在约 300℃时分解。可由氨基钠与一氧化二氮相互反应制得。

目前，大多数气体发生器都是利用热效反应产生惰性气体（以氮气居多）而充入气囊。在点火器引爆点火剂瞬间，点火剂会产生大量热量，叠氮化钠药片受热立即分解释放氮气，并从充气孔充入气囊。虽然氮气是无毒气体，但是叠氮化钠受热分解的副产品有少量的氢氧化钠和碳酸氢钠（白色粉末）。这些物质是有害的，因此在清洁气囊膨开后的车厢时，应保证通风良好并采取必要的防护措施。

④点火器。气囊点火器外包铝箔，安装在气体发生器内部中央位置。其功用是根据 SRS ECU 的指令引爆点火剂，产生热量使充气剂分解。气囊点火器主要由引爆炸药 1、药筒 2、引药 3、电热丝 4、电极 10 和引出导线 7 等组成，如图 9-11、图 9-12 所示。

点火器的所有部件均装在药筒内。点火剂包括引爆炸药和引药。引出导线与气囊连接器插头连接，连接器（一般都为黄色）中设有短路片（铜质弹簧片）。当连接器插头拔下或插头与插座未完全结合时，短路片将两根引线短接，防止静电或误通电将电热丝电路接通使点火剂引爆而造成气囊误膨开。

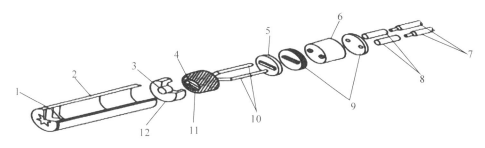

1—引爆炸药；2—药筒；3—引药；4—电热丝；5—陶瓷片；6—永久磁铁；
7—引出导线；8—绝缘套管；9—绝缘垫片；10—电极；11—电热头；12—药托

图 9-11　气囊点火器结构

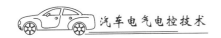

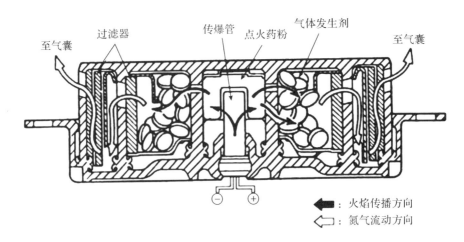

图 9-12　气囊点火装置截面图

点火器的工作情况是:当 SRS ECU 发出点火指令使电热丝电路接通时,电热丝迅速红热引爆引药,炸药瞬间爆炸产生热量,药筒内温度和压力急剧升高并冲破药筒,使充气剂(叠氮化钠)受热分解释放氮气充入气囊。

⑤螺旋电缆。螺旋电缆是连接车身与方向盘的电器接线。螺旋电缆由转子、壳体、电缆和解除凸轮组成。转子与解除凸轮之间有连接凸缘和凹槽,方向盘转动时,两者互相触动,形成一个整体一起随方向盘转动。电缆很薄很宽,大约 4.8m 长,螺旋状盘在壳体内。电缆的一端固定在壳体上,另一端固定在转子上。当方向盘向左或向右转动时,电缆在其裕量内转动而不会被拖曳,如图 9-13 所示。

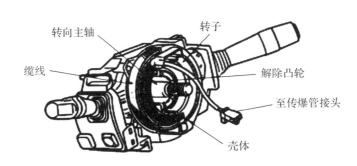

图 9-13　螺旋电缆

车辆维修时,螺旋电缆必须正确地找到中间位置(有对中记号),在车辆正直向前的状态下安装到转向柱上,否则容易造成电缆被扯断和其他故障。

2)乘客席气囊组件

前排乘客席气囊组件安装在副驾驶员座椅正前方手套箱与仪表台之间,如图 9-14 所示,虽然气囊饰盖有的面向前排乘客(如博世公司气囊),有的设在仪表台上(如本田雅阁轿车),但是气囊膨开时都是沿挡风玻璃偏向乘客面部和胸部方向膨开。

乘客席气囊组件的组成和工作原理与驾驶席气囊组件基本相同,仅结构有所不同,下面介绍其结构特点。

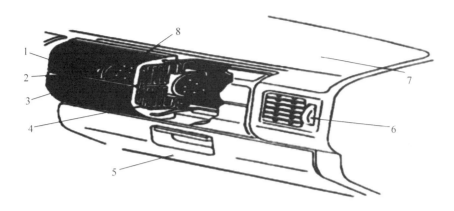

1—点火器引线；2—饰盖撕印；3—气囊饰盖；4—SRS 气囊；
5—手套箱；6—空调风向开关；7—仪表台；8—气体发生器
图 9-14　乘客席气囊组件结构

乘客席气囊用专用螺栓安装在气囊组件支架上。由于乘客席气囊距离乘客的距离比驾驶席 SRS 气囊距离驾驶员的距离长，因此乘客席气囊的体积比驾驶席气囊的体积要大。乘客席气囊组件的气体发生器为长筒形，如图 9-15 所示。乘客席气体发生器用药质量一般为 500g 左右。

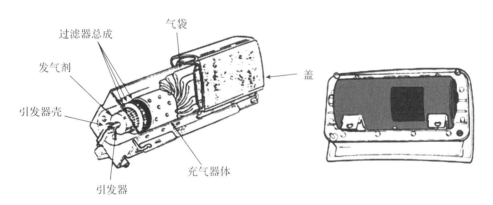

图 9-15　乘客席气体发生器结构

（3）安全气囊 ECU 及附加装置

SRS 控制组件的全称是辅助防护系统控制组件（Supplemental Restraint System Control Module，SRS CM），通常简称为 SRS ECU。

SRS ECU 是安全气囊系统的核心部件，其安装位置依车型而异。当防护传感器与 SRS ECU 组装在一起时，SRS ECU 应当安装在汽车纵向轴线上，如本田思域和雅阁轿车将 SRS ECU 安装在变速杆前面的装饰板下面，而丰田科罗娜轿车将 SRS ECU 安装在变速杆后面的装饰板下面。当碰撞防护传感器与 SRS ECU 分开安装时，SRS ECU 的安装位置则依车型而异，如马自达、宝马 BMW5、BMW7 系列轿车将 SRS ECU 安装在驾驶席仪表台下面，而宝马 BMW3 系列轿车将 SRS ECU 安装在前排乘客席仪表台下面。

SRS ECU 的结构有简有繁，福特林肯·城市轿车 SRS ECU 的内部结构如图 9-16 所

示,主要由专用 CPU、备用电源电路、稳压电路、信号处理电路、保护电路、点火电路和监测电路等组成。

SRS 有两个电源:一个是汽车电源(蓄电池和交流发电机);另一个是备用电源(BACK UP POWER)。备用电源又称后备电源或紧急备用电源,其功用是:当汽车电源与 SRS ECU 之间的电路切断后,在一定时间(一般为 6s)内维持 SRS 供电,保持 SRS 的正常功能;当汽车遭受碰撞而导致蓄电池或交流发电机与 SRS ECU 之间的电路切断时,备用电源能在 6s 之内向 SRS ECU 供给电能,保证 SRS ECU 测出碰撞、发出点火指令等正常功能;点火备用电源能在 6s 之内向点火器供给足够的点火能量引爆点火剂。时间超过6s 之后,备用电源供电能力降低,SRS ECU 备用电源不能保证 SRS ECU 测出碰撞和发出点火指令;点火备用电源不能供给最小点火能量,气囊将不能充气膨开。

备用电源电路由电源控制电路和若干个电容器组成。在单气囊控制组件中,设有一个 SRS ECU 备用电源和一个点火备用电源。在双气囊控制组件中,设有一个 SRS ECU 备用电源和两个点火备用电源,即两条点火电路各设置一个备用电源。点火开关接通 10s之后,如果汽车电源电压高于 SRS ECU 的最低工作电压,所有备用电源即可完成储能任务。

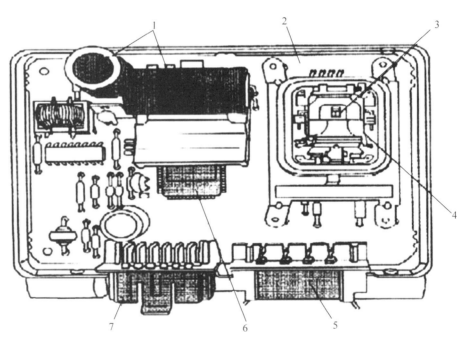

1—能量储存装置(电容器);2—碰撞防护传感器总成;3—传感器触点;
4—传感器滚轴;5—四端子插座;6—专用 CPU;7—SRS ECU 插座

图 9-16　福特林肯·城市轿车 SRS ECU 的结构

(4)SRS 指示灯

SRS 指示灯又称为 SRS 警告灯或 SRS 警示灯,安装在驾驶室仪表盘面膜下面,并在面膜表面相应位置有气囊动作图形或"SRS""AIR BAG"等字样表示。

SRS 指示灯的功用是指示安全气囊系统功能是否正常。当点火开关拨到"ON"或

"ACC"位置后,如果 SRS 指示灯发亮或闪亮约 6s 后自动熄灭,表示 SRS 功能正常。如果 SRS 指示灯不亮、一直发亮或在汽车行驶途中突然发亮或闪亮,说明自诊断测试系统发现 SRS 故障,应及时排除。自诊断系统在控制 SRS 指示灯发亮或闪亮的同时,还会将所发现的故障编成代码存储在存储器中。检查或排除 SRS 故障时,首先应使用专用检测仪器或通过特定方式从通信接口(诊断插座)调出故障代码,以便快速查寻与排除故障。实践证明,在汽车遭受碰撞,气囊已经膨开后,故障代码一般难以调出。如此设计的目的是要求气囊引爆后,必须更换 SRS ECU。常见的安全气囊指示灯如图 9-17 所示。

图 9-17　常见的安全气囊指示灯

(5)气囊系统的连接器

安全气囊系统中的所有连接器均为黄色,以便与其他系统的连接器相区别。这些连接器专为安全气囊系统而设,具有多种不同的特殊功能,而且连接器的端子均可能镀金,以保证高度的可靠性和耐久性。丰田凌志 LS400 轿车安全气囊系统共有 12 个连接器,不同的连接器有不同的特殊机构,这些机构有 4 种:端子双锁机构、安全气囊防误动机构、电器连接检查机构和连接器双锁机构。一个连接器可有多种不同的机构,如表 9-2 所示。

表 9-2　连接器中不同机构的类型

编号	名称	应用
1	端子双锁机构	连接器①②③④⑤⑥⑦⑧⑨⑩
2	安全气囊防误动机构	连接器①③④⑤⑥⑨⑩
3	电器连接检查机构	连接器①②⑧⑨
4	连接器双锁机构	连接器③④⑤⑥⑦⑩

三、汽车乘员约束系统的使用

1.安全气囊的使用

(1)安全气囊系统应配合安全带使用。

(2)安全气囊系统不得带病运行。若安全气囊系统带病运行,会产生两种不良现象:一是当汽车发生碰撞需要安全气囊系统工作时,它却不工作;二是安全气囊系统不该工作时,其却错误工作。前者将失去安全气囊系统的保护功能;后者将对乘员造成意外伤害,甚至导致事故。

(3)对安全气囊传感器不能进行人为冲击试验。在修理作业中如对传感器有冲击,应将它拆下,待修理完毕后再按规定装复。

（4）安全气囊系统的气囊保存要严格按规定执行。气囊保存时，若存放位置不当，可能引起气囊误触发，一般应当正面放置。安全气囊系统不是对所有乘员都适用的，一般认为，大部分安全气囊系统只适用于身高1.78m、体重75kg左右的男性。

（5）安全气囊的自检。安全气囊系统具有自我诊断功能，可诊断系统内的任何故障。

1）初始检查。当点火开关转到ACC位置或ON位置时，诊断电路点亮气囊警告灯约6s，进行初始检查。此时，安全电路被触发，禁止传爆管点火。诊断电路检查中央气囊传感器（或气囊传感器）以及点火与驱动电路功能是否正常。如果在初始检查中检测出故障，气囊警告灯在6s后仍保持点亮。

2）恒定检查。如果初始检查未检出故障，气囊警告灯大约在6s后熄灭，安全电路也不再被触发，以使传爆管可随时点火。此时诊断电路开始进行恒定检查，对气囊系统各元件、电源系统和线束的故障（如短路或开路等）连续不断地进行检查。如果测出故障，气囊警告灯亮起，以警告司机。当电源电压下降时，警告灯会亮，但在电压恢复到正常时，警告灯大约在10s后熄灭。

3）电源关断时的故障检查。当点火开关关上时，即对备用电容器进行诊断。如果此时测出故障，气囊警告灯在点火开关转到ACC或ON位置时保持点亮。

2.气囊检修注意事项

（1）必须在点火开关转到LOCK位置和从蓄电池负极（一）端子拆下电缆90s以后才能开始检修工作。这是因为辅助乘员保护系统配有备用电源，所以如从蓄电池上拆下负极（一）电缆后不到90s就开始维修工作，它可能会使安全气囊张开。在拆下蓄电池搭铁线之前，应将音响系统的设定内容记录下来。

（2）应检查转向盘衬垫、前座乘客安全气囊总成、安全气囊传感器总成和前安全气囊传感器。

（3）在修理过程中，如果可能会对传感器有冲击作用，则在修理前应拆下安全气囊传感器。安全传感器含有水银，不要将换下的旧零件毁掉。当报废车辆或只更换安全气囊传感器本身时，应拆下中央安全气囊传感器总成并作为有害废物处置。

（4）应用高阻抗（至少10kΩ/V）伏欧表诊断电路系统的故障。对安全气囊组件只能使用模拟法（取2～5Ω代替气袋装到线束）与排除法，不能直接用万用表测量电阻。基本原则：充分利用系统自诊断。

（5）不恰当的安全气囊系统线束维修，可能导致安全气囊或预紧安全带突然展开，这会引起严重伤害。如果发现系统线束有问题，就要更换线束，不要试图维修线束。

（6）安全气囊一旦由于事故或其他原因爆开，则必须更换SRS单元。因为即使用过的SRS单元外部没有任何损坏，内部也可能已损坏。

（7）安全气囊的放置：操作未爆开过的安全气囊组件时，气囊的前表面不要朝着人体，以避免气囊突然爆开时对人体造成伤害，通常采用的方式是将正面朝上放置，这样便可以减小安全气囊展开时组件的运动。如图9-18所示。

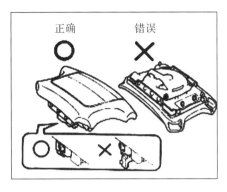

图 9-18　安全气囊的位置

习题

1.汽车安全气囊有哪些保护作用？通常安装在哪些部位？

2.汽车安全气囊系统气囊组件由哪几部分构成？

3.安全气囊系统指示灯在什么情况下表明系统出现了故障？

4.检修安全气囊时应注意哪些问题？

5.在安全气囊检修过程中，为何等蓄电池断电 1min 以上，才可拆卸安全气囊部件？

6.某带安全气囊的车辆需要更换左右转向横拉杆，某维修工在更换后，发现方向盘不在正中央，故拆下方向盘给其放在正中央，结果车主在行驶一段时间后发现安全气囊指示灯常亮，试分析可能的原因，分析某维修工操作过程中有无不妥，为什么？

7.简述安全气囊的工作过程，检修时应注意些什么？

学习单元十
汽车网络技术

知识目标

1. 掌握汽车网络技术的作用、发展历史及类型;
2. 能对不同类型网络(总线)及网关的工作原理进行比较分析;
3. 能对 LIN 总线结构与工作原理进行分析;
4. 能对 CAN 总线结构与工作原理进行分析;
5. 能对 MOST 总线结构与工作原理进行分析;
6. 能对 FlexRay 总线结构与工作原理进行分析;
7. 能对蓝牙等无线网络结构与工作原理进行分析。

能力目标

1. 能够分析常用车型的网络结构;
2. 能正确指出汽车网络技术各部件在实车上的安装位置;
3. 能够识别汽车网络技术的常见类型。

模块一　汽车网络技术概述

一、汽车网络技术介绍

1.车载网络系统概述

汽车网络技术也称为车载网络系统。随着现代汽车电子控制技术的发展与现代人对汽车的动力性、经济性、舒适、安全、环保等方面要求的提高及相应法律法规的约束,汽车电控系统的电控单元数量不断增加,使汽车整车的电气系统变得越来越复杂。单纯地增加汽车线束和插接件会带来汽车生产的线束布置与装配的困难,也增加了汽车维修的难度;车身重量的增加带来了汽车的经济性降低、维修诊断困难等问题。同时,随着车用 ECU 的不断增加,如继续采用传统的 ECU 间点对点通信,随着 ECU 数量的增加,每个 ECU 所需的通信端口成倍增加,使得 ECU 间的通信线路变得更加复杂。

当多个电控系统需要同一数据(如制动信号)的时候,怎么办?

方法一:如图 10-1(a)所示,把产生制动信号数据的传感器线束连接到每个电控系统,实现布线的硬共享。同一数据需要共享的电控单元越多,控制单元针脚、线束布线与维修难度越大。

方法二:如图 10-1(b)所示,产生制动信号数据的传感器归属于特定的电控系统(如 ABS 系统),然后通过总线进行信息的共享(软共享)。电控单元的多少只与总线的控制功能相关,控制单元针脚可以固定,与线束布线关系不大,各控制单元之间的所有信息都通过数据总线进行交换,即通过总线控制器的软件控制来实现信息共享。

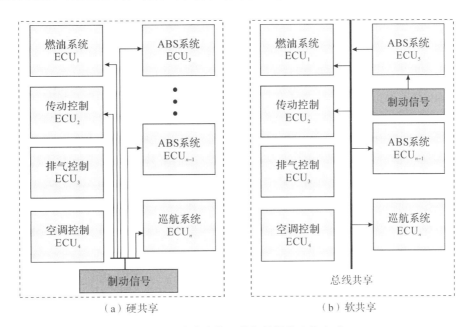

图 10-1　多个电控系统间数据的交换方式

又如典型的发动机电控系统与自动变速器电控系统间有 5 个信息需要交换,传统的布线意味着发动机电控系统与自动变速器电控系统间需要独立的 5 根数据线对联,图 10-2 所示为传统的发动机电控系统与自动变速器电控系统的信号交换方式。随着两个控制单元功能的增加需要更多的信号共享时,两者间的数据线就要增加,即需要交换的信息越多,相互间的布线越复杂。

在采用总线控制方式后,发动机电控系统与自动变速器电控系统间的 5 个信息交换在两根数据总线上完成,当两个控制单元间需要交换的信息增加时,无须重新布线,只需改变两个控制单元的控制功能即可实现。图 10-3 所示为采用总线方式后的发动机电控系统与自动变速器电控系统的信号交换。

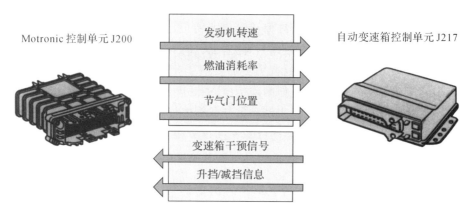

图 10-2　传统的发动机电控系统与自动变速器电控系统的信号交换方式

2.车载网络系统与电控系统差异

布置网络的目的是信息资源共享和系统的优化控制。虽然现代汽车电子控制系统的数量不断增加,但汽车电控单元间的主要功能却是相互交换数据,协同工作。如果继续采用传统的汽车电气布线方式进行数据交换,必将会导致整车线束的长度、重量和占用的空间大大增加,而采用传统电控系统点对点的通信方式及分散式独立的控制方式对大量数据信息在电控单元间实时交换也存在极大的限制。本着信息资源共享、系统的优化控制、减少成本、简化线路、提高通信效率和提高电控系统可靠性的目的,国外许多大汽车公司与研究机构都积极致力于车载网络技术的研究,并在借鉴计算机网络技术和现场总线控制技术的基础上,开发出一些适用于汽车环境的网络控制技术。

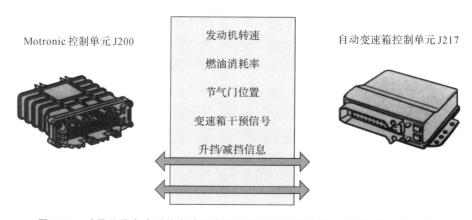

图 10-3　采用总线方式后的发动机电控系统与自动变速器电控系统的信号交换

从单纯的控制上来看,车载网络系统与电控系统的差异如图 10-4(a)和图 10-4(b)所示。传统电控系统间数据通过独立数据线传递独立的信息,传递的信号是并行数字信号,如图 10-4(a)所示。而采用车载网络系统(总线)后,信息的交换变为集中控制,即信号的交换方式发生了根本的改变,传递的仍是串行数字信号。

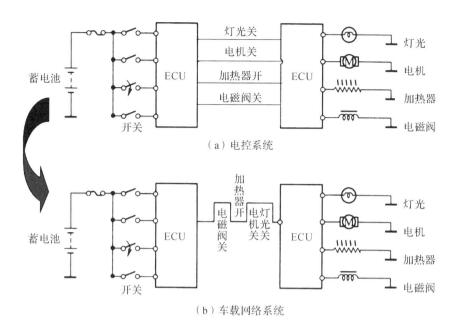

（a）电控系统

（b）车载网络系统

图 10-4　车载网络系统与电控系统的差异

图 10-5 所示为车载网络系统在汽车中应用前后比较，传统的汽车电控系统间线束布置与逻辑关系明显复杂且混乱，采用车载网络进行改进后系统变得清晰而有序。

（a）传统的汽车电控系统　　　　　　（b）改进后的汽车电控系统（车载网络）

图 10-5　车载网络系统在汽车中应用前后

3. 车载网络的概念

（1）车载网络的组成

车载网络是为了实现信息共享而把多条数据总线连在一起，或者把数据总线和模块作为一个系统。车载网络系统实质上是一个多路传输系统，主要由模块、数据总线、网络、架构、通信协议、网关等组成。

网络的架构目前主要有总线型网络、星形网络与环形网络三种，如图 10-6 所示。

（2）传输的方式

网络传输的方式有串行通信和并行通信。车载网络用的是串行通信。

（3）传输的通道

网络传输的通道即数据总线。数据总线是模块间运行数据的通道，即所谓的信息高速

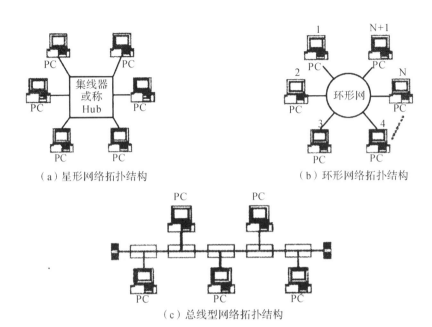

（a）星形网络拓扑结构　　　　　　（b）环形网络拓扑结构

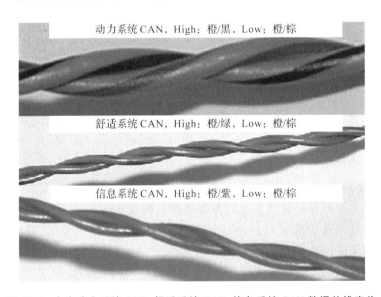

（c）总线型网络拓扑结构

图 10-6　网络的架构

公路,其是双向传输的。数据总线能够使用很多物理介质(如同轴电缆、双绞线、光纤等),最常用的就是双绞线。

　　为了抗电子干扰,双线制数据总线的两条线是绞在一起的。模块(也称为电子控制单元或节点)就是信息高速公路上的进口和出口。典型的大众动力系统 CAN、舒适系统 CAN、信息系统 CAN 数据总线实物如图 10-7 所示。

动力系统CAN,High：橙/黑,Low：橙/棕

舒适系统CAN,High：橙/绿,Low：橙/棕

信息系统CAN,High：橙/紫,Low：橙/棕

图 10-7　大众动力系统 CAN、舒适系统 CAN、信息系统 CAN 数据总线实物

（4）数据总线

利用数据总线传递数据的原理如图10-8所示，类似于电信网络的程控交换电话网，每个控制单元（节点）根据需要接入网络的数据总线，而无须对总线网络进行改造。

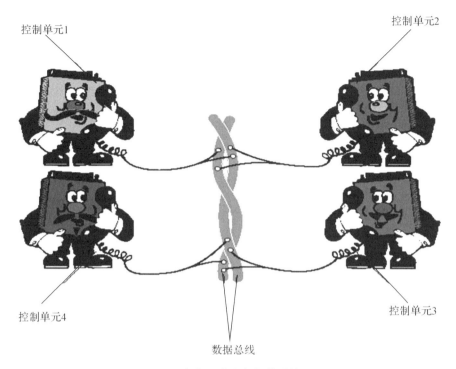

图 10-8　数据总线上数据传递的原理

数据总线的速度不是以公里表示的，通常用比特率表示，比特率是每秒千位（kb/s 或kbps）。

（5）网络的类型

为了使价格适中，数据总线及网络必须避免无谓的高速和复杂。大多数的设计都有三种基本型，即低速型、中速型和高速型。

为了方便研究和设计应用，美国汽车工程师协会（SAE）车辆网络委员会依据功能和速率将汽车数据传输网络划分为 A、B、C 三类；另外，不少文献中也将近年来发展起来的车载多媒体网络延续称为 D 类网络，面向乘员的安全系统网络称为 E 类网络。

A 类（如 UART，LIN，克莱斯勒的 CCD）是面向传感器、执行器控制的低速网络，数据传输位速率通常小于 20kb/s，主要用于后视镜调整、电动窗、灯光照明等车身低速控制。

B 类（如 SAEJ1850、低速 CAN）是面向独立模块间数据共享的中速网络，位速率一般在10 ～125kb/s，主要应用于车身电子舒适性模块、仪表显示等系统。

C 类（如高速 CAN）是面向高速、实时闭环控制的多路传输网，位速率在 125kb/s～1Mb/s，主要用于牵引力 ASR 控制、发动机控制、ABS 控制等系统。

D 类（如 D2B，MOST）是面向多媒体信息的高速传输网络，位速率一般在 2Mb/s 以上，主要用于车载视频、音频、导航系统等。

E 类（如 Byteflight，FlexRay）是面向乘员的安全系统高速、实时网络，位速率在 1Mb/s

以上,主要用于线控系统 X-by-Wire、车辆被动性安全领域。

迄今为止,还没有一个车载网络协议可以完全满足未来汽车所有成本和性能的要求。目前,面对汽车上日益复杂的控制子系统的不同需要,国外许多汽车制造商倾向于采用多个协议子网混合使用的方案,即由各子系统决定自身采用哪一类总线,如有通信必要,各子系统总线之间再由网关互相连接以进行数据通信。

目前大部分中高档轿车典型的应用方案是车身舒适控制系统单元都连接到 CAN 总线上,并借助于 LIN 总线进行外围设备控制;而汽车高速动力系统控制单元使用高速 CAN 总线进行连接;远程信息处理和多媒体系统可由 D2B 或 MOST 协议总线来实现;面向乘员的安全系统由 FlexRay 协议实现线控制;无线通信则以蓝牙(Bluetooth)技术为主,这些不同的总线之间用网关联系。图 10-9 为车载网络系统的分类示意。

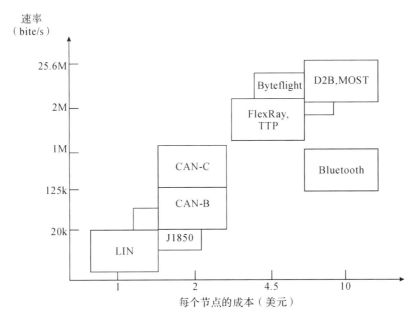

图 10-9　车载网络系统的分类示意

(6)网关

因为车上用这么多总线和网络,所以必须用一种方法达到信息共享和不产生协议间的冲突。例如:车门打开时发动机控制模块也许需要被唤醒。为了使采用不同协议及速度的数据总线间实现无差错数据传输,必须要用一种特殊功能的计算机,这种计算机就叫作网关。

网关实际上是一种模块,它工作的好坏决定了不同的总线、模块和网络相互间通信的好坏。网关必须具备从一个网络协议到另一个协议转换信息的能力。网关的实质是连接异型网络的接口装置,如图 10-10 所示。

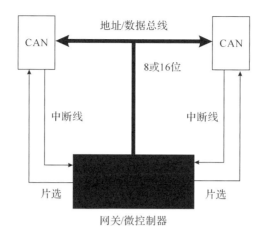

图 10-10 网关的结构示意

二、汽车网络技术的发展

随着微控制器在汽车控制领域上的广泛应用,汽车电子化程度越来越高。按照对汽车性能的作用划分,汽车电子系统可归纳为两类:一类是汽车电子控制系统,包括安全系统、舒适系统、动力控制、线控转向、线控刹车等;另一类是车载多媒体系统,具有信息处理(如通信导航)以及娱乐功能,包括 DVD 和后座娱乐系统等。不同系统由于要求不同、目的不同,因此采用的网络系统是有实质性的区别的。一个完整的车载网络可能由 5 种协议的网络组成,并通过网关进行信息共享。如图 10-11 所示。

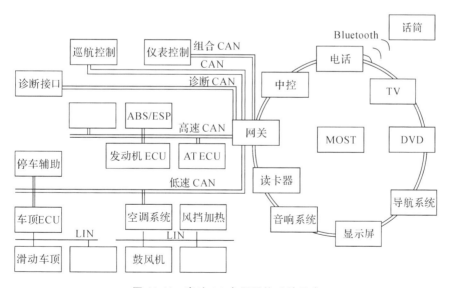

图 10-11 奥迪 A4 车用网络系统示意

1.汽车电控系统的主要协议及发展趋势

早期提出的汽车总线协议基本都集中于汽车电子控制系统,如 LIN 和 CAN 系统,在

SAE 的 Class A、B、C 三种分类中可以看到其发展过程,目前三种级别的大部分汽车总线已经有成功的应用,至今 CAN 系统仍被认为是通用的汽车总线。典型的 CAN 驱动网络如图 10-12 所示。

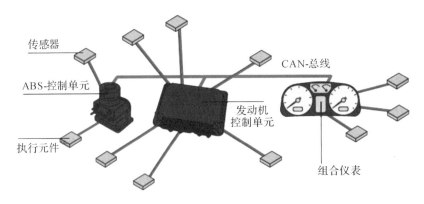

图 10-12　带三个控制单元的 CAN 驱动网络

由于汽车设计对于控制和监测系统在传输速率和实时性方面提出了越来越高的要求,使得新的协议不断地被提出。在未来的 5～10 年里,TTP 和 FlexRay 协议总线将使汽车的线控(X-by-Wire)技术进一步发展。在 TTP 和 FlexRay 协议中,FlexRay 被认为是更具生命力的实时强、高速的安全系统协议。目前来看,这几类协议将同时并存。

2.车用多媒体系统通信协议及发展趋势

相对于电子控制系统,汽车多媒体系统以及所谓"PC on wheel"都是全新的概念,在 Class A 中也有一些协议用来控制汽车音响,如福特的 ACP、通用的 Sinebus 等。但是这种控制是十分简单的,且不包括高速数据流的传输,作为添加的汽车辅助功能,协议类别也比较简单。而对于汽车多媒体信息系统的应用,除了高速数据流传输外,信息量大是最大特点,当然为了节省节点的成本,根据传输信号的不同,多媒体信息系统通信协议又分为低速传输协议、高速传输协议和无线传输协议。

在这些协议中,MOST 在欧洲市场上逐渐占据主要位置,2002 年 3 月上市的宝马 7 系列高档车上已采用了 MOST 和 POF(塑料光纤)相结合的技术。虽然 IDB-1394 协议的提出晚于 MOST,但是 Zayante 已开发出的零售市场装置具有 1394 物理层,并于福特汽车公司一起演示了一个数字照相机,以及有两个显示屏的、可即插即用的 DVD 播放机。也有人提出,将蓝牙技术应用于车载多媒体系统,这样可彻底解决线束的问题。鉴于汽车工业对可靠性的要求,这一设计被普遍应用还为时过早。

针对 MOST 和 IDB-1394 互相竞争的局面,最终的格局可能是两类协议互相融合,形成统一的协议平台。在 AMI-C 组织(Automotive Multimedia Interface Collaboration)已计划推出的规范中包括了车辆界面、通信模式、通用信息设置和物理层。其性能和设计规范将涵盖蓝牙、1394、MOST 等多种网络协议。汽车制造商可以在车辆上同时使用 IDB-1394 和 MOST 协议,前者用于视频相关的应用(例如 DVD、TV、后边/侧边照相系统),后者用于音频和控制应用。

模块二　典型 CAN 总线技术原理与结构

一、CAN 总线概述

1.CAN-BUS 的含义

CAN 是 Controller Area Network 的缩写，即控制器局域网络。

CAN-BUS 是德国博世公司在 20 世纪 80 年代初为汽车业开发的一种串行数据通信总线，是一种很高保密性、有效支持分布式控制或实时控制的现场串行通信网络。目前，在众多的现场总线标准中，CAN-BUS 是唯一被 ISO 认证（ISO11898）批准为国际标准的现场总线，它已发展成为应用最广泛、支撑技术和元器件最丰富的现场总线标准之一，被誉为最有前途的现场总线。在国外尤其是美国和欧洲，CAN-BUS 已被广泛应用于汽车、火车、船舶、机器人、楼宇自动化、机械制造、医疗器械、电力自动化等众多工业自动化、控制领域。

链接：CAN-BUS 原理

2.CAN 控制器网络的特点

（1）多主式串行通信方式，对等的网络结构。网络上的节点不分主从，可以在任何时候向网络上其他节点发送数据，但受优先级仲裁控制，通信方式灵活。

（2）通信速率最大可以达到 1Mb/s（通信距离 40m）。通信距离最大可以达到 10km（通信速率为 5kb/s）。节点数最大可以达到 110 个。

（3）采用非破坏性网络仲裁技术。网络上的节点可以分成不同的优先级，当多个节点同时向网络上发送数据时，优先级低的节点主动暂停数据的发送，优先级高的节点可以不受影响继续发送数据。之后，按优先级的高低依次重发数据，这样有效地避免了总线冲突。

（4）网络节点在错误严重的情况下具有自动关闭总线接口的功能，避免影响总线上其他节点的正常操作。

（5）通信介质可以为双绞线、电缆、光纤，选择灵活。

3.CAN 数据总线系统的结构

CAN 系统的工作是建立在通信协议基础上的，CAN 通信协议主要描述各控制单元间的信息传递方式。CAN 数据模型虽然主要由数据链路层和物理层组成，但实质的数据传输发生在物理层，CAN 最常用的物理介质是双绞线。由于信号采用差分电压方式传送，CAN 分为 CAN 高位数据线（CAN-H）和 CAN 低位数据线（CAN-L）；CAN-H 和 CAN-L 线上的数据为逻辑互补（电位相反）的值，即隐性为逻辑"1"（被动的电平），显性（主控）为逻辑"0"（主动的电平，它能将隐性电平覆盖掉），且高低位相加始终保持电压总和为一常数。通过这种方法，CAN 数据总线得到了保护，使其免受外界的电磁场干扰，同时 CAN 数据总线向外辐射也保持中性，即无辐射。图 10-13 为 CAN 数据传输线示意图。

CAN 数据总线由一个控制器、一个收发器、两个数据传输终端以及两条数据传输线组成。

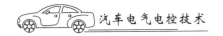

除数据传输线外,其他元件都置于控制单元内部。图 10-14 为 CAN 数据总线组成示意。

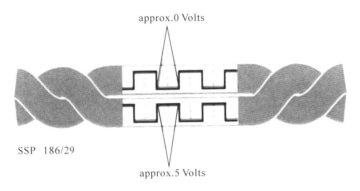

图 10-13　CAN 数据传输线

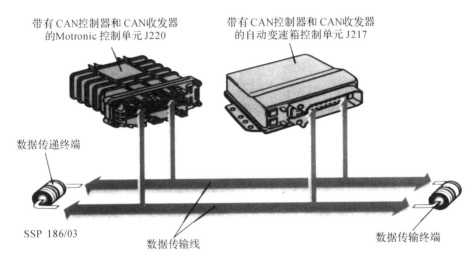

图 10-14　CAN 数据总线组成

一个 CAN 节点即是一个控制单元,其内部由 CAN 控制器和 CAN 收发器组成。CAN 控制器接收在控制单元中的微处理器中的数据,处理这些数据并传送给 CAN 收发器,同时接收 CAN 收发器的数据,处理并传送给微处理器;CAN 收发器是发送器和接收器的合称,它将 CAN 控制器提供的数据转化为电信号并通过数据线发送出去,同时接收数据,并将数据传送到 CAN 控制器。

数据传输终端实质是一个终端电阻,作用是阻止数据在传输终了时被反射回来并产生反射波,防止反射波破坏数据传输。但实际数据传输终端会因车型不同有所变化,详见后述动力系统 CAN 和舒适系统 CAN 部分。

4. CAN-BUS 的应用

CAN 协议定义的车载网络基本拓扑结构如图 10-15 所示。

目前国内引进的、装备 CAN 总线网络系统的车型如:通用公司的世纪、君威,大众公司的帕萨特 B5、奥迪 A6、宝来(Bora)、波罗(Polo),菲亚特(Fiat)公司的派力奥(Palio)、西耶那(Siena)以及马自达公司的马自达 6 等都普遍采用两条 CAN 网络。

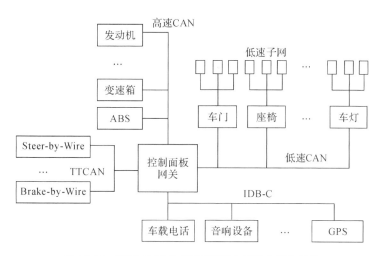

图 10-15　基于 CAN 协议的车载网络基本拓扑结构

一条用于动力系统的高速 CAN,速率达到 500kb/s,动力系统主要连接对象是发动机控制器、ABS/ASR/ESP 控制器、安全气囊控制器、自动变速箱控制器、组台仪表等,它们的基本特征相同,都是控制与汽车行驶直接相关的(安全性)系统。

一条用于(车身)舒适系统的低速 CAN,速率是 100kb/s。舒适系统 CAN 主要连接对象是 4 门以上的集控锁、电动车窗、后视镜和厢内照明灯等。

目前,动力系统 CAN 和舒适系统 CAN 是两条独立的总线系统,为实现在各 CAN 之间的资源共享,设计"网关"使两者相连,并将各个数据总线的信息反馈到仪表板上。驾车者只要看看仪表板,就可以知道各个电控装置是否正常工作了,从而实现信息的共享。

图 10-16 所示为典型的大众 CAN-BUS 控制器局域网(动力系统和舒适系统)。

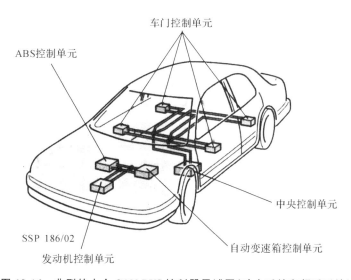

图 10-16　典型的大众 CAN-BUS 控制器局域网(动力系统和舒适系统)

由于现代车载网络技术的快速发展,最新版本的 CAN 总线系统则有 5 个不同区域的局域网:动力系统、舒适系统、信息系统(infotainment,低速)、仪表系统、诊断系统,如图 10-17 所示。

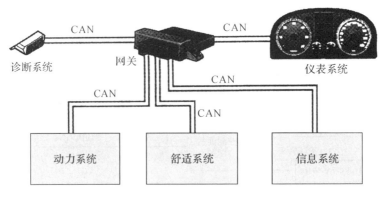

图 10-17　大众 CAN-BUS 系统的五个子网

二、舒适系统 CAN 总线原理与结构

1. 舒适系统 CAN 总线原理

汽车舒适系统是面向汽车车身电子控制系统独立模块间数据共享的中速网络,大众车系目前大多采用了第二代舒适系统,帕萨特、宝来、波罗、奥迪等大众车型的舒适系统结构和组成基本是相同的。大众车身舒适系统 CAN 的主要连接对象为中央控制器 J393 和 4 个门控制器,在某些情况下,还包括记忆模块和其他组件。大众舒适系统的连接对象如图 10-18 所示。

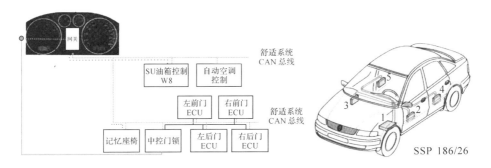

图 10-18　大众舒适系统 CAN 连接对象

车身舒适系统的控制对象主要是 4 个门的集控锁、车窗、活动天窗、行李箱锁、后视镜、车内顶灯,乃至自动座椅、自动空调等。在具备遥控功能的情况下,还包括对遥控信号的接收处理和其他防盗系统的控制。中央控制器除承担遥控系统的信号接收和处理功能外,更主要的是它扮演了系统诊断接口的角色。

大众车身舒适系统 CAN 总线由 30 号线激活,速率可达 100kb/s。新的数据总线以100kb/s 速率传递数据,每一组数据传递大约需要 1ms,每个电控单元 20ms 发送一次数据(见图 10-19)。优先权顺序为:中央控制单元→驾驶员侧车门控制单元→前排乘客侧车门控制单元→左后车门控制单元→右后车门控制单元。由于舒适系统中的数据可以用较低的速率传递,所以发送器性能比动力传动系统发送器的性能低。

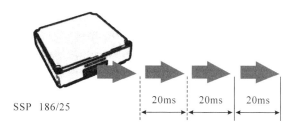

SSP 186/25

20ms　20ms　20ms

图 10-19　数据总线发送数据的时间间隔

舒适系统 CAN 总线控制单元内的负载电阻不是作用于 CAN-H 线和 CAN-L 线之间，而是体现在每根导线对地或对 5V 之间，其连接电阻分别连接到 CAN 驱动器的 RTH 和 RTL 上（即 5V 导线与地之间），即在总线断电情况下总线的连接电阻是测量不到的，即电源电压断开，CAN 低线上的电阻也断开，因此不能用电阻表进行测量，如图 10-20 所示。尽管舒适系统 CAN 速率较动力系统 CAN 慢，但由于舒适系统 CAN 总线由两个独立的驱动器组成，保证在总线输出端有两个互不相干的差分电压电平，故能单线工作；且舒适系统中实施了网络管理的方法，包含的技术含量要比动力系统高。

由于使用同样的脉冲频率，所以 CAN 舒适系统数据总线和 CAN 信息系统数据总线可以共同使用一对导线，当然前提条件是相应的车上有这两种数据总线（如 Golf IV, Polo MJ 2002）。

舒适系统 CAN 总线信号波形如图 10-21 所示。使用大容量数字存储示波器（DSO）捕捉到的舒适系统 CAN 总线信息传递过程中的信号波形如图 10-22 所示。

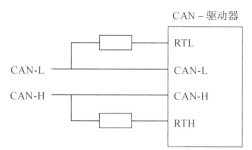

CAN – 驱动器

RTL

CAN-L

CAN-H

RTH

图 10-20　舒适系统 CAN 总线连接电阻（物理层）

舒适系统 CAN 总线信号与逻辑关系见表 10-1，舒适系统最大连接单元数为 20 个，最大总线长度为 1km/kbps，最高通信速度为 125kb/s。

表 10-1　舒适系统 CAN 总线信号与逻辑关系

CAN	逻辑关系				万用表实测电平电压
	逻辑"0"时为显性电平（主控电平）		逻辑"1"时为隐形电平		
CAN-H	理论	5V	理论	0V	0～1.4V
	实际	3.6～5V	实际	0～1.4V	
CAN-L	理论	0V	理论	5V	3.6～5V
	实际	0～1.4V	实际	3.6～5V	

舒适系统 CAN 总线信号如下：

CAN 高位线的高电平为 3.6V，CAN 高位线的低电平为 0V；

CAN 低位线的高电平为 5V，CAN 低位线的低电平为 1.4V。

舒适系统 CAN 信号如下：

逻辑"0"时 CAN 高位线电压为 3.6V，CAN 低位线电压为 1.4V；

逻辑"1"时 CAN 高位线电压为 0V，CAN 低位线电压为 5V。

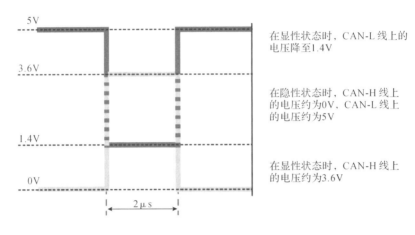

图 10-21　舒适系统 CAN 总线信号波形

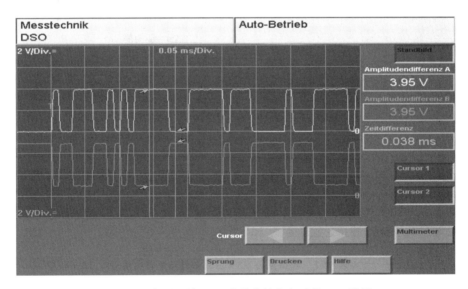

图 10-22　舒适系统 CAN 总线传输信息时的 DSO 波形

由于舒适系统 CAN 总线由 30 号线供电，即一直处于准备被驱动状态，为避免过度放电，有必要对舒适系统进行电源管理。当控制单元间无信息交换（即总线上 30min 内信号电平一直为逻辑"1"时），舒适系统总线进入睡眠模式（电流节约模式），在睡眠模式下舒适系统总线只需要极小的电流（几个毫安）。需要舒适系统工作时，可通过如中央闭锁、无线远程操作等自动启动舒适系统的唤醒程序。图 10-23 所示为处于睡眠模式时的 DSO 波形。

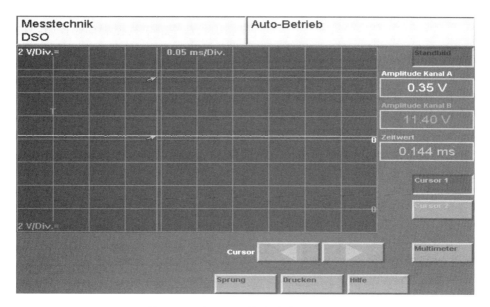

图 10-23　处于睡眠模式时的 DSO 波形

2.舒适系统的结构

　　大众舒适 CAN 数据总线一般连接五块控制单元,包括中央控制单元及四个车门的控制单元。舒适 CAN 数据传递有五个功能:中央门锁、电动门窗、照明开关、后视镜加热及自诊断功能。但有活动天窗控制功能的,也属于舒适系统,如图 10-24 所示为 2002 款 Polo 车载网络(舒适系统)部件位置。

　　其中,舒适系统控制的电动窗系统由玻璃、车窗升降器、电动机(装有霍尔传感器测量转速情况)、4 个车窗控制单元(装在电动机旁)、开关、线束组成,舒适系统具有自学习功能,能识别升降情况。车窗可以集中打开和关闭,在锁门的同时把钥匙插入驾驶员或副驾驶车门并转动钥匙且保持在开门或锁门的位置上就可以操纵(开窗,关窗),车顶天窗能关,不能开;也可以直接长按住遥控器的开锁或闭锁键无线操控门窗的开关。当点火开关关闭时,若全部车门没有打开,电动窗能上下工作;但只要打开任何一扇门,电动窗即停止工作,再关闭门电动窗也不能工作;全车门没有打开时,还能延时工作 10min。如果电动窗发生故障,会通过驾驶员车门或副驾驶车门以及后车门上的电动窗开关内指示灯闪烁,以此来指示故障,点火开关打开后车门饰板上开关全部照明灯闪烁约 15s。

　　舒适系统还具有安全断电功能,每按一次电窗开关,电窗控制单元中的计数器就增加一次计数,如果在很短的时间内计数达到极限值,车窗的电源就会被切断 30s。在断电后,为了确定玻璃最终停止位置,电动摇窗机必须执行一次自学习过程,没有这一学习过程,不能进入自动运行,前门电动摇窗机有自动下降功能,后门设置手动功能。在点火开关关闭后门闭合时,或者在某功能(如电动窗)的持续期结束后,为减少负荷状态下的能量消耗,舒适控制单元将进入睡眠模式,在睡眠模式下,防盗报警系统、无线电遥控装置和中央闭锁警告灯仍然在起作用。

　　控制单元的各条传输线以星状形成并汇聚一点,这样做的好处是,如果一个控制单元发生故障,其他控制单元仍可发送各自的数据。该系统使经过车门的导线数据减少,线路变得

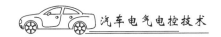

简单。如果线路中某处出现对地短路、对正极短路或线路间短路，CAN 系统会立即转为应急模式运行或转为单线模式运行。四个车门控制单元都是由中央控制单元控制，只需较少的自诊断线。

采用总线控制以后的舒适系统实现了电动门窗、中控门锁、后视镜、天窗、防盗、无线遥控等的集中控制。舒适系统直接控制中控门锁电动机将门锁上时，考虑到安全等因素，即用外部锁锁上（车门、车尾、无线电遥控控制）后，车辆便具有防盗功能，而不能从里面开启。舒适系统还与安全气囊系统间进行信息交换，如果车辆发生碰撞触发了安全气囊控制单元，则安全气囊系统通过网关向舒适系统发出一个信号，舒适系统将控制车门锁全部开启，确保车辆碰撞时的使用安全。

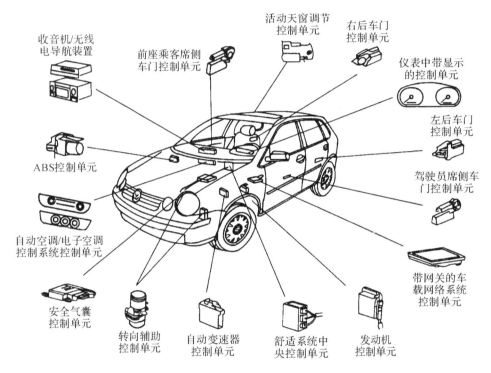

图 10-24　2002 款 Polo 车载网络（舒适系统）部件位置

3.舒适系统的控制功能

第二代舒适系统采用了分布式控制单元管理，控制功能的实现通过各控制单元的功能来完成。

（1）舒适系统的控制功能

以 Polo 轿车为例，舒适系统具备的控制单元功能主要有中央控制单元功能和门控单元功能，如图 10-25 所示。其中中央控制单元功能又可以实现：

1）行李箱中央闭锁；

2）车内灯光控制；

3）车门无线电遥控；

4）天窗开启和关闭；

5）防盗报警系统；

6）自诊断功能；

7）后车门中央闭锁；

8）座椅与后视镜位置控制。

门控单元功能可以实现：

1）车门中央闭锁；

2）电动车窗限力功能；

3）电调节加热外后视镜；

4）自诊断。

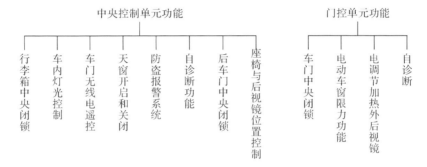

图 10-25　舒适系统的控制单元功能

门控单元对舒适系统的监控与线束布置如图 10-26 所示。

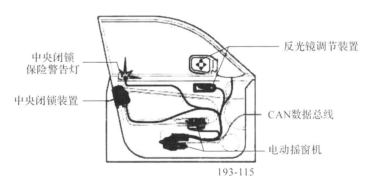

图 10-26　门控单元对舒适系统的监控与线束布置

（2）闭锁过程分析

汽车锁闭时的具体功能情况如下：

一旦检测到点火钥匙插入门锁，车门保险功能就起作用，同时产生一个闭锁指令，将进行一系列的闭锁功能动作。

1）闭锁功能

①将点火钥匙插入驾驶员侧车门锁，从而产生闭锁指令。

②门锁中的微开关把闭锁指令传送给门控单元，门被锁闭。

③驾驶员侧的门控单元通过 CAN 数据总线将门锁指令传送给其他的控制单元。

④门控单元将车门锁闭，同时中央控制单元也将行李箱盖锁闭，尾门上保险。

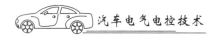

⑤中央闭锁保险警告灯发光。

⑥关闭车窗。

⑦关闭滑动车顶。

⑧启动防盗报警系统。

⑨在延迟一段时间后,车内灯控制单元关闭所有车内灯。

通过车门锁来关闭滑动车顶和车窗的装置称为便利闭锁。电动摇窗机将门窗关上,并同时考虑安全等因素,即在锁上外部锁(车门、车尾、无线电遥控控制)后,车辆便具有防盗功能,而不能从里面开启。通过控制单元内的接触开关可将各种条件反馈到控制单元中。

2)节电功能

舒适系统 CAN 具有节约能源的功能,具体如下:

①睡眠模式。由于舒适系统控制单元由 30 电源线直接供电,为节约能源,在发动机熄火并且车门闭锁时,或者在某功能(如电动窗)的持续期结束后,为减少无负荷状态下的能量消耗,控制单元将进入睡眠模式;在睡眠模式下,防盗报警系统、无线电遥控装置和中央闭锁保险警告灯仍然在运行中,在睡眠模式下,蓄电池放电电流在 6mA 左右,而在唤醒模式(即一般运行或等待)下,蓄电池放电电流在 150mA。

②唤醒模式。当某个控制单元觉察到由于诸如开动汽车等行为所引起的唤醒指令后,它将该指令通过 CAN 数据总线传送给其他控制单元,从而使它们也被唤醒。唤醒后,系统进入"一般运行"模式,电流约为 150mA。

③等待模式。发动机刚熄火后系统处于"等待"中,电流仍为 150mA,过了一段时间后电动窗功能关闭,系统才会进入睡眠模式。

舒适系统 CAN 同样采用了双线式数据总线,通过中央控制单元控制 CAN-H 和 CAN-L 数据总线与各车身模块间进行通信。由于 CAN-H 线和 CAN-L 线设计上采用了彼此独立的电压源控制,因此总线工作不再彼此相互影响,如一条总线发生与地、与正极或两条线间的短路故障、总线断路故障,CAN 总线进入紧急运行模式,改为单线模式运行,数据仍可被传输。

舒适系统总线传输的优先级如下:

①中央控制单元;

②驾驶员侧控制单元;

③前乘客侧控制单元;

④左后侧控制单元;

⑤右后侧控制单元。

(3)舒适系统与安全气囊系统的协作

所有现有的舒适系统的功能都可以由电子舒适系统、内部照明控制、带有内部电动机的 ATA(嵌入式接口驱动器)、电动车窗、后视镜和无线电遥控来进行操作。但如果车辆触发了安全气囊控制单元,安全气囊控制系统则向舒适系统发出一个信号,将所有车门锁开启,以便于乘员逃生。

三、动力系统 CAN 总线原理与结构

1. 动力系统 CAN 的原理与结构

大众动力系统 CAN 的主要连接对象为发动机控制器、ABS/ASR/ESP 控制器、气囊控制器、自动变速箱控制器、组台仪表等。图 10-27 为大众动力系统 CAN 连接图。

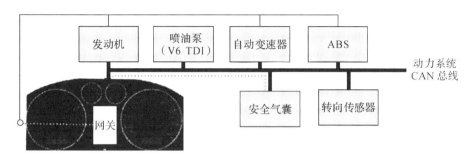

图 10-27　大众动力系统 CAN 连接图

由于动力系统 CAN 的连接对象所控制的是与汽车的行驶安全直接有关的系统,相互之间存在着较多的信息交流,且都是连续的、高速的、实时性高、流量有限的信息,因此它们所具备的基本特征是一致的。尤其是组台仪表,虽然它不直接参与对汽车行驶安全的控制,但作为人与车交流的窗口,在仪表上反映了很多有关汽车行驶安全的信息:车速、转速、挡位等;同时汽车电控系统的自检和初始化结果都会反映到组台仪表上,因此只要将仪表放到动力系统的总线上,就能很方便地获取动力系统各控制器的有关信息,而不必再增加额外的连线。同时通过仪表中的现成 CAN 作为诊断接口/诊断通路而对各控制器进行诊断,可以不必依靠常规的 K 线,在硬件上省略了诊断接口的同时,在软件上只要定义相关的传输协议,即可在 CAN 的层面上实现全部的诊断功能。动力系统 CAN 网络连接节点通常在控制单元的外部(在线束中),动力 CAN 的接点在车辆左侧 A 柱,是白色插头;在特殊情况下,连接点可能在发动机控制单元内。

动力系统 CAN 总线由电源 15 号线激活,速率是所有 CAN 总线中最高的,达到 500kb/s。1999 年以后投产的车型上,大众汽车公司采用了称之为"中心总线连接"的终端电阻连接方式,也就是说将原来分布在 2 个控制器中的 120Ω 电阻以并联形式归并到一个控制器中,如图 10-28 所示,形成终端电阻结构,其中心电阻为 66Ω(发动机电阻),其他控制单元中安装大电阻(2.6kΩ),根据连接的控制单元数量,所有控制单元形成的总电阻为 53～66Ω;高低 CAN 线为环状结构,即任一根 CAN 线断路,则 CAN 系统无法正常工作。动力系统 CAN 总线信号波形如图 10-29 所示。

动力系统 CAN 总线信号如下:

CAN 高位线的高电平为 3.5V,CAN 高位线的低电平为 2.5V;

CAN 低位线的高电平为 2.5V,CAN 低位线的低电平为 1.5V。

动力系统 CAN 逻辑信号如下:

逻辑"0"时 CAN 高位线电压为 3.5V,CAN 低位线电压为 1.5V;

逻辑"1"时 CAN 高位线电压为 2.5V,CAN 低位线电压为 2.5V。

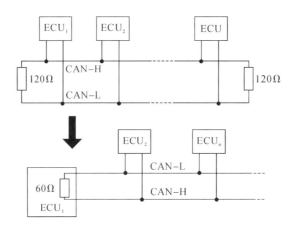

数据总线上CAN-High线和CAN-Low线上的负载电阻

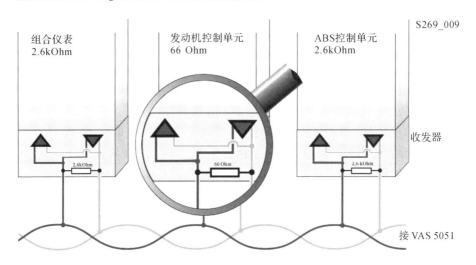

图10-28 大众动力系统CAN终端电阻中心总线连接示意

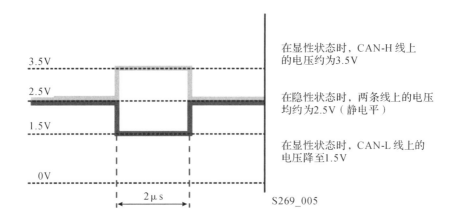

图10-29 动力系统CAN总线信号波形

2.网关与诊断总线

（1）网关

由于不同区域 CAN 总线（或网络）的速率和识别代号不同，信号从一个总线进入到另一个总线区域，必须有一个特殊的设备（模块）满足信息共享与不同协议间的冲突，从而保证无差错传输，这个特殊设备（模块）就是网关。网关是连接整车不同总线间、诊断仪表和与总线系统相连的控制单元间的接口，具有不同协议间的转换能力及改变信息优先权的功能。对于大众动力系统 CAN 和舒适系统 CAN 而言，网关起到了类似于不同速率间的 CAN"同台换乘"的目的。图 10-30 为网关工作示意图。

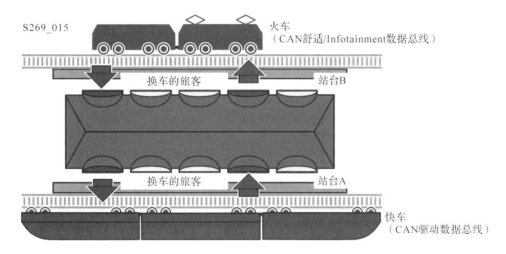

图 10-30　网关工作示意

要想进行故障分析，就必须先使用 VAS 5051 来诊断。故障记录并不能说明数据总线有某种故障，控制单元损坏也会产生与数据总线故障相似的影响。只有读出网关内存储的故障记录才能为故障查询提供必要的帮助。对于 CAN 驱动数据总线来说，可以用欧姆表来检查 CAN 数据总线；对于 CAN 舒适/ Infotainment 数据总线来说，任何时候均可使用 VAS 5051 上的数字存储示波器（DSO）。在将 VAS 5051 接到网关上后，可以通过 VAS 5051 的主菜单使用功能 19（网关）来查看故障记录。在网关菜单中可通过选择 08 来查看测量数据块。随后必须输入想要查看的测量数据块的值。

（2）诊断总线

故障诊断是现代汽车必不可少的一项功能，使用故障诊断主要是为了满足 OBD-Ⅱ（ON Board Diagnose）、OBD-Ⅲ 或 E-OBD（European-On Board Diagnose）标准。目前，大多汽车生产厂商都采用 ISO14230（Keyword Protocol 2000，KWP2000）作为诊断系统的通信标准，它满足 OBD-Ⅱ 和 OBD-Ⅲ 的要求。随着 CAN 总线的广泛应用，欧洲汽车厂商已经开始使用一种基于 CAN 总线的诊断系统通信标准 ISO315765，它满足 E-OBD 的系统要求。

诊断总线用于诊断仪器和相应控制单元之间的信息交换，它被用来代替原来的 K 线或 L 线的功能，如图 10-31 所示为网关诊断接头图。诊断总线通过网关转接到相应的 CAN 总线上，然后再连接相应的控制器进行数据交换。随着诊断总线的应用，大众集团将逐步淘汰

控制器上的 K 线存储器,而采用 CAN 总线作为诊断仪器和控制器间的信息连接线,称为虚拟 K 线。图 10-32 为诊断总线与网关连接示意及诊断总线(虚拟 K 线)示意图。

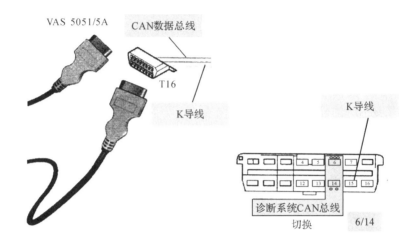

图 10-31 网关诊断接头图

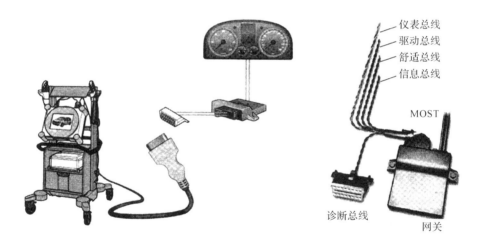

图 10-32 诊断总线与网关连接示意及诊断总线(虚拟 K 线)示意图

3. 动力系统 CAN 的检修基础

动力系统 CAN 的车辆出现故障,维修人员应首先检测 CAN 信息传输是否正常。因为如果 CAN 传输系统有故障,则整个汽车多路信息传输系统中的有些信息将无法传输,接收这些信息的电控模块将无法正常工作,从而为故障诊断带来困难。一般说来,引起动力系统 CAN 故障的原因有三种:一是汽车电源系统引起的故障;二是节点故障;三是链路故障。

(1)汽车电源系统引起的 CAN-BUS 故障

多路信息传输系统的核心是含有通信 IC 芯片的电控模块,电控模块的正常工作电压在 $10.5\sim15.0\mathrm{V}$ 的范围内。如果汽车电源系统提供的工作电压低于该值,就会造成一些工作电压的电控模块出现短暂的停止工作的现象,从而使整个汽车多路信息传输系统出现短暂的无法通信,尤其是高速的动力系统 CAN。

（2）节点故障

节点就是汽车多路信息传输系统中的电控模块，因此节点故障就是电控模块的故障。它包括软件故障即传输协议或软件程序有缺陷或冲突，从而使信息传输系统通信出现混乱或无法工作，这种故障一般成批出现，且无法维修。硬件故障一般是由于通信芯片或集成电路故障，造成信息传输系统无法正常工作。对于采用低版本信息传输协议，即点到点信息传输协议的信息传输系统，如果有节点故障，整个信息传输系统将无法工作。

（3）链路故障

动力传输系统的链路（或通信线路）出现故障时，如通信线路的短路、断路以及物理性质引起的通信衰减或失真，都会引起多个电控单元无法正常工作或电控系统错误动作使动力传输系统无法工作。与舒适系统链路故障诊断一样，动力系统链路故障诊断同样采用示波器或解码器来观察通信数据信号是否与标准通信数据信号相符。在检查数据总线系统前，同样须保证所有与数据总线相连的控制单元无功能性故障。链路故障诊断可参考 ISO 故障表。

模块三　其他网络总线技术

一、LIN 总线技术原理与结构

1. LIN BUS 的含义

LIN 是 Local Interconnect Network 的缩写，即内联局域网，又称本地互联网络。

由奥迪、宝马等七家汽车制造商及摩托罗拉集成电路制造商联合提出的 LIN 协议是一种廉价的局部互联的串行通信网络协议。LIN 是用于汽车分布式电控系统的一种新型低成本串行总线，将开关、显示器、传感器及执行器等简单控制设备连接起来的廉价、单线、串行通信网络协议。LIN 的目标是为现有汽车网络（如 CAN 总线）提供辅助功能。因此，LIN 总线是一种辅助的总线网络，在不需要 CAN 总线的带宽和多功能的场合，比如智能传感器和传动装置之间的通信，使用 LIN 总线可大大节省成本。在低速车身控制条件下，与 CAN 线相比较，LIN 总线控制方案成本较低是最大的优势。

LIN 是一种基于 UART 的数据格式，采用主从结构，而这正是 CAN 总线的带宽和功能所不要求的部分。由于目前尚未建立低端多路通信的汽车标准，而从价格和实用性等因素考虑，LIN 在 A 类网络内与这些网络相比有很强的竞争力，因此 LIN 正逐渐发展成为低成本的串行通信的行业标准。

2. LIN BUS 的特点

（1）12V 单线介质传输，成本低。可直接使用汽车电源电压进行单线传输，结构更简单，可节省大量导线。

（2）单主机/多从机，无总线仲裁。LIN 的拓扑结构为总线型，网络中只有一个主节点，其余均为从节点。数据的优先级由主机节点确定，主节点控制整个网络的通信，网络中不存

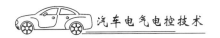

在冲突,不需要仲裁。

(3)不需要改变任何其他从机节点的软件或硬件就可以在网络中方便地直接添加节点。整个网络的配置信息只保存在主节点中,从节点可以自由地接入或脱离网络而不会对网络中的其他节点产生任何影响,可以根据需要灵活改变。

(4)基于普通 UART/SCI 接口硬件实现,从机节点不需要石英或陶瓷振荡器即可实现自同步,协议简单,对硬件的依赖程度低,可以基于普通单片机的通用串口等硬件资源以软件方式实现,成本低廉。

(5)通信量小、配置灵活。信号编码方式为 NRZ(8N1)串行数据格式,通信速率最大可达 20kb/s。

(6)使机械电子部件智能传感器(smart sensors)和智能执行器的应用变得更为简便。

(7)LIN 的协议是开放的,任何组织及个人无须支付费用即可获取。

(8)总线长度不超过 40m,通常一个 LIN 网络节点数小于 12 或 16 个。

(9)睡眠和唤醒:网络空闲时,主节点发出睡眠命令使整个网络进入睡眠状态。睡眠命令只能由主节点发出,网络中任何的一个节点都可以发出唤醒信号来唤醒整个网络。

(10)故障检测:LIN 网络的节点具有区分短暂干扰和永久故障的能力。

3.LIN BUS 的结构原理

以 LIN 总线为基础的车身控制系统的设计如图 10-33 所示。为将汽车上各类原始信号转换为可在 LIN 总线上进行传输的数字信号,同时为提高系统的可靠性,在 LIN 总线上设置了节点。节点的功能是:接收传感器输出的模拟信号、脉冲信号或开关信号,经 ECU 进行处理,转换为可在 LIN 总线上通信的数据报文格式,经 ECU 内的 LIN 控制器发到 LIN 总线上,同时将从 LIN 总线上接收到的数据信息转换成能够驱动执行器或照明灯的模拟信号或数字信号。

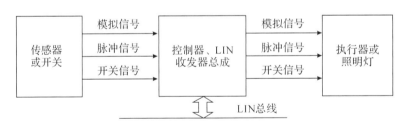

图 10-33　LIN 总线节点结构

LIN 的主机节点可实现一个网关的功能,如 CAN 总线和 LIN 总线之间的网关。根据 OSI(Open System Interconnection,开放系统互联)参考模型,LIN 分为物理层和数据链路层。图 10-34 所示为 LIN 总线网络拓扑结构和通信节点结构。

LIN 网络的节点内部有主机任务和从机任务,图 10-35 为 LIN 的主机任务与从机任务示意图。活动 LIN 网络中的通信总是由主机任务发起,主机任务只在 LIN 总线主机节点上运行,它控制总线上所有的通信,如定义传输速率(2～20kb/s,由一个精确的参考时钟驱动),发送同步间隔、同步场、标识符(ID)场,监控并通过检查校验和来验证数据的有效性,请求从机进入睡眠模式(当需要时再将其唤醒),对从机的唤醒进行响应;从机任务可在主机或从机节点上运行,它等待同步间隔,在同步场取得同步,分析识别码并做出相应动作(什么也

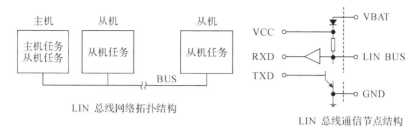

图 10-34　LIN 总线网络拓扑结构和通信节点结构

不做,接收数据或发送数据),检查/发送校验和。

通过主机节点中的从机任务,数据可由主机节点发至任意从机节点。相应的主机报文 ID 可触发从机—从机通信。

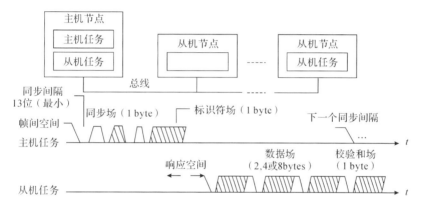

图 10-35　LIN 的主机任务与从机任务

4. LIN BUS 的应用

LIN 总线的目标定位是作为 CAN 的辅助总线,用于车身控制网络的低端场合,实现汽车车身网络的层次化,以降低汽车网络的复杂程度,保持低成本。LIN 协会推荐的典型的基于 LIN 总线的车身网络框图如图 10-36 所示。

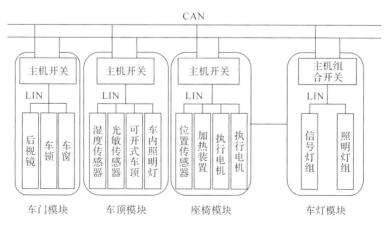

图 10-36　典型的基于 LIN 总线的车身网络框图

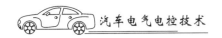

典型的 LIN 总线应用在汽车中的联合装配单元(主要用来连接分布式车身控制电子系统),如车门模块、车顶模块、座椅模块、空调模块、综合仪表盘模块、车灯模块、湿度传感器、交流发电机及雨刷传感器等,图 10-37 所示为奥迪 A8 LIN 网络结构。

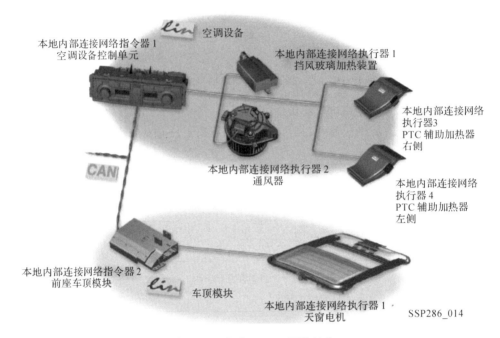

图 10-37 奥迪 A8 LIN 网络结构

图 10-36 中每个模块内部各节点间通过 LIN 总线构成一个低端通信网络,完成对外围设备的控制;各个模块又作为一个节点,通过作为网关的主机连接到低速 CAN 总线上,构成上层主干网,使整个车身电子系统构成一个基于 LIN 总线的层次化网络,实现了真正的分布式多路传输;这些单元可方便地连接到汽车网络供所有其他类型的诊断和服务访问使用,用数字信号代替广泛使用的模拟信号编码,从而可以优化布线,使网络连接的优点得到充分发挥。

对于这些成本比较敏感的单元,LIN 可使那些机械元件,如智能传感器、制动器或光敏器件得到较广泛的使用。这些元件可很容易地连接到汽车网络中,并十分方便地实现维护和服务。在以下的汽车电子控制系统中使用 LIN 总线可得到非常满意的效果:车顶(湿度传感器、光敏传感器、信号灯控制、汽车顶篷),车门(车窗玻璃、中枢锁、车窗玻璃开关、吊窗提手),车头(传感器、小电机),方向盘(方向控制开关、挡风玻璃上的擦拭装置、方向灯、无线电、空调、座椅、座椅控制电机、转速传感器)。

二、MOST 总线技术原理与结构

1. MOST BUS 的含义

MOST 是 Media Oriented System Transport 的简称,意为面向媒体的系统传输。MOST 为多媒体时代的车载电子设备所必需的高速网络、分散多媒体系统的构筑方法、遥控操作及集中管理多媒体设备等提出了方案,可实时处理针对不同多媒体系统的多个数据流、实时数据。

2.汽车多媒体信息网络和协议的类型

汽车多媒体信息网络和协议分为三种类型,分别是低速、高速和无线,对应 SAE 的分类相应为:IDB-C(Intelligent Data Bus-CAN)、IDB-M(Multimedia)和 IDB-Wireless,其传输速率在 250kb/s 到 100Mb/s 间。图 10-38 为汽车多媒体系统示意图,它包括了语音系统、车载电话、音响、电视、车载计算机和 GPS 等系统。

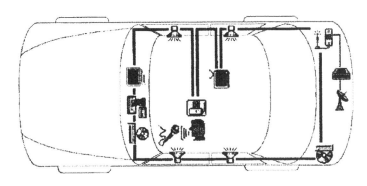

图 10-38 汽车多媒体系统

低速用于远程通信、诊断及通用信息传送,IDB-C 按 CAN 总线的格式以 250kb/s 的位速率进行信息传送。由于已经有许多 1394 标准下的设备,并与 IDB-1394 相兼容,因此,IDB-1394 将随着 IDB 产品进入车辆的同时而成为普遍的标准。

高速主要用于实时的音频和视频通信,如 MP3、DVD 和 CD 等的播放,所使用的传输介质是光纤,主要的 IDB-M 有 D2B、MOST 和 IEEE1394。

D2B 是用于汽车多媒体和通信的分布式网络,通常使用光纤作为传输介质,可连接 CD 播放器、语音控制单元、电话和因特网。D2B 技术已使用于奔驰公司多款 S 级轿车中。

MOST 是车辆内 LAN 的接口规格,用于连接车载导航器和无线设备等。数据传输速度可达 25Mb/s。其规格主要由德国 Oasis Silicon System 公司制订。目前德国宝马、奔驰、奥迪等高端车已大规模使用 MOST 构建汽车多媒体信息系统。

在无线通信方面,蓝牙技术有很大优势,它可以在汽车系统、生产工具间以及服务工具之间建立无线通信。如图 10-39 所示为蓝牙在汽车生产线上的应用。

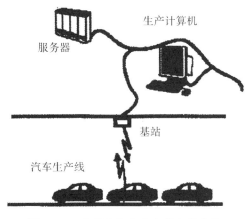

图 10-39 蓝牙在汽车生产线上的应用

3. MOST BUS 的特点

(1)以光纤(单根)为载体,环型拓扑结构,单向传输。控制单元通过光纤沿环形方向(单方向)将数据发送到下一个控制单元,这个过程一直在持续进行,直至首先发出数据的控制单元又接收到这些数据为止,从而形成了一个封闭环。

(2)高达 25Mb/s 的集合同步带宽,远远高于传统汽车网络。相当于 15 个不同的音频流同时播放。MOST 网络中,多媒体信号是同步传输的,无须缓存,即支持如麦克风之类的最简单的多媒体设备。

(3)主从式结构,点对点式通信。常见的 MOST 网络有 3～10 个节点。用户控制界面或 MMI(人机界面)通常作为时序主控者(timing master),负责驱动系统时钟、生成帧数据即 64 字节序列数据。剩下的节点都充当从控者(slave)。

(4)质量非常轻,抗电磁干扰。用单独的塑料光纤媒介传输各种信号,克服了传统的铜布线昂贵、复杂并且不可变的缺点,降低了成本,同时扩展了功能。同时数据不受电磁干扰的影响,也能够消除由于传统铜线传输数据造成的电磁干扰。

(5)独立系统时钟,无中央处理器,宽应用范围:应用于带宽从 kb/s 到几 Mb/s(将来可以达到 150Mb/s),高品质完整数据,具有低抖动特性,支持异步和同步数据传输,一个网络中最多支持 64 个设备;真正的 P2P 网络:允许任何一个节点直接无阻碍地与另外的节点通信(对话);使用轻松:简单的连接器、无交流循环、无辐射、即插即用、虚拟网络管理。

(6)对通信的误码率要求不高。尽管要求较高的通信速率,然而传输多媒体信号对于传输过程中的错误并不敏感(相对控制器网络而言)。例如,视频信号流中误码率达到 10^{-6} 量级,人眼不会有明显的感觉,与控制器网络相比,这一要求相差了 5～6 个量级。

4. MOST BUS 的结构

MOST 总线系统的显著特点是它的环形结构,如图 10-40 所示。MOST 采用点对点的"接力"通信方式实现网络广播,控制单元通过一根光纤把数据传送至环形结构中的下一节点。

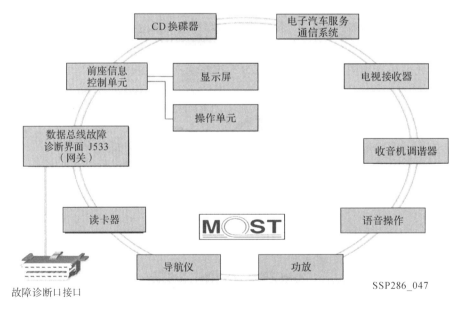

SSP286_047

图 10-40　MOST 的环形结构

这个过程一直持续到数据返回至原先传送它们的那个控制单元。由此,形成了一个闭合的环路。MOST 总线系统的诊断是借助于数据总线的诊断接口和诊断 CAN 进行的。

不过,MOST 的环形拓扑结构与传统的环状结构有所区别,MOST 采用的是带旁路模式的环形拓扑结构,要求在网络中实现一个物理环路(光纤)和一个逻辑环路。网络上的第 N 个设备通过输入端口从第 $N-1$ 个设备收到信号,并将收到的信号在它的输出端口发送到第 $N+1$ 个设备。如图 10-41 所示。

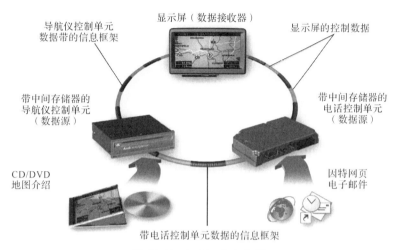

图 10-41　MOST 信息传递

MOST 通过在每个节点上实现即使掉电时也可工作的"旁路模式"(ByPass Mode)解决了传统环路上因节点故障而导致网络瘫痪的问题。

如果 MOST 总线处于睡眠模式,唤醒程序首先把系统切换至备用模式。如果一个控制单元(系统管理器除外)唤醒了 MOST 总线,它就把特殊的已调制光——从属光传送到下一个控制单元。通过睡眠模式中处于激活状态的光敏二极管,环形结构中的下一个控制单元接收从属光并继续传送它。这个过程一直持续到抵达系统管理器为止。通过接收到达的从属光,系统管理器辨认出系统启动的命令。图 10-42 为从属光的传送示意图。

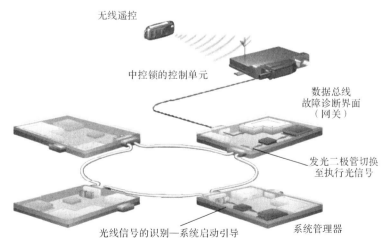

图 10-42　从属光的传送

然后,系统管理器把另一个特殊的已调制光——主控制光传送到下一个控制单元。所有控制单元继续传送这个主控制光。系统管理器通过在它的收发单元—光导发射器(FOT)中接收到主控制光后,就能够判断出环路已经闭合并开始传送信息。图 10-43 为主控光的传送示意图。

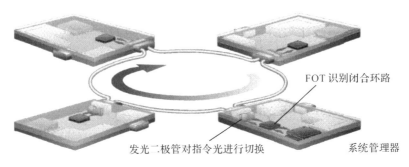

FOT 识别闭合环路

发光二极管对指令光进行切换

系统管理器

图 10-43　主控光的传送

三、FlexRay 总线技术原理与结构

1. FlexRay 概述

汽车电控系统日益复杂,对车辆安全性能要求不断提高,CAN 已不能完全满足分布式控制系统对通信时间离散性和延迟的要求,于是出现了一些传输速率高、可靠性高、通信时间离散度小并且延迟固定的比较新的车载通信网络协议。

以线控系统为主要应用目标的 FlexRay 是由宝马、克莱斯勒、摩托罗拉、菲利普斯等公司组成的 FlexRay 共同体为车载系统高层网络和线控系统制定的通信标准,可视为 Byte Flight 协议的升级。

X-by-Wire 即线控系统,又称电传控制网络。线控技术采用导线实时传送信息,最早在飞机控制系统中得到广泛应用,由于目前对汽车容错能力和通信系统的高可靠性的需求日益增长,X-by-Wire 开始应用于汽车电子控制领域。X-by-Wire 技术将使传统的汽车机械系统(如刹车和驾驶系统)变成通过高速容错通信总线与高性能 CPU 相连的电气系统。X-by-Wire 中的 X 主要体现在综合驾驶辅助系统上,如 Steer-by-Wire(线控转向)、Brake-by-Wire(线控制动)、Suspension-by-wire(线控悬架)、Clutch-by-Wire(线控离合)和 Drive-by-Wire(线控驱动)等特性将为驾驶员带来终极驾驶体验,为实现汽车的无人驾驶(全自动驾驶)奠定了基础。

采用线控技术,可以降低部件的复杂性,减少液压与机械控制装置,可以减少杠杆、轴承等金属连接件,减轻质量,降低油耗和制造成本,相应也提高了可靠性和安全性。还有重要的一点,由于电线走向布置的灵活性,因此汽车操纵部件的布置也具有灵活性,扩大了汽车设计的自由空间。

2. FlexRay 工作原理

FlexRay 的最初设计目标是为满足汽车更高的安全控制要求,实现线控控制技术。FlexRay 是一种既支持时间触发、又支持事件触发访问方式的协议。FlexRay 得到众多实力厂商的支持,是事实上的线控控制协议标准。

以飞机控制系统(是一种线控系统 Fly-by-Wire)为例,介绍线控系统的工作过程:首先将飞机驾驶员的操纵命令转换成电信号,利用计算机控制飞机飞行。这种控制方式引入到汽车驾驶上,就是将驾驶员的操作动作经过传感器转变成电信号,通过网络直接传输到执行机构。线控过程如图 10-44 所示。

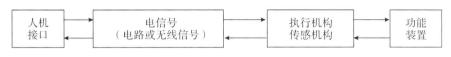

图 10-44　线控过程示意

FlexRay 安全总线创立了大量的线控技术,如宝马的线控制动(Brake-by-Wire)分为电液制动系统(EHB)和电子机械制动系统(EMB)。电液制动系统(EHB)是将电子与液压系统相结合所形成的多用途、多形式的制动系统;EHB 由电子系统提供柔性控制,液压系统提供动力。而电子机械制动系统(EMB)则将传统制动系统中的液压油或空气等传力介质完全由电制动取代,是制动控制系统的发展方向。

图 10-45 所示为 Steer-by-Wire 系统原理图。在该系统中,无论是电控单元,还是传感器和执行器都有冗余备份,极大地增加了系统的安全性和可靠性。

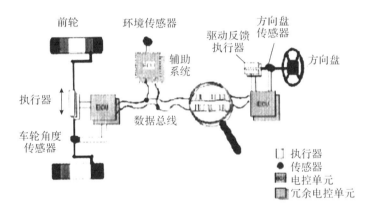

图 10-45　Steer-by-Wire 系统原理图

四、其他总线技术介绍

1. 蓝牙概述

蓝牙是一种短距离无线通信技术,利用蓝牙技术,能有效简化掌上电脑等移动通信终端设备间的通信,也能成功简化以上设备与因特网间的通信,从而使现代设备与因特网间数据传输变得更加迅速高效,为无线电通信拓宽了道路。蓝牙是 1998 年 5 月五家世界著名的大公司——爱立信(Ericsson)、诺基亚(Nokia)、东芝(Toshiba)、国际商用机器公司(IBM)和英特尔(Intel)联合宣布的一项技术。

蓝牙技术与红外技术的区别:

(1)蓝牙技术与红外技术相比的主要优势是蓝牙传输不要求视线传输(即发送设备与接

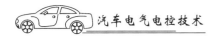

收设备间可以存在障碍)。

(2)蓝牙技术与红外技术存在明显的重叠区域,但这两种技术是互补的,它们都有适合自己的应用和预期的使用模型。

(3)红外技术已被全球范围内的众多软硬件厂商所支持和采用,目前主流的软件和硬件均提供对它的支持。

(4)蓝牙在安全方面还存在一些漏洞,目前相对价格还比较高。

汽车系统和蓝牙技术相结合,将会给汽车的生产和服务带来更大的方便,如果进一步和移动电话甚至因特网连接起来,车主在任何时间、任何地点都可以了解汽车的状况并给予必要的控制。但要在汽车内实现蓝牙技术,还需要使蓝牙技术和 CAN 技术相配合。

2. 蓝牙技术在汽车上的应用

蓝牙技术在汽车上的应用场合如下:

(1)当汽车进入服务站时,它的蓝牙站和服务站主计算机建立连接,它和汽车计算机通过蜂窝电话系统交换信息。

(2)服务站主计算机提醒服务人员分配任务,同时其计算机和汽车建立连接,并下载一些需要的信息。

(3)服务人员在其计算机上获得必要的工作指示,当给汽车服务时,他可通过计算机控制和调节一些功能,如灯、窗户、空气、发动机参数等,也可为任何电子控制单元下载最新版本的软件。

(4)手机的免提操作功能。它使司机在开车过程中无须手持手机即可接听来电,并且当电话铃声响起时,他们也无须到处寻找手机。

为使蓝牙技术在汽车中真正具有吸引力,必须能够在标准蓝牙 MAC 层与用户订制的 MAC 层间切换。在汽车工业中把蓝牙技术用作 CAN 网络的网关,将使汽车具有更高的无线接口能力,从而具有更广阔的市场前景。将蓝牙单元安置在需要灵活电缆的地方,而不是仅仅与上面提到的蓝牙 CAN 网关通信,市场潜力会更大。图 10-46 为 2003 款奥迪 A8 轿车总线网络示意图。图 10-47 所示为蓝牙技术在汽车中的拓扑结构。

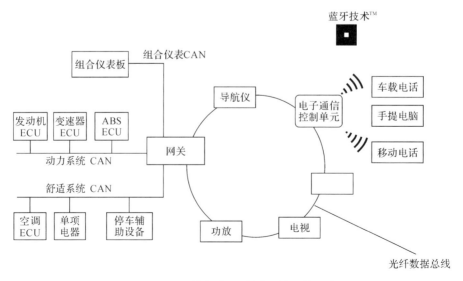

图 10-46　2003 款奥迪 A8 轿车总线网络示意图

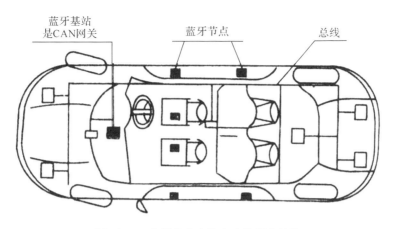

蓝牙基站
是CAN网关

蓝牙节点

总线

图 10-47　蓝牙技术在汽车中的拓扑结构

习题

1.比较 LIN、CAN、MOST、FlexRay 等总线协议的特点,分析各自的应用场合。

2.为什么大众舒适系统 CAN 可以单线模式运行而大众动力系统 CAN 不能单线模式运行?

3.汽车上为何要采用总线系统? 车载网络系统的应用对汽车有什么影响? 总线系统是如何传输数据的? 传输过程中如何进行差错控制?

4.车载网络系统在使用了物理线路后,为什么还需要采用协议进行控制? 不同的协议控制出发点是什么?

5.试比较丰田、通用、大众帕萨特车系的舒适系统的结构与特点。

学习单元十一
发动机电控系统

知识目标

1. 熟练掌握电控发动机正常运行的基本工作要素；
2. 熟练掌握汽油发动机电控系统的控制原理；
3. 熟练掌握汽油发动机管理系统的电控技术应用状况与结构原理；
4. 了解柴油发动机管理系统的控制与结构原理。

能力目标

1. 能够识别汽油发动机管理系统的各大部件的名称且了解其作用；
2. 能正确指出汽油发动机管理系统各部件在实车上的安装位置；
3. 能够解读汽油发动机管理系统的相关技术术语缩写含义；
4. 能够识别柴油发动机管理系统的各大部件的名称且了解其作用；
5. 能够对发动机电控系统进行日常简单保养与维护。

模块一 汽油发动机电控系统

一、电控汽油发动机的工作要素与结构组成

1.电控汽油发动机正常运行的基本工作要素

一般意义上的电控汽油发动机主要是指电子控制燃油喷射发动机(EFI)，但事实上随着发动机电控技术的发展，现代电控发动机确切地说应该是发动机电子控制管理系统或简称发动机管理系统(EMS)，除了常规的燃油喷射控制系统外，还有点火反馈控制系统、空气供给系统、排放管理系统、防盗控制系统等。现代电控汽油发动机大都是基于扭矩控制策略下

的发动机管理系统,兼顾环保性能指标、燃油经济性能指标和动力性能指标等。

电控汽油发动机要正常运行,需要五大子系统满足一定的空燃比和点火提前角才能正常工作。这五大子系统分别是发动机机械系统、燃油供给系统、空气供给系统、点火系统、发动机电控系统,其结构框图如图 11-1 所示。

机械系统是发动机运行的基础,主要为发动机的正常运行提供正常的气缸压缩压力和合适的配气正时。

燃油供给系统则通过汽油泵、滤清器及油压调节器等建立合适的燃油压力,再通过喷油器将汽油以雾状喷入进气道或气缸内,并由电控系统精确控制供油量。

空气供给系统即进排气系统,主要保证进排气通畅的情况下,对进气量进行控制测量,与燃油系统的供油量一起生成合适的空燃比,并提供闭环控制。

点火系统通过点火线圈产生足够的火花能量,对可燃混合气的点火时刻进行精确的反馈控制,即点火正时闭环控制。

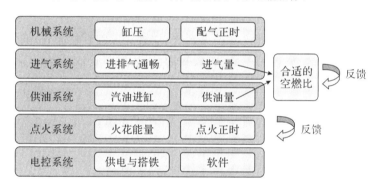

图 11-1　电控汽油发动机的运行要素

汽油发动机电控系统利用安装在发动机上的各类传感器,将不同的物理量转化成电信号,经控制器的分析、运算、判断,基于扭矩控制策略,兼顾环保性能、燃油经济性和动力性指标,通过对进气量、燃油供给量和点火进行控制的执行器,实现对发动机的目标空燃比和目标点火角进行反馈闭环控制(即空燃比反馈控制和爆震反馈控制),满足发动机在启动、怠速、小油门、加速、减速、大负荷等工况的工作要求,保证汽车在不同的工况下均能处在最佳状态下运行,降低油耗和排放,减少动力传动系统的冲击,减轻驾驶人员的劳动强度,提高汽车的动力性、经济性和舒适性。

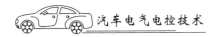

2. 汽油发动机电控系统的结构组成

就总体结构而言,汽油发动机电控系统都是由传感器、电子控制单元(ECU)和执行器三部分组成,电控系统组成如图 11-2、图 11-3 所示。

桑塔纳 2000GSi、3000 型轿车发动机电控系统的传感器有空气流量传感器、曲轴位置传感器、凸轮轴位置传感器、怠速节气门位置传感器和节气门位置传感器(两只传感器与节气门控制组件 J338 制作成一体)、冷却液温度传感器、进气温度传感器、氧传感器、爆震传感器和车速传感器。

发动机电控单元(ECU)除了接收上述传感器输送的信号外,还要接收点火启动开关、空调开关、怠速开关 F60、电源电压以及空挡安全开关(对装有自动变速器的汽车而言)信号,以便判断汽车运行状态并采取相应的控制措施。

桑塔纳 2000GSi、3000 型轿车发动机电子控制系统的执行器有电动燃油泵、电磁喷油器、怠速控制电动机(在节气门控制组件 J338 内)、活性炭罐电磁阀、点火控制器和点火线圈。

发动机上不同的执行器完成不同的控制功能。一个执行器和若干个传感器组合起来,构成了发动机电子控制系统中一个子系统,有的子系统同时具有多种控制功能。这些子系统有燃油喷射控制系统、微机控制点火系统、空燃比反馈控制系统、怠速控制系统、燃油蒸气回收系统、发动机爆震控制系统、排放控制系统、故障自诊断系统等。

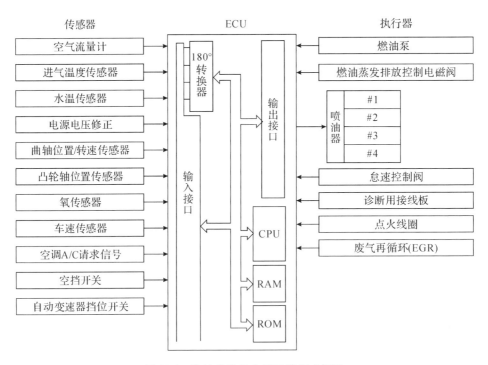

图 11-2　汽油发动机电控系统组成框图

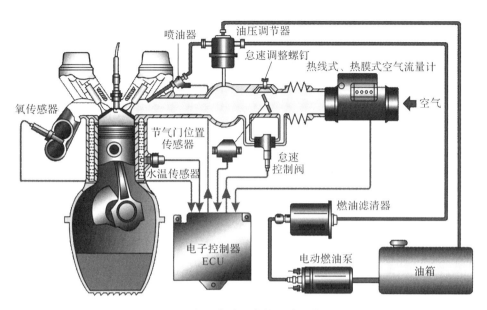

图 11-3 汽油发动机电控系统组成结构

二、发动机机械系统的电控技术应用

机械系统是发动机运行的基础,内燃机工作基本机械条件是:正常的气缸压缩压力和合适的配气正时。为了满足现代汽车排放法规的要求,发动机电控技术在机械系统方面也做了很多的电控改进和技术应用,如闭缸技术(可变排量发动机管理系统)、阿特金森循环发动机和米勒循环发动机、小排量发动机等。

1.发动机闭缸技术

发动机闭缸技术可根据实际工况需要,适当地关闭部分发动机气缸的工作。通过控制进气门和油路来开启或关闭某个气缸的工作,实现多种工作模式切换,以降低油耗,提高燃油的经济性。

链接:大众发动
机闭缸技术

凯迪拉克早在 20 世纪 80 年代就在自家的 L62 V8-6-4 发动机上进行了应用,发动机可以在 8 缸、6 缸、4 缸的状态下进行切换。从实际效果来看,这台发动机在当时有着非常明显的油耗优势。四缸可变排量发动机工作如图 11-4 所示。

众所周知,中低速匀速行驶时车辆所需的功率相对较少,而加速和高速行驶时所需功率较大。发动机闭缸技术的原理就是在特定情况下关闭发动机的部分气缸达到对发动机功率需求的变化。多缸发动机的闭缸技术在发展过程中主要有三种类型:

链接:博世发动
机闭缸技术

(1)对特定气缸断油;

(2)对特定气缸断油并且停止其气门运动(以此来减少泵气损失);

(3)在第 2 点的基础上再把废气引入停缸的气缸中,以此来维持热平衡。

从所能实现的效果来看,第 3 点技术效果最好,但是难度也最大,宝马正在朝着这个方向进行研究。目前应用最广泛、也是稳定性最高的方法是第 2 种,即断油+停止气门运动。

四个缸同时工作　　　　　　　　　　　只有两个缸工作

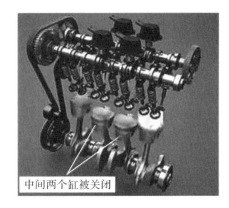

四个缸正常工作　　　　　　　　　中间两个缸被关闭

当需要发动机输出强劲动力时（如起步　　当不需要发动机输出过多的动力时（如
加速等），四个缸全力投入到工作中　　　停车怠速等），关闭其中两个缸，只有
　　　　　　　　　　　　　　　　　　　两个缸工作，从而降低油耗

图 11-4　四缸可变排量发动机工作示意

图 11-5 为发动机气缸关闭原理示意图（可变气门升程技术）。

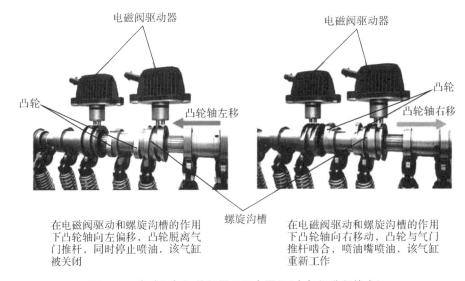

在电磁阀驱动和螺旋沟槽的作用　　　　　在电磁阀驱动和螺旋沟槽的作用
下凸轮轴向左偏移，凸轮脱离气　　　　　下凸轮轴向右移动，凸轮与气门
门推杆，同时停止喷油，该气缸　　　　　推杆啮合，喷油嘴喷油，该气缸
被关闭　　　　　　　　　　　　　　　　重新工作

图 11-5　发动机气缸关闭原理示意图（可变气门升程技术）

　　因此,目前的闭缸技术主要是通过对传统的气门传动部件的改动,来实现闭缸时气门的停止运动,也可看成是气门升程技术的极致应用和电控的配合。具体到各大汽车制造商的技术,通用公司通过更改挺柱、本田更改摇臂、大众更改凸轮轴的方式实现发动机闭缸技术。

　　通用采用了与克莱斯勒相类似的技术,克莱斯勒旗下的 Pentastar 3.6L V6 发动机通过搭载"发动机闭缸技术"曾连续三年当选沃德十佳发动机。这两个品牌的发动机闭缸技术原理主要是在挺柱上做改动,ECU 根据工况控制电磁阀开启,开启后,油压变化,使锁止销移动,挺柱缩短,挺柱上的弹簧伸长,保持气门传动间没有间隙,实现了凸轮轴转动,而气门不打开。

本田的可变气缸管理(VCM)技术原理则是控制气门的连杆摇臂内液压油路控制柱塞的连通、断开来实现气缸的做功与否,这套发动机可变缸体控制系统可以实现发动机在高转时候的高动力,在低速或者拥堵路段也能做到小排量车的低排放、低油耗。在起步或者加速阶段,6缸发动机的6个气缸会全部运转;而在巡航等负荷较小的阶段,发动机会关闭单侧的3个气缸;如果在3缸状态下进行缓慢的加速,那么发动机会由3缸状态切换至4缸状态。

大众采用了气缸可调技术(ACT),通过改进凸轮轴进而实现凸轮轴左右移动来实现闭缸。经过改造的凸轮轴有高低两种角度,通过电磁阀的控制来选择用高角度运行或者是低角度运行,当在低角度状态下时凸轮轴无法触及气门,因此ECU也不会向气缸内进行喷油。大众的这项技术实际上是来自于奥迪的闭缸(Cylinder On Demand,COD)技术,搭载这项技术的奥迪S7虽然排量高达4.0L并且配备了涡轮增压技术,但油耗却达到了惊人的9.7L/100km。

2.阿特金森循环发动机和米勒循环发动机

目前四行程内燃机采用的大多是由1876年德国工程师尼古拉斯·奥托利用定容加热的理想热力循环原理命名的奥托循环发动机。奥托循环的一个周期是由吸气过程、压缩过程、膨胀做功过程和排气过程这四个行程构成。奥托循环(Otto Cycle)是理想化的循环,由绝热压缩过程、定容加热过程、绝热膨胀过程和定容放热过程所组成的可逆循环。其认为系统的组成、性质和质量都保持不变,而实际上因为发生了燃烧和爆炸,系统的组成和性质必然发生变化,因此实际汽油发动机的效率要比奥托理想循环的效率低很多,只有一半或更小约25%左右。现代的汽车、卡车等使用的内燃机中大多都是采用奥托循环的。图11-6和图11-7所示分别为奥托循环流程图和奥托循环的PV图。

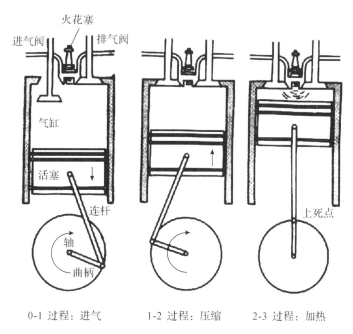

0-1 过程:进气   1-2 过程:压缩   2-3 过程:加热

图 11-6　奥托循环流程图(一)

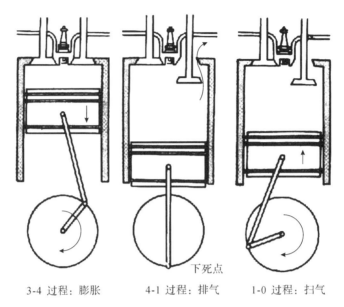

3-4 过程：膨胀   4-1 过程：排气   1-0 过程：扫气

图 11-6　奥托循环流程图（二）

在奥托循环中,压缩比是一个恒定的数值。想要提升动力,提高压缩比是一个手段;想要提高燃油经济型,提高压缩比也是一个手段。但压缩比不能无限提升,传统内燃机的压缩比几乎到了极限。不过人类的智慧经常另辟蹊径,既然无法提高压缩比,那就把"膨胀比"搞大,但奥拓循环的压缩比等于膨胀比,意味着增大膨胀比的同时压缩比也同样增大,从而引起发动机爆震倾向增大。于是,有了现代版的阿特金森循环发动机和米勒循环发动机。

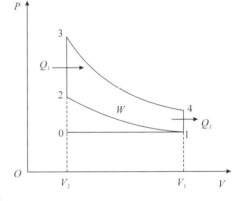

图 11-7　奥托循环的 PV 图

（1）阿特金森循环发动机（Atkinson Cycle Engine）

1882 年,詹姆斯·阿特金森(James Atkinson)发明了一款发动机,与当时的奥托循环发动机不同的是,这款发动机在压缩行程和做功行程中,活塞的位移是不一样的。阿特金森发动机使用了较为复杂的连杆来完成动力从活塞到曲轴的输出。做功和排气行程时,活塞行程最长,以有效地利用废气的能量来做更多的功,优点是省油,提高发动机热效率至 38%,是世界上热效率最高的发动机。阿特金森发动机的特点是使燃烧在气缸中的油/气混

链接:阿特金森循环

合物的体积膨胀得更大,借此让动力装置能更高效地利用燃油。缺点是需要改变活塞的行程,复杂的连杆在体积和故障情况上都不如奥托发动机,所以在汽车上未能普及。

而现代阿特金森循环发动机使用电子控制装置和进气门定时装置,通过推迟进气门关闭,在压缩行程从进气门排出部分燃气,减少进气量,从而实现膨胀比大于压缩比,提高燃油利用率,达到节油的目的。目前丰田已经发展到配备可变气门的阿特金森循环发动机,结合了奥托循环式气门可变的优点。虽然丰田普锐斯宣称使用了阿特金森发动机,但从实际结

构来看,本质上是米勒循环的方式。

（2）米勒循环发动机(Miller Cycle Engine)

米勒循环是奥托循环的一种改良,并不是一种新的热机循环。1940 年,米勒重拾这种不对等膨胀/压缩比发动机,但舍弃了复杂的连杆结构,而是采用配气时机来制造这种效果。其解决方式为:在吸气行程结束时,推迟气门的关闭,这就将吸入的混合气又"吐"出去一部分,再关闭气门,开始压缩行程。米勒循环通过改变进气门关闭角度控制发动机负荷,从而减少了部分负荷下发动机的泵气损失,解决了采用节气门负荷控制的奥托循环时,发动机泵气损失大、经济性差等一系列问题。发动机的膨胀比大于压缩比,在膨胀行程中可最大限度地将热能转化为机械能,达到改善发动机热效率、降低燃油消耗的目的。米勒循环发动机与奥托循环发动机一样,使用活塞、气门、火花塞等部件。

米勒循环的关键是"膨胀比",就是用来定义燃烧气体膨胀后容积与燃烧室容积的比值。米勒循环发动机是一种膨胀比大的发动机,意味着燃烧气体膨胀得比较多,做的功比较大。但膨胀比大,也代表压缩比的增加,压缩比一提高,爆震的问题很难避免。解决的关键在于它把进气时吸进来的气又给偷偷地放了出去。在压缩行程刚开始的时候,进气门其实没有关闭,所以有一部分混合气就又回到了进气歧管中。这时,再利用原本就有的 10∶1 的高压缩比进行做功行程,就产生了如此大的动力。于是在压缩行程时,真正被压缩的混合气其实没有这么多,实际上的压缩比没有膨胀比这么高,借此有效地避免了爆震的问题。放气的关键在于进气门非常慢关,大概是在活塞通过下止点后 70°,比一般的发动机大约慢了 30°左右,于是活塞在通过下止点后,便利用这 30°曲轴转角把混合气给扫回进气歧管,在机械增压系统的作用下保持压力,在下一个进气行程时可用于提高进气效率并减少泵气损失。

图 11-8 所示为常规奥托循环发动机配气相位和米勒循环配气相位的对比。对比常规发动机,米勒循环进气门晚闭,将吸入气体部分反流排出,排气门晚开,使做功时间加长。图 11-9 所示为奥托循环、阿特金森循环和米勒循环发动机的 PV 对比图。1-2-3-4 为传统发动机 PV 图,6-2-3-5 为阿特金森/米勒循环 PV 图,阴影部分可以理解为阿特金森/米勒循环额外的活塞行程及其利用的能量。

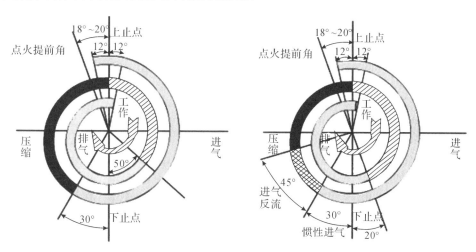

图 11-8　奥托循环和米勒循环发动机配气相位对比

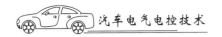

米勒循环发动机与奥托循环发动机之间存在两大差异：

1）米勒循环发动机依赖于机械增压器；

2）米勒循环发动机在压缩冲程期间，进气门保持打开状态，因此发动机将压缩机械增压器的压力，而不会压缩气缸壁的压力。由此将使效率提高约15%。

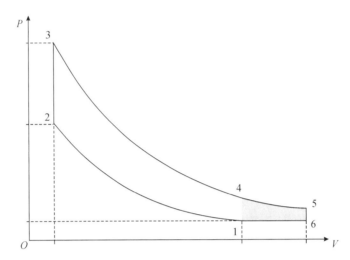

图 11-9　奥托循环、阿特金森循环和米勒循环发动机的 *PV* 对比图

三、空气供给系统的电控技术应用

1.进气量计量方式

空气供给系统的功用是为发动机可燃混合气的形成提供清洁的空气，控制进入发动机正常工作时的进气量并计量。因此，电控技术应用目的在于如何准确地对进气量进行计量。

按空气量测量方式分类，可分为间接测量方式（D 型进气压力检测）和直接测量方式（L 型进气流量检测）两类。

（1）间接测量方式（D 型进气压力检测）

ECU 通过测量发动机转速、节气门开度或进气歧管压力，计算出发动机吸入的空气量。按所需测量的参数分类，可分为节流—速度方式和速度—密度方式两种。

1）节流—速度方式

节流—速度方式是指 ECU 通过测量节气门开度和发动机转速，根据节气门开度、发动机转速和发动机进气量的关系，计算出每一循环进入气缸的空气量，从而确定循环基本喷油量。

2）速度—密度方式

速度—密度方式是指 ECU 通过测量进气歧管压力和发动机转速，根据进气歧管压力、发动机转速和发动机进气量的关系，计算出每一循环进入气缸的空气量，从而确定循环基本喷油量。如博世公司的 D-Jetronic 系统，其系统流程如图 11-10 所示。

（2）直接测量方式汽油喷射系统

直接测量方式采用空气流量传感器直接测量发动机单位时间吸入的空气量，ECU 根

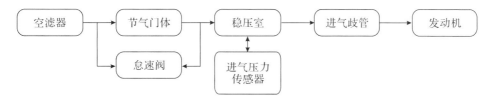

图 11-10 D 型空气供给系统流程

据流量传感器测出的空气流量和发动机的转速,计算出每一工作循环发动机吸入的空气量,从而确定循环基本喷油量。对于直接测量方式,按测出的是空气的体积流量,还是质量流量,可分为体积流量方式和质量流量方式。如博世公司的 L-Jetronic 系统,其系统流程如图 11-11 所示。

图 11-11 L 型空气供给系统流程

1)体积流量方式

体积流量方式采用翼片式空气流量传感器或卡门旋涡式空气流量传感器,测量发动机单位时间吸入的空气体积。

2)质量流量方式

质量流量方式利用热线式或热膜式空气流量传感器,测量发动机单位时间吸入的空气质量。

2.进气量控制方式

采用各类电控技术提高进气量的目的是提高进气效率,其方式目前主要分为两大类:自然吸气和进气增压。

(1)自然吸气方式中的电控技术应用

自然吸气是汽车进气的一种,是在不通过任何增压器的情况下大气压将空气压入燃烧室,进气是在接近大气状态下进行的。自然吸气发动机在动力输出的平顺性与响应的直接性上,要远优于增压发动机。

为了尽可能地提高进气效率,目前自然吸气方式普遍采用了谐波增压进气系统、可变配气正时及电子节气门控制等方式。

1)谐波增压进气系统

谐波增压进气系统(Acoustic Control Induction System,ACIS)又称惯性增压进气系统,该系统利用进气气流惯性产生的压力波来提高充气效率,主要通过可变进气歧管系统(VIS)、可变进气道系统(VAD)来实现。

可变进气歧管技术与可变配气技术有些类似,但是可变进气歧管技术更注重提高低转速时的扭力输出(对高转速时功率的输出提高效果不是很明显)。为了更好地适应不同转速的进气需求,一般普遍采用两段可变进气歧管长度的设计,如图 11-12 所示。奥迪的 V8 发动机则采用了三段可变进气歧管长度,每列气缸都有分三段可调的进气歧管,共有 24 个进气歧管。

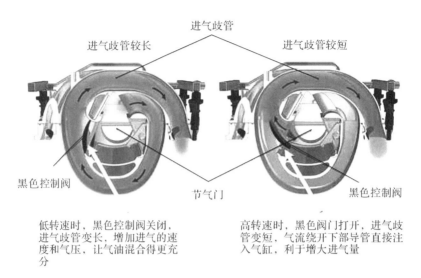

图 11-12 可变进气歧管系统示意图

①可变进气歧管系统

进气管长度长时,压力波波长长,可使中低速转速区扭矩增大;进气管长度短时,压力波波长短,可使高速转速区功率增大。长进气歧管在发动机低速时使用,低进气频率与低转速发动机进气需求匹配,改善发动机扭矩的输出。短进气歧管在发动机高速时使用,改善进气效率。另一种方法是通过控制变换阀的开或关,改变进气管的有效长度。

②可变进气道系统

Boxer 发动机和 V-type 发动机(非直列发动机)采用的是通过进气共振来提高发动机中高转速的动力。每个气缸都共享着同一个谐振室,它们互相连接,其中一个进气管能在 ECU 的控制下,打开和关闭阀门,阀门开关频率与各个气缸之间的进气频率(进气频率实际上又取决于发动机的转速)相关。这样,在气缸与气缸之间就形成了一种压力波。如果进气频率与压力波转速相对称,根据共振的原理,空气就会因为强烈的共振而被强力地推进气缸,从而改善进气效率。

2)可变配气正时(Variable Valve Timing,VVT)

配气相位机构的主要功能是按照一定的时限来开启和关闭各气缸的进、排气门,从而实现发动机气缸换气补给的整个过程。传统发动机的配气系统只能定时开启进排气门,不能根据发动机的实际运转情况及时做出调整,这就会出现气门开启过早、气门开启过多等情况,从而导致燃烧不充分。采用可变配气正时技术的目的就在于根据发动机的转速控制气门正时,充分发挥汽车的最佳燃油效果。

发动机可变气门正时技术原理是根据发动机的运行情况,调整进气(排气)的量以及气门开合时间、角度,使进入的空气量达到最佳,提高燃烧效率。

各汽车制造商采用了不同的可变气门正时技术,其缩写各不相同,但总的说来趋向于一种技术,仅仅名字不同而已。韩系车的 VVT 是根据日本的丰田的 VVT-i 和本田的 VTEC 技术模仿而来,但是相比丰田的 VVT-i 可变正时气门技术,VVT 仅仅是可变气门技术,缺少正时技术,所以 VVT 发动机确实要比一般的发动机省油,但是赶不上日系车的丰田和本田车省油。目前相关技术主要有本田的 VTEC、i-VTEC，丰田的 VVT-i，日产的 CVVT，三菱的 MIVEC，铃木的 VVT，现代的 VVT，起亚的 CVVT，奥迪的 AVS，宝马的 Valvetronic 可变气门升程系统，英菲尼迪的 VVEL 系统以及菲亚特的 Multiair 电控液压进气系统等。

　　丰田 VVT-i 系统全称为智能可变配气正时系统，如图 11-13 所示。目前多采用了双 VVT-i（双智能可变气门正时发动机），双 VVT-i 指的是 ECM 在各种行驶工况下自动搜寻一个对应发动机转速、进气量、节气门位置和冷却水温度的最佳气门正时，分别控制发动机的进气系统和排气系统进行优化，从而提高发动机在所有转速范围内的动力性、燃油经济性，降低尾气的排放。

　　本田的 VTEC 系统全称为可变气门配气相位和气门升程电子控制系统，如图 11-14 所

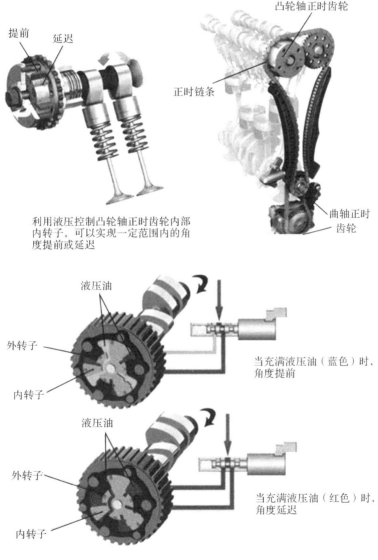

图 11-13　丰田 VVT-i 系统

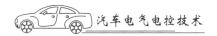

示。目前多采用了i-VTEC(智能可变气门正时和升程系统),i-VTEC系统可连续调节气门正时,且能调节气门升程。

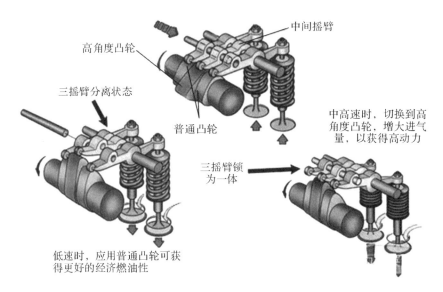

图 11-14 本田的 VTEC 系统

本田的 VTEC 系统是一种既可改变配气正时,又能改变气门运动规律的可变配气定时—升程的控制机构,是世界上第一个能同时控制气门开闭时间及升程等两种不同情况的气门控制系统。

一般发动机每缸气门组只由一组凸轮驱动,而 VTEC 系统的发动机却有中低速用和高速用两组不同的气门驱动凸轮,并可通过电子控制系统的自动操纵转换。采用 VTEC 系统,保证了发动机中低速与高速不同的配气相位及进气量的要求,使发动机无论在何速率运转都达到动力性、经济性与低排放的统一和极佳状态。本田发动机进气凸轮轴中,除了原有控制两个气门的一对凸轮(主凸轮和次凸轮)和一对摇臂(主摇臂和次摇臂)外,还增加了一个较高的中间凸轮和相应的摇臂(中间摇臂),三根摇臂内部装有由液压控制移动的小活塞。发动机低速时,小活塞在原位置上,三根摇臂分离,主凸轮和次凸轮分别推动主摇臂和次摇臂,控制两个进气门的开闭,气门升量较少,情形好像普通的发动机。发动机达到某一个设定的高转速时,电脑即会指令电磁阀启动液压系统,推动摇臂内的小活塞,使三根摇臂锁成一体,一起由中间高角度凸轮驱动,由于中间凸轮比其他凸轮都高,升程大,所以进气门开启时间延长,升程也增大了。当发动机转速降低到某一个设定的低转速时,摇臂内的液压也随之降低,活塞在回位弹簧作用下退回原位,三根摇臂分开。

整个 VTEC 系统由发动机 ECU 控制,ECU 接收发动机传感器(包括转速、进气压力、车速、水温等传感器)的参数并进行处理,输出相应的控制信号,通过电磁阀调节摇臂活塞液压系统,从而使发动机在不同的转速工况下由不同的凸轮控制,影响进气门的开度和时间。

奥迪的可变气门升程系统(AVS)如图 11-15 所示,主要通过切换凸轮轴上两组高度不同的凸轮来改变气门的升程,其原理与本田的 i-VTEC 非常相似,只是 AVS 是通过安装在凸轮轴上的螺旋沟槽套筒来实现凸轮轴的左右移动,进而切换凸轮轴上的高低凸轮。发动机处于高负荷时,电磁驱动器使凸轮轴向右移动,切换到高角度凸轮,从而增大气门的升程;

当发动机处于低负荷时,电磁驱动器使凸轮轴向左移动,切换到低角度凸轮,以减少气门的升程。奥迪 AVS 在发动机 700 至 4000 转之间工作,当发动机处于中间转速区域进行定速巡航时,AVS 可以为车辆提供很好的节油效果。不过这套系统的气门升程依然是两段式的,没有做到气门升程的无级调节,所以对进气流量的控制还不够精确。

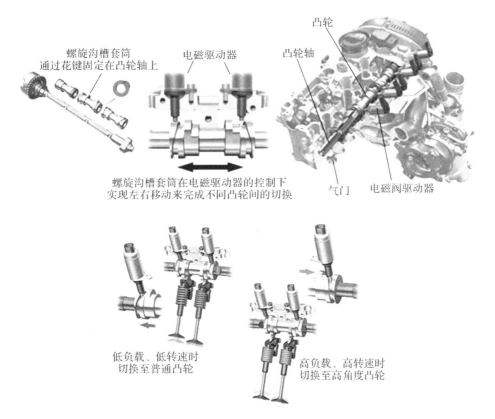

图 11-15　奥迪的可变气门升程系统

MIVEC 全称为"Mitsubishi Innovative Valve timing Electronic Control system",即三菱智能可变气门正时与升程管理系统。装备 MIVEC 系统的发动机与普通发动机一样采用每缸四气门、两进两排的设计,但不同的是它可以控制每缸两个进气门的开闭大小。如在低速行驶时,MIVEC 系统发出指令,两个进气门中的其中一个升程很小,此时基本就相当于一台两气门发动机。由于只有一个进气门工作,吸入的空气不会通过气缸中心,所以能产生较强的进气涡流,对于低速行驶,尤其是在冷车怠速条件下能增大燃烧速率,使燃烧更充分,从而大大提高了经济性。堵车时,装备了 MIVEC 系统的发动机比普通发动机能节省不少的燃料。需要加速或高转速行驶时,MIVEC 系统会让两个进气门同时以同样的最大升程开启,这时的进气效率能显著提高,令发动机在高转速运转时能有充足的储备。当然 MIVEC 系统并不是只有这两种可变的工作状态,它可以根据各传感器传来的发动机工况信号来适时调整最合理的配气正时,总之,MIVEC 系统可以令发动机时刻处在最佳燃烧状态。

宝马 Valvetronic 可变气门升程系统(见图 11-16)在传统的配气相位机构上增加了一根偏心轴、一个步进电机和中间推杆等部件,该系统借由步进电机的旋转,再在一系列机械传动后很巧妙地改变了进气门升程的大小。

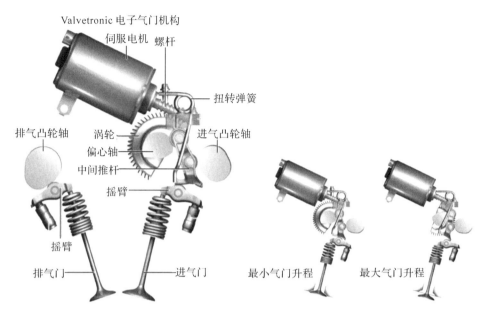

图 11-16　宝马 Valvetronic 可变气门升程系统

可变气门正时技术几乎已成为当今发动机的标准配置,可变气门正时技术与可变气门升程技术的有效结合,为发动机在各种工况和转速下提供了更高的进、排气效率。提升动力的同时,也降低了油耗水平。

3)电子节气门控制系统(ETCS)

普通节气门由脚踏板带动的油门拉线控制,而电子节气门系统能根据油门踏板位置信号,直接驱动直流电动机通过减速机构来自动实现进气总管的开度控制。电子节气门是汽车发动机的重要控制部件。驾驶员操纵加速踏板,加速踏板位置传感器产生相应的电压信号输入节气门控制单元,控制单元首先对输入的信号进行滤波,以消除环境噪声的影响,然后根据当前的工作模式、踏板移动量和变化率解析驾驶员意图,计算出对发动机扭矩的基本需求,得到相应的节气门转角的基本期望值。然后再经过 CAN 总线和整车控制单元进行通信,获取其他工况信息以及各种传感器信号如发动机转速、挡位、节气门位置、空调能耗等,由此计算出整车所需的全部扭矩,通过对节气门转角期望值进行补偿,得到节气门的最佳开度,并把相应的电压信号发送到驱动电路模块,驱动控制电机使节气门达到最佳的开度位置。节气门位置传感器则把节气门的开度信号反馈给节气门控制单元,形成闭环的位置控制。图 11-17 所示为电子节气门和传统节气门的对比,图 11-18 为电子节气门构造图。

采用电子节气门控制系统,使节气门开度得到精确控制,不但可以提高燃油经济性,减少排放,同时,系统响应迅速,可获得满意的操控性能;另一方面,可实现怠速控制、巡航控制和车辆稳定控制等的集成,简化了控制系统结构。

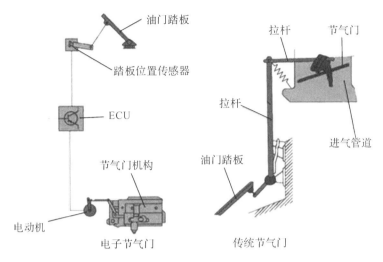

图 11-17　电子节气门和传统节气门的对比

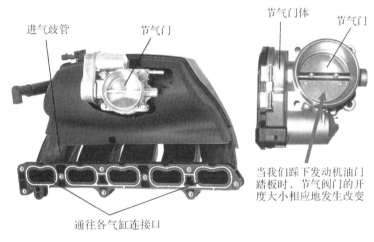

图 11-18　电子节气门构造

（2）吸气增压方式中的电控技术应用

增压技术是一种提高发动机的进气能力的方法。增压发动机是依靠增压器来加大发动机进气量的一种发动机，增压器实际上就是一个空气压缩机。利用增压器将进气压力增高，进气密度增大，则为增压内燃机。增压可以提高内燃机功率，进气增压方式又可分为涡轮增压、双涡轮增压、机械增压和双增压。

链接：涡轮增压技术

1）涡轮增压（Turbo Charge）

如图 11-19 所示，涡轮增压是利用发动机排出的废气作为动力来推动涡轮室内的涡轮（位于排气道内），涡轮又带动同轴的叶轮（位于进气道内），叶轮就压缩由空气滤清器管道送来的新鲜空气，再送入气缸。当发动机转速加快，废气排出速度与涡轮转速也同步加快，空气压缩程度就得以加大，发动机的进气量就相应地得到增加，就可以增加发动机的输出功率了。废气

链接：涡轮增压原理

涡轮增压靠废气动能来驱动涡轮旋转,转速高、增压值大,对动力提升明显,有涡轮迟滞。

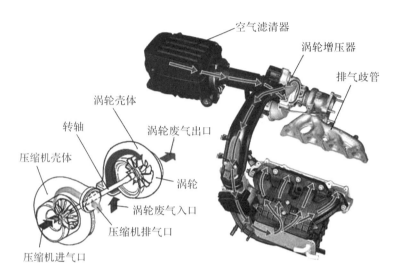

图 11-19　涡轮增压构造

2)双涡轮增压

双涡轮增压一般称为 Twin turbo 或 Biturbo,双涡轮增压是涡轮增压的方式之一。针对废气涡轮增压的涡轮迟滞现象,串联一大一小两只涡轮或并联两只同样的涡轮,在发动机低转速的时候,较少的排气即可驱动涡轮高速旋转以产生足够的进气压力,减小涡轮迟滞效应。

在双涡轮增压的汽车上会看到两组涡轮通过串联或者并联的方式连接。串联涡轮通常是一大一小两组涡轮串联搭配而成,低转时推动反应较快的小涡轮,使低转扭力充足,高转时大涡轮介入,提供充足的进气量,功率输出得以提高。并联指每组涡轮负责引擎半数气缸的工作,每组涡轮都是同规格的,它的优点是增压反应快并降低管道的复杂程度。

3)机械增压(Super Charge)

如图 11-20 所示,机械增压是指针对自然进气引擎在高转速区域会出现进气效率低的问题,从最基本的关键点着手,也就是想办法提升进气歧管内的空气压力,以克服气门干涉阻力。虽然进气歧管、气门、凸轮轴的尺寸不变,但由于进气压力增加的结果,让每次气门开启时间内能挤入燃烧室的空气增加了,因此喷油量也能相对增加,让引擎的工作能量比增压之前更为强大。

机械增压与涡轮增压在动力输出上有着明显的区别,前者有接近自然进气的线性输出,而后者则有涡轮迟滞现象。由于机械增压器采用皮带驱动的特性,因此增压器内部叶片转速与引擎转速是完全同步的发动机直接驱动,使其在低转速下便可获得增压。增压的动力输出也与曲轴转速成一定的比例,即机械增压引擎的动力输出随着转速的提高也随之增强。因此机械增压引擎的出力表现与自然吸气极为相似,却能拥有较大的马力与扭力。机械增压无迟滞,要损耗部分发动机动力、增压值较低。

相对于涡轮增压技术,机械增压的优点是:

①完全解决了油门响应滞后、涡轮迟滞和动力输出突然现象,达到瞬时油门响应,动力

随转速线性输出,提高了驾驶性能。

②在低速高扭、瞬间加速上,机械增压技术都优于涡轮增压技术。

机械增压的缺点是:

①加速效果不是很明显,与自然吸气引擎差别不大。

②会损失发动机部分动能,机械增压靠皮带带动,归根到底驱动力还是引擎。

③高转速时会产生大量的摩擦,影响到转速的提高,噪音大。

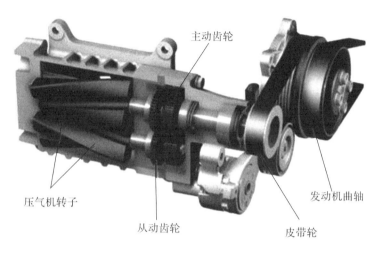

图 11-20　机械增压构造

4)复合式涡轮增压

复合式涡轮增压即废气涡轮增压和机械增压并用,这种装置在大功率柴油机上采用比较多,其发动机输出功率大、燃油消耗率低、噪声小,只是结构太复杂,技术含量高,维修保养不容易,因此很难普及。

> **★ 拓展知识**
>
> 　　TSI中的T不是指Turbo Charger而是Twin Charger（双增压）的意思。
> 　　FSI（缸内直喷分层燃烧引擎）:意指燃油分层喷射。
> 　　TFSI（涡轮增压燃油分层喷射发动机）:比FSI多出来的T字代表的则是涡轮增压（Turbo Charger）,而发动机本身也的确是在FSI发动机的基础上增加了一个涡轮增压器。

四、电控燃油喷射控制系统

现代汽油发动机燃油喷射控制系统以直接与间接测量出的空气量信号为基础(传感器),由电控单元根据当前工况的要求,计算出发动机燃烧必需的供油量,通过对喷油器(执行器)的精确开启脉宽控制,给发动机提供合适的空燃比,并通过安装在排气管内的氧传感器进行空燃比的反馈闭环控制。燃油通过喷油器喷射的位置不同,控制策略等也有所不同。

燃油供给系统的作用是以确定的压力差向发动机进气总管或进气歧管内喷入清洁、雾化良好的燃油。传统的燃油供给系统由油箱、电动汽油泵、汽油滤清器、燃油压力调节器、喷油器和冷启动喷油器等组成。按照燃油供给控制方式的不同,分为有回油管和无回油管两大类,其中无回油管随着供油方式的改变,现代轿车更多地采用了高压共轨系统,即直喷式燃油喷射控制方式。

1.燃油供给控制方式

(1)有回油管

有回油管的燃油供给系统是传统电控发动机的燃油控制方式,其控制结构如图 11-21 所示,其结构组成如图 11-22 所示。其燃油压力调节器安装在燃油箱的外部,回油管将多余的燃油送回燃油箱。其作用是自动调节燃油压力,使燃油供给系统的压力(即系统油压)与进气歧管压力之差保持在恒定值(一般为 0.25~0.3MPa)。

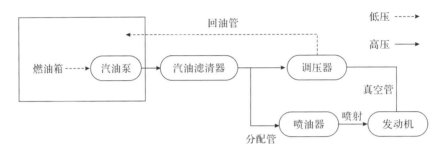

图 11-21　有回油管的燃油供给系统控制结构

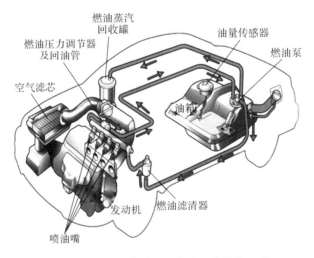

图 11-22　有回油管的燃油供给系统结构组成

(2)无回油管

无回油管的燃油供给系统是在传统有回油管燃油控制方式的基础上,将燃油压力调节器移到了燃油箱中,简化了对燃油回油管路的设计,其控制压力和有回油管基本一致。无回油管燃油供给系统控制结构如图 11-23 所示,其控制原理如图 11-24 所示。

先进的汽油直喷技术使稀薄的雾化汽油通过喷头直接喷向被高度压缩的空气,这样能使汽油和空气更均匀地结合,有效提高发动机动力,并能降低汽车的污染排放。装备缸内直喷发动机的车型也成为新一代豪华车的重要卖点和技术领先的象征。现代轿车更多地采用了无回油管的高压共轨系统,即直喷式燃油控制方式,缸内直喷的燃油供给系统如图 11-25 所示。

图 11-23　无回油管的燃油供给系统控制结构

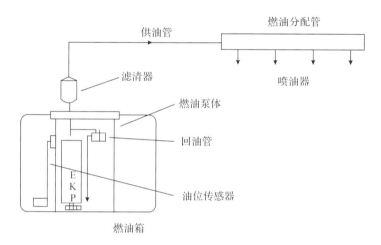

图 11-24　无回油管的燃油供给系统控制原理

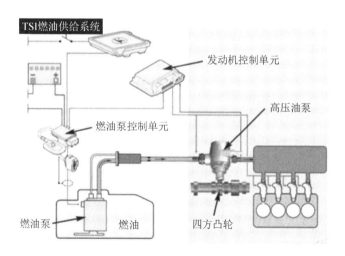

图 11-25　缸内直喷的燃油供给系统

缸内直喷系统在传统的电动燃油泵的基础上,利用凸轮轴驱动的高压油泵实现二次加压约15MPa,实现从低压到高压的转换控制,为喷油器提供更高、更稳定的喷油压力。

2.燃油喷射控制方式

按喷油器喷射燃油的部位不同,汽油机燃油喷射系统可分为进气管喷射系统和缸内喷射系统两种类型。

(1)进气管喷射系统

进气管喷射系统按喷油器的安装部位不同,又分为单点喷射(SPI、TBI或CFI)和多点喷射(MPI)两种类型,多点喷射又可分为压力型(即D型)和流量型(即L型)两种类型。

(2)缸内喷射系统

缸内喷射系统又称为缸内直接喷射系统,其主要特点是:喷油器安装在气缸盖上,喷油器以较高的燃油压力(约3~4MPa)把汽油直接喷入发动机气缸内,并与空气混合形成可燃混合气。目前,大众(VAG)、宝马(BMW)、奔驰(Mercedes-Benz)、通用(GM)以及丰田(Toyota Lexus)等公司已经大量使用缸内喷射系统。

对于汽油机标准的空气和汽油的比例是14.7:1。对于进气管喷油,喷油器将汽油喷入进气歧管,在发动机进气冲程时,接近标准空燃比的混合气被吸入气缸。如果混合气过稀,将导致火花塞点火不能成功,发动机不能正常工作。要实现稀薄燃烧,在火花塞周围形成标准空燃比的混合气利于火花塞点火、在外围形成稀混合气。这种内层混合气和外层混合气浓度不同的喷油控制即称为分层喷射。对于缸内直喷发动机,发动机在进气冲程时吸入气缸的纯空气,喷油器可以选择在两个时间段喷入汽油:进气冲程和压缩冲程。在进气冲程时喷入汽油,混合气形成时间长,混合均匀,混合气浓度接近标准。而在压缩冲程喷入汽油,混合气形成时间短,精确控制喷油油束角度、喷油时间、进气涡流、活塞顶形状设计的挤压涡流等实现分层混合气的形成,即所谓的分层喷油、稀薄燃烧。为了实现分层喷油、稀薄燃烧,对喷油器喷油时间控制要求非常精确。

FSI是Fuel Stratified Injection的缩写,意为燃油分层喷射。该技术的运用使FSI发动机与传统发动机相比拥有更强劲的动力、更低的油耗、更大的输出功率和扭矩。FSI发动机可以根据发动机的负荷,自动选择两种运行模式。在低负荷时为分层稀薄燃烧,在高负荷时则为均质燃烧。

当发动机为低负荷时(分层稀薄燃烧),油门为半开状态,燃油系统在发动机压缩冲程喷注燃油,特殊的活塞顶部设计使吸入的空气和喷入的燃油形成涡流,仅在火花塞周围形成足以燃烧的空燃混合气,来引燃整个气缸内的混合气。在气缸内的其他部位则为富含空气的高空燃比混合气,从而形成稀薄燃烧。

在全负荷时(均质燃烧),根据吸入空气量精确控制燃油的喷注量,燃油与空气同步注入气缸并充分雾化混合,使符合理论空燃比的混合气均匀地充满气缸内,充分的燃烧可以使发动机动力得到淋漓尽致的发挥,而燃油的蒸发又使混合气降温,从而避免了爆震的产生。

凯迪拉克所使用的SIDI(火花点燃直接喷射)发动机不仅采用了双模技术,更保留了D-VVT可变气门正时的技术优势,与奥迪的FSI虽同为缸内直喷技术的代表,但更有时代特色和技术优势。所谓SIDI双模式就是指发动机在不同运行情况下,采用分层稀薄燃烧模式和均质燃烧两种模式,以达到提高发动机动力和降低油耗的目的。凯迪拉克已经将这款

SIDI 发动机装备于全新一代 CTS 的高性能版车型上。图 11-26 所示为进气管喷油和缸内喷射双控制的燃油喷射控制方式发动机。

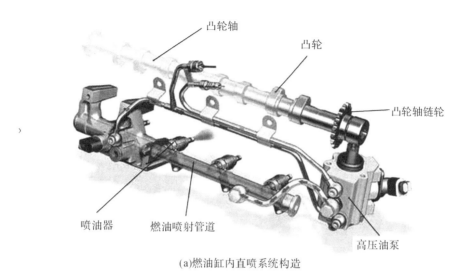

(a)燃油缸内直喷系统构造

缸内直喷：将汽油直接喷入燃烧室，在燃烧室内形成混合气体

(b)燃油缸内直喷原理示意

图 11-26 进气管喷油和缸内喷射双控制的燃油喷射控制方式

二次喷油实现分层燃烧

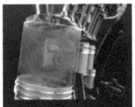

进气行程喷油（第一次喷油）

压缩行程末端油（第二次喷油）

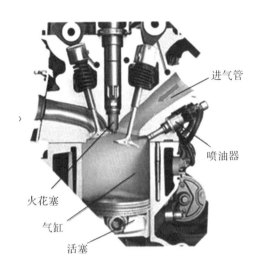

进气管

喷油器

火花塞

气缸

活塞

(c)缸内分层燃烧原理示意图

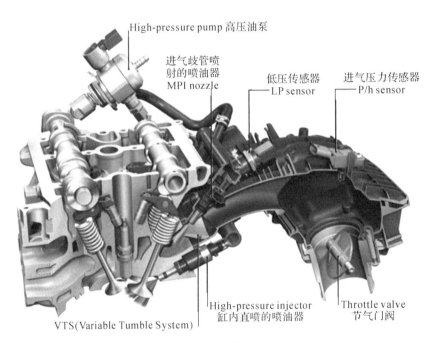

High-pressure pump 高压油泵

进气歧管喷射的喷油器 MPI nozzle

低压传感器 LP sensor

进气压力传感器 P/h sensor

High-pressure injector 缸内直喷的喷油器

Throttle valve 节气门阀

VTS(Variable Tumble System)

(d)双控制结构

图 11-26　进气管喷油和缸内喷射双控制的燃油喷射控制方式(续)

★ 拓展知识

MVV：垂直涡流稀薄燃烧技术发动机。
TDI：（涡轮直喷增压发动机）：英文Turbo Direct Injection的缩写，意为涡轮增压直接喷射（柴油发动机）。
i-DSI：稀薄燃烧技术。

3.燃油喷射时间控制

图 11-27 所示为不同发动机工况下的燃油喷射时间控制要求。燃油喷射时间控制是在燃油喷射量控制的基础上根据不同的工况进行修正的。

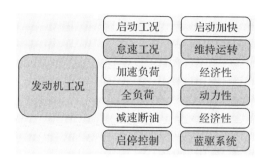

图 11-27　不同发动机工况下的燃油喷射时间控制要求

4.燃油喷射量控制

启动时喷油时间＝启动时基本喷油时间×修正系数＋电压修正。由水温传感器确定启动时的基本喷油时间。启动时燃油喷射量控制原理如图 11-28 所示。

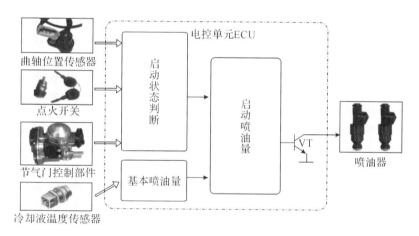

图 11-28　启动时燃油喷射量控制原理

启动后喷油时间＝基本喷油时间(转速、负荷)×修正系数＋电压修正。异步喷油时间：急加速、减速等。启动后燃油喷射量控制原理如图 11-29 所示。

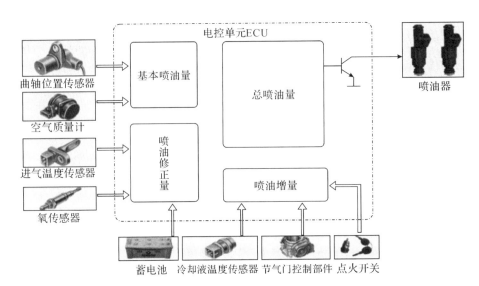

图 11-29　启动后燃油喷射量控制原理

发动机基本喷油量确定主要根据发动机转速信号、进气量信号(空气流量计、进气压力传感器、TPS)，由 ECU 内部程序脉谱(MAP)图确定，如图 11-30 所示。

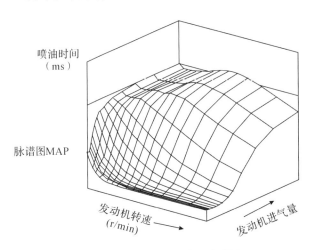

图 11-30　发动机喷油控制脉谱图

喷油量修正主要依据：①暖机加浓修正；②进气温度修正；③大负荷工况喷油量修正；④过渡工况喷油量修正；⑤怠速稳定性修正；⑥大气压力修正。

当符合下列条件时，电控发动机将采取断油控制：

(1)发动机减速断油控制：在节气门关闭且发动机转速高于设定值时，ECU 使喷油器停止喷油。

(2)发动机超速断油：发动机转速过高(高于一定值)时，ECU 使喷油器停止喷油。

(3)汽车超速断油：当车速超过一定值时，ECU 使喷油器停止喷油。

5.空燃比反馈控制

空燃比是发动机运转时的一个重要参数，它对尾气排放、发动机的动力性和经济性都有很大的影响。发动机 ECU 决定了基本喷油时间可以达到理论空燃比(14.7：1)。但实际上,随着各机件的磨损等变化,会出现实际空燃比稍微偏离理论空燃比的情况,因此现代汽油发动机都采用氧传感器实时探测到的排气中的氧浓度值而不是根据进入气缸的空气量来判断此时喷油量是否达到理论空燃比。

为使废气催化率达到最佳(90％以上),必然在发动机排气管中安装氧传感器并实现闭环控制,其工作原理是:氧传感器将测得的废气中氧的浓度转换成电信号后发送给 ECU,使发动机的空燃比控制在一个狭小的、接近理想的区域内。当空燃比大时,虽然 CO 和 HC 的转化率略有提高,但 NO_x 的转化率急剧下降为 20％,因此必须保证最佳的空燃比。实现最佳的空燃比,关键是要保证氧传感器工作正常。如果燃油中含铅、硅就会造成氧传感器中毒。此外,使用不当还会造成氧传感器积碳、陶瓷碎裂、加热器电阻丝烧断、内部线路断脱等故障。氧传感器的失效会导致空燃比失准,排气状况恶化,催化转化器效率降低,长时间会使催化转化器的使用寿命降低。

目前,氧传感器有传统氧化锆型氧传感器和稀空燃比氧传感器两类,如果发动机 ECU 收到的氧化锆型氧传感器信号电压大于 0.45V,则断定空燃比高于理论空燃比(过浓),ECU 会减少喷油时间以产生较稀的混合气。如果发动机 ECU 收到氧传感器的信号电压小于 0.45V,则断定空燃比小于理论空燃比(过稀),ECU 会增加喷油时间以产生较浓的混合气。反馈控制操作通过重复这种较小的修正,使实际空燃比保持在理论空燃比平均值的附近。

五、微机控制点火系统

汽车发动机向着多缸、高转速、高压缩比的方向发展,技术上力图通过改善混合气的燃烧状况,采用稀混合气实现稀薄燃烧、分层燃烧,以达到减少排气污染和节约燃油的目的。这就要求汽车的点火系统能够提供足够高的次级电压、火花能量和最佳点火时刻,而传统点火系统已经不能满足这些要求。点火系统已从传统的机械控制点火系统,经过电子控制点火系统,发展到目前的微机控制点火系统。

采用微机控制点火系统,可使发动机实际点火提前角接近理想点火提前角。在各种运转条件下,点火提前角可获得复杂而精确的控制。在怠速时,最佳点火提前角的主要目标是运转平稳、排放污染最低、油耗最小;在部分负荷时,主要要求降低油耗和提高行驶特性;在大负荷时,重点是提高最大转矩和避免工作中产生爆震。

微机控制点火系统最基本的功能是点火提前控制,此外还具有通电时间和爆燃控制功能。该系统根据各相关传感器信号,判断发动机的运行工况和运行条件,选择最理想的点火提前角点燃混合气,从而改善发动机的燃烧过程,实现提高发动机动力性、经济性和降低排放污染的目的。

微机控制点火系统由传感器、电子控制器(微机)、点火器、点火线圈等组成。

1. 点火系统的要求

(1)足够高的点火击穿电压(点火电压控制)

火花塞电极击穿而产生火花时所需的电压称为击穿电压。点火系统产生的次级电压必须高于击穿电压,才能使火花塞跳火。

（2）火花应具有足够的能量（点火能量控制）

发动机正常工作时，由于混合气压缩终了的温度接近其自燃温度，仅需要 $1\sim5mJ$ 的火花能量。随着现代发动机对经济性和排气净化要求的提高，需要提高火花能量，为了保证可靠点火，高能电子点火系统具有 $80\sim100mJ$ 的火花能量，启动时火花能量高于 $100mJ$。

（3）点火时刻应适应发动机的工作情况（点火时刻控制）

首先，点火系统应按发动机的工作顺序进行点火。其次，必须在最有利的时刻进行点火。适当提前点火，混合气已得到充分燃烧，从而使发动机获得较大功率。点火时刻一般用点火提前角来表示，即从发出电火花开始到活塞到达上止点为止的一段时间内曲轴转过的角度。

2. 点火系统的类型

发动机点火系统按照火花的分配方式分类，可分为有分电器点火系统和无分电器点火系统。有分电器点火系统可分为传统白金点火系统、磁感应式电子点火系统和霍尔式电子点火系统等。而无分电器点火系统又可分为双缸控制点火系统和独立控制点火系统。

链接：汽车点火系统

按照控制点火的装置，又分为传统点火系统、电子点火系统和微机控制点火系统。其中传统点火系统在现代汽车上已经基本消失了，电子点火系统也初步被发动机控制单元集成在一起的微机控制点火系统所替代。而传统点火系统往往采用的是有触点控制点火，电子点火系统和微机控制点火系统则是无触点点火系统。传统白金控制点火系统和电子点火系统从发展的初期来看，都是属于有分电器控制点火系统。

（1）有分电器控制点火系统

1）传统点火（有触点控制点火）

机械白金断电器控制点火线圈初级线路的负极断开而产生高压。

2）无触点控制点火

无触点电子点火系统主要由点火信号发生器、点火器、点火线圈、分电器和火花塞等组成。与传统点火系统相比，无触点电子点火系统采用点火信号发生器和点火器取代白金触点来控制点火线圈初级电路的接通和开闭。无触点电子点火系统按信号发生器的工作原理，可分为磁感应式、霍尔式、光电式及电磁振荡式等。其中磁感应式和霍尔式的应用最为广泛。

（2）无分电器控制点火系统（微机控制点火系统）

无分电器微机控制点火系统（DLI）由低压电源、点火开关、计算机控制单元（ECU）、点火器、点火线圈、火花塞、高压线和各种传感器等组成，如图 11-31 所示。很多独立点火系统还将点火线圈直接安装在火花塞上方，取消了高压线。

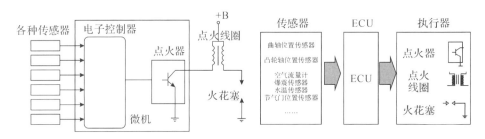

图 11-31　无分电器控制点火系统（微机控制点火系统）

微机控制点火系统的基本原理:微机根据曲轴位置传感器提供的曲轴位置信号,判断出发动机的活塞位置并且根据信号频率计算出发动机的转速值,再通过电控燃油喷射系统的节气门传感器(或空气流量器)确定负荷的大小从而对发动机的运行工况做出比较精确的判断。根据发动机的转速和负荷的大小,微机从存储单元中查找出对应此工况的点火提前角和点火初级电路导通时间,由这些数据对电子点火器进行控制从而实现精确控制。另外微机系统还可以根据其他影响因素对这两个因素进行修正以实现点火系统的智能控制。

链接:点火系统原理

1)双缸控制点火

如图 11-32 所示,双缸点火方式指两个气缸合用一个点火线圈,因此这种点火方式只能用于气缸数目为偶数的发动机上。如果在 4 缸机上,当两个缸活塞同时接近上止点时(一个是压缩另一个是排气),两个火花塞共用同一个点火线圈且同时点火,这时候一个是有效点火另一个则是无效点火,前者处于高压低温的混合气之中,后者处于低压高温的废气中,因此两者的火花塞电极间的电阻完全不一样,产生的能量也不一样,导致有效点火的能量大得多,约占总能量的 80% 左右。

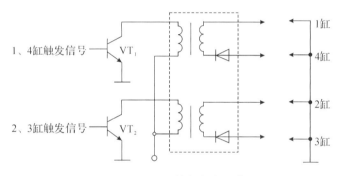

图 11-32 双缸控制点火系统

2)独立控制点火

如图 11-33 所示,单独点火方式是每一个气缸分配一个点火线圈,点火线圈直接安装在火花塞上方,取消了高压线。通过凸轮轴传感器或通过监测气缸压缩来实现精确点火,它适用于任何缸数的发动机,特别适合每缸 4 气门的发动机使用。因为火花塞点火线圈组合可

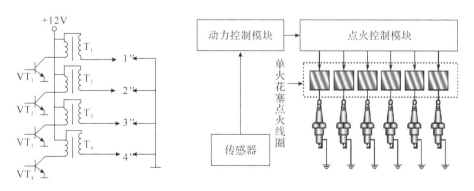

图 11-33 独立控制点火系统

安装在双顶置凸轮轴(DOHC)的中间,充分利用了间隙空间。由于取消分电器和高压线,能量传导损失及漏电损失极小,没有机械磨损,而且各缸的点火线圈和火花塞装配在一起,外用金属包裹,大幅减少了电磁干扰,可以保障发动机电控系统的正常工作。

3. 点火时间的控制

点火提前角对发动机的动力性、燃油消耗率、排气净化等性能产生直接影响,因此对点火提前角控制(爆震控制)就成为点火系统控制的重点。影响发动机点火提前角的主要因素是转速和负荷。微机控制点火和电子控制点火一样,都是用功率三极管控制点火的,不过其中计算机还要采集水温、爆震信号、节气门开启速度等信号用来修正点火时间,区别是可靠度、控制的精确度的提高,电子点火的提前角调整只依据转速变化的速率(不是速度)和真空度的变化,而微机控制点火则依据各个传感器的综合数据。

发动机的工作原理和各类实验都表明:发动机的最佳点火提前角与发动机转速及负荷有密切关系,并且发动机运行工况不同时,对其动力性、经济性和排放污染物量有不同的控制标准,这也意味着发动机最佳点火提前角在不同的工况有不同的标准;在怠速时最佳点火提前角应保证在发动机运转平稳的前提下排放污染物控制在最低限度;在部分负荷工况下以经济性为主,最佳提前角应保证发动机的最低燃油消耗量;在大负荷和加速工况下,以动力性为主,最佳提前角应保证使发动机获得最大的输出扭矩。最佳提前角是对发动机进行实验而得,获得发动机在不同转速、不同负荷时所对应的点火提前角的最佳点(集),以此找出三维控制模型图(见图11-34(a)),再将模型图转换成二维表(见图11-34(b)),便可将这些数据储存在微机的存储器中,在发动机工作时,微机根据各传感器的测量数据确定发动机的运行工况,查出最佳点火提前角数值,再通过电子点火器对点火提前角进行爆震控制。

在发动机实际运行中,ECU通常根据各传感器输入的信息,从这些二维表中找出点火提前角的最佳值,对点火系进行适时控制。

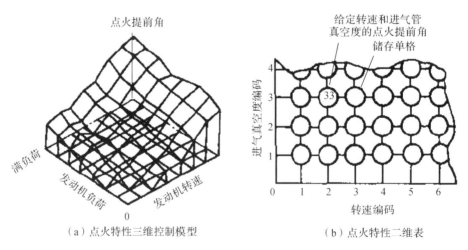

(a)点火特性三维控制模型　　　　(b)点火特性二维表

图 11-34　发动机点火最佳特性图(MAP 图)与表

点火提前角控制系统因制造厂家开发点火装置的型号不同而各异,不同工况下丰田汽车计算机控制系统(TCCS)点火提前角的控制如下式所示:

启动时点火提前角＝初始点火提前角。

启动后实际点火提前角＝初始点火提前角＋基本点火提前角＋修正点火提前角。

公式中各项所对应的实际内容如下：

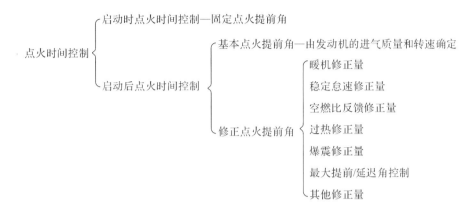

点火时间控制
├─ 启动时点火时间控制—固定点火提前角
└─ 启动后点火时间控制
　　├─ 基本点火提前角—由发动机的进气质量和转速确定
　　└─ 修正点火提前角
　　　　├─ 暖机修正量
　　　　├─ 稳定怠速修正量
　　　　├─ 空燃比反馈修正量
　　　　├─ 过热修正量
　　　　├─ 爆震修正量
　　　　├─ 最大提前/延迟角控制
　　　　└─ 其他修正量

点火提前角的修正随发动机而异，可根据发动机控制系统各自的特性曲线来进行修正。初始点火提前角一般为 $10°$ 左右。

4. 通电时间的控制

点火线圈初级电流的大小与电路的接通时间有关，通电时间越长电流越大，点火能量也就越大，但是电流过大将导致点火线圈发热甚至损坏且也造成能量的浪费；同时线圈中的电流也受电源电压的影响，在相同的通电时间内，电源电压越高线圈电流越大。因此，有必要对线圈电路的接通时间进行修正。通电时间的控制方法一般是由微机从通电时间与电源电压关系曲线中查出通电时间，再根据发动机转速换算出曲轴转角以决定线圈中电流的大小。

5. 爆震控制

内燃机的实际工作环境是比较复杂的，在某种条件下（如压缩比过高），汽油机的燃烧会变得不正常，压力曲线出现高频、大幅度波动，上止点附近的单位时间压力值急剧波动达 $0.2\text{MPa}/\mu\text{s}$ 之高，此时火焰传播速度和火焰前锋形状发生急剧的改变，这种现象称为爆燃，而爆震是爆燃的外部反应。

爆震又分为有感爆震与无感爆震两种，有感爆震通常会引起发动机抖动、甚至车身也明显地发生抖动，无感爆震主要的表现是发动机噪音加大。爆震对于发动机来说是非常有害的现象，主要的害处是：发动机动力下降、油耗增加、噪音加大、汽车舒适性变差、排放恶化，最严重的时候会引起敲缸、发动机熄火以及发动机机械部件破坏，给车主带来巨大的经济损失。

发动机产生爆震的主要原因有：①压缩比提高；②燃烧室过度积碳；③发动机温度过高；④空燃比不正确；⑤燃油辛烷值过低或燃油清洁度不够；⑥点火提前角过大。

对没有爆震控制的传统内燃机，在点火系统设计时必须考虑到过大或过小提前角对内燃机燃烧过程的影响，因此点火提前角的设置必须与爆震极限保持一定的安全距离，然而这将不可避免地降低发动机大负荷区的效率。

爆震控制系统的作用是避免发动机在爆震状态下工作。爆震控制系统一般采用爆震传感器对发动机燃烧过程中的爆震（发动机抖动度）情况进行检测。爆震传感器有很多种，目前以压电式共振型传感器应用最多，爆震传感器一般安装在发动机机体上部。以四缸机为例，一般安装在 2 缸和 3 缸之间；或者 1、2 缸中间一个，3、4 缸中间一个。它利用压电效应把

爆震时产生的机械振动转变为信号电压。

发动机爆震时会产生压力波,其频率为 1~10kHz。压力波传给缸体,使其金属质点产生振动加速度。当振动或敲缸发生时,它产生一个小电压峰值,敲缸或振动越大,爆震传感器产生峰值就越大。一定高的频率表明是爆震或敲缸,爆震传感器通常设计成测量 5~15kHz 范围的频率。当产生爆震时的振动频率(约 6000Hz 左右)与压电效应传感器自身的固有频率一致时,即产生共振现象。这时传感器会输出一个很高的爆震信号电压送至ECU,ECU 及时修正点火时间,避免爆震的产生。

因此,通过爆震传感器检测爆震而设计的爆震控制的最终目的是:让发动机在尽可能发出最大功率的前提下,电子控制单元具有实时自动调节点火时间的功能,即满足发动机在不同工况下的点火提前角无限接近于最大点火提前角的最优化控制。

爆震控制系统一般具备自诊断和紧急运行功能。自诊断包括传感器信号的干扰、故障等,对整个分析电路进行自检;当由爆震传感器获取的发动机基本噪声级在以上的检测中若发现了故障,爆震控制系统就会被切断,点火角控制由紧急运行功能(紧急程序)来完成,同时故障被存储在故障存储器中。紧急程序能够确保在使用辛烷值为 91 号以上的燃油时,发动机正常工作,不被损坏。紧急程序与发动机的负荷、转速和温度有关。

六、汽车排放与环保控制

汽车尾气包括有上百种不同化合物,其排放的尾气会严重影响人类健康。汽油机的主要排放污染物是一氧化碳(CO)、碳氢化合物(HC)和氮氧化合物(NO_x),柴油机的主要排放污染物是 HC、NO_x 和碳烟。汽车的排放污染主要来源于发动机排出的废气(约占 65%以上)、曲轴箱窜气(约占 20%)和燃料供给系统中蒸发的燃油蒸气(约占 10%~20%),如图 11-35 所示。

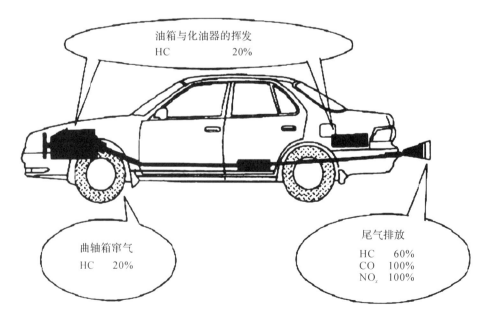

图 11-35 汽油车排放污染来源

　　针对汽车污染源和各种污染物的产生机理,近年来,在现代汽车尤其是轿车上装用了多种排放控制系统,主要包括:

　　(1)三元催化转换(TWC)系统,主要安装在汽油车上。

　　(2)废气再循环(EGR)系统。

　　(3)曲轴箱强制通风(PCV)系统。

　　(4)汽油蒸气排放(EVAP)控制系统。

　　(5)二次空气供给系统和热空气供给系统等,主要用于汽油车。

　　(6)微粒捕捉器(DPF),主要用于柴油车。

　　(7)选择性催化转化器(SCR)和柴油氧化型催化器(DOC),主要用于柴油车。

　　1. 三元催化转换系统

　　带有氧传感器的三元催化转换器是汽车排放控制方面最重要的发明之一,是由沃尔沃汽车公司环保技术专家斯蒂芬·沃尔曼(Stephen Wallman)在 20 世纪 70 年代初开发出的。

　　汽油车的排放污染物主要有 CO、HC、NO_x 等。其中 CO 是一种无色、无味的有毒气体,由混合气过浓产生;HC 包括未燃烧和未完全燃烧的燃油、润滑油及其裂解产物和部分氧化物,产生原因是混合气燃烧不完全、点火不良或泄漏。而 NO_x 则是燃烧过程中形成的多种氮氧化物,主要是 NO,还有 NO_2、N_2O_3、N_2O_5 等,由混合气在高温、富氧下燃烧时产生。

链接:三元催化转换系统

　　三元催化转换器安装在排气管中部,由金属外壳、陶瓷格栅基底和大约 2g 左右的铑、铂涂层(作为催化剂)组成。三元催化剂主要是铂(或钯)和铑等贵金属。三元催化转换系统的功能是利用转换器中的三元催化剂,将发动机排出废气中的三种主要污染物(HC、CO 和 NO_x)转变为无害气体,如图 11-36 所示。其催化作用条件是在理想混合气(空燃比 14.7∶1)狭窄范围内时,才能进行完全催化反应,这就要求氧传感器的工作必须正常。

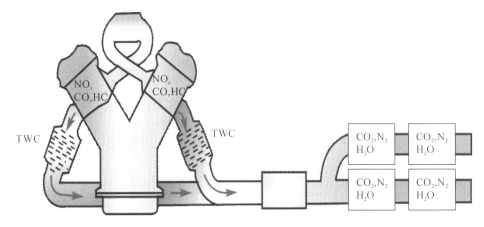

图 11-36　三元催化转化的过程

　　三元催化转换器的工作原理是:当含有 CO 和 HC 的废气通过三元催化转换器时,铂催化剂便触发氧化(燃烧)过程,HC 和 CO 与转换器中的氧结合生成水蒸气和二氧化碳,氧化过程对 NO_x 排放没有影响。为了减少 NO_x 的含量,需要进行还原反应。还原反应是去掉物质中的氧原子。在三元催化转换器中,铑被用作催化剂,将 NO_x 分解为氮和氧。

三元催化转换器的起始工作温度为 260℃,300℃ 时有足够的工作能力。正常工作温度为 500～850℃。进出口温度差:排气口比进气口温度高 30～100℃。当混合气过浓时会使催化转换器负担过大,温度升高。若高温(1000～1400℃)持续时间过长,会使催化性能恶化甚至损坏催化转换器,导致排气不畅。若安装排气温度传感器,在温度过高时会报警,造成三元催化转换器失效。如果排放控制系统回压压力过高或废气排放超标,则从车上拆下三元催化转换器,目视检查它有无堵塞、熔化或陶瓷格栅内部有无裂纹,如果发现有损坏,应更换三元催化转换器。TWC 芯子堵塞是比较常见的故障。

2.废气再循环(EGR)系统

氮氧化合物 NO_x 是空气中的氮气与氧气在高温、高压条件下形成的。发动机排出的 NO_x 量主要与气缸内的最高温度有关,气缸内最高温度越高,排出的 NO_x 量越多。

EGR 是 Exhaust Gas Recirculation 的缩写,即废气再循环的简称。废气再循环是指把发动机排出的部分废气回送到进气歧管,并与新鲜混合气一起再次进入气缸。由于废气中含有大量的 CO_2 等多原子气体,而 CO_2 等气体不能燃烧却由于其比热容高而吸收大量的热,使气缸中混合气的最高燃烧温度降低,从而减少了 NO_x 的生成量。此外,为保证发动机正常工作和性能不受过多影响,必须根据发动机工况的变化,控制废气再循环量,如图 11-37 和图 11-38 所示。

目前采用 ECU 控制的 EGR 系统主要有两种类型:开环控制 EGR 系统和闭环控制 EGR 系统。

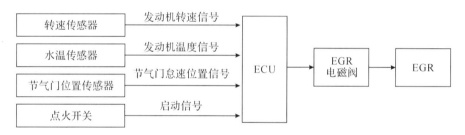

图 11-37 EGR 控制原理

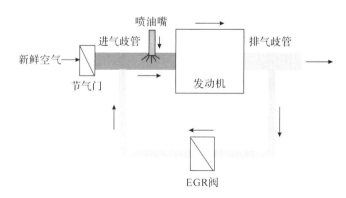

图 11-38 EGR 控制示意

3.曲轴箱强制通风(PCV)系统

在发动机做功燃烧过程的末端,一些未燃混合气在高压力下从活塞环漏入曲轴箱内,这就被称为"窜气"。这些窜气会从曲轴箱内逸入大气中造成污染。这些窜入的混合气不被排除,还会稀释曲轴箱内的机油,使机油变质,造成发动机机件过早磨损。

PCV是曲轴箱强制通风系统的英文缩写,其核心元件被称为PCV阀,由阀体、阀门、阀盖、弹簧等组成,不可分解。其作用是将曲轴箱内的气体通过PCV阀导入进气歧管,并有少量的空气由空气滤清器经PCV阀直接进入进气歧管,这就避免了出现节气门处结冰、燃烧不充分、排放恶化等现象,防止窜气进入大气,同时防止机油变质。

如图11-39所示,PCV系统的工作过程如下:经空气滤清器过滤的新鲜空气进入曲轴箱内,与PCV阀控制的窜气混合后,再经进气歧管进入燃烧室与可燃混合气一起燃烧。

PCV阀是一个计量控制阀,安装在发动机曲轴箱通风系统与进气系统之间。PCV阀由真空度来控制,调节曲轴箱通风系统产生的油烟进入进气系统的流量。当进气歧管真空度高时,PCV阀将减少窜气的流入,以保持怠速稳定。发动机高速运转时的流量比低速时要高,同时当发动机发生回火时,PCV阀应能切断通风,防止曲轴箱爆炸。

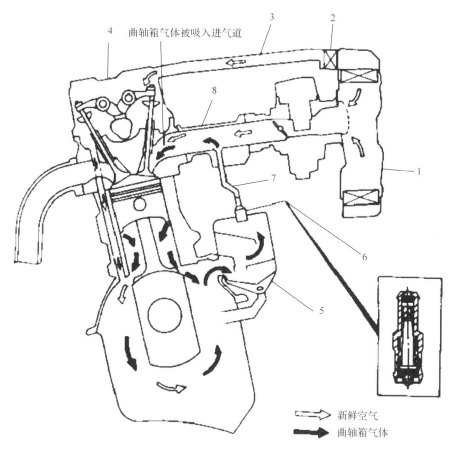

1—空气滤清器;2—滤网;3—空气软管;4—气缸盖罩
5—气液分离器;6—PCV阀;7—曲轴箱气体软管;8—进气管

图 11-39　曲轴箱强制通风(PCV)系统示意

4.汽油蒸气排放(EVAP)控制系统

在外界温度升高时,汽油箱内产生的汽油蒸气便从油箱盖排入大气,由于汽油蒸气中含有 HC,为此防止 HC 排入大气,采用了汽油蒸气排放控制系统。

EVAP 控制系统的功能是收集汽油箱和浮子室(化油器式汽油机)内蒸发的汽油蒸气,并将汽油蒸气导入气缸参加燃烧,从而防止汽油蒸气直接排入大气而造成污染。同时,还必须根据发动机工况,控制导入气缸参加燃烧的汽油蒸气量。

其工作原理是发动机工作时,ECU 根据发动机转速、温度、空气流量等信号,控制炭罐电磁阀的开闭来控制排放控制阀上部的真空度,从而控制排放控制阀的开度。当排放控制阀打开时,燃油蒸气通过排放控制阀被吸入进气歧管。

如图 11-40 所示,油箱的燃油蒸气通过软管从燃油箱顶部接到活性炭罐,单向阀控制燃油蒸气进入活性炭罐上部,空气从炭罐下部(或侧边)进入清洗活性炭,在炭罐右上方有一定量排放小孔及受真空控制的排放控制阀,排放控制阀内部的真空度由电子控制单元控制的炭罐电磁阀控制。在发动机的某些工作工况下,电子控制单元将电磁阀通电打开,储存于炭罐的汽油蒸气经打开的电磁阀吸入发动机进气管。很多车型在活性炭罐下方开有一个新鲜空气进口,并装有一个滤清器,用于活性炭罐的通风。

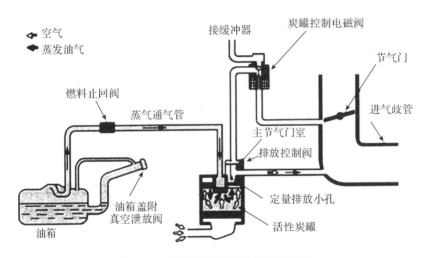

图 11-40　汽油蒸气排放控制系统示意

当炭罐电磁阀打开,炭罐的汽油蒸气或部分新鲜空气被吸入发动机进气管时,会影响进气量和混合气的成分,在某些工况下会造成排放增加、发动机转速变化。如怠速工况下发动机进气量少,若炭罐电磁阀打开,炭罐的汽油蒸气或部分新鲜空气会影响发动机的怠速平稳性。

燃油蒸气净化系统设计的目的是防止油箱蒸气中的 HC 进入大气,但是如果 EVAP 系统本身发生泄漏,则 HC 排放物从油箱流出进入大气,会造成更大的污染。现在从车载自助诊断系统(OBD)法规上要求电子控制单元能够监测 EVAP 系统是否发生泄漏。在 1996 年和更新车辆的 OBD2 系统监视燃油蒸气是否泄漏,以确保没有烃逃逸到大气中。排放监测做了两件事情:它验证有气流从 EVAP 炭罐到发动机;EVAP 炭罐或燃料系统蒸气管路无泄漏。

5.二次空气供给系统(AS)

二次空气供给系统的功能是在一定工况下,将新鲜空气送入高温的排气管,促使废气中的 CO 和 HC 进一步氧化为 H_2O 和 CO_2,降低 CO 和 HC 排放量,加快三元催化转化器的升温。

如图 11-41 所示,ECU 控制 VSV 电磁阀控制二次空气的供给。VSV 电磁阀不通电时,关闭到 AS 阀真空通道,从而关闭二次空气供给通道;ECU 给 VSV 电磁阀通电,进气管真空度将 AS 阀吸起,使来自空气滤清器的二次空气进入排气管。二次空气供给系统也称为二次空气喷射系统,主要分为空气泵型二次空气喷射系统和脉冲型二次空气喷射系统。

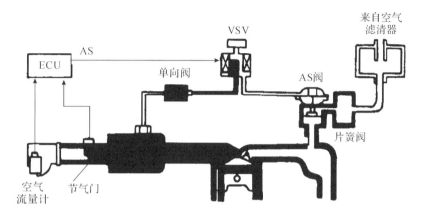

图 11-41　二次空气供给系统控制示意

6.新技术对燃油控制的影响

图 11-42 所示为各类新技术的应用对节省燃油的影响统计,有些新技术对于节省燃油最高可达 20%,且仍有较大的开发潜力。

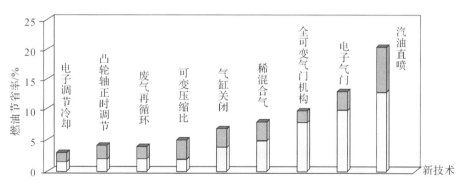

图 11-42　新技术的应用对节省燃油的影响

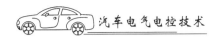

模块二　柴油发动机电控系统

一、柴油发动机电控系统概述

柴油发动机电控系统以柴油机转速和负荷作为反映柴油机实际工况的基本信号,参照由试验得出的柴油机各工况相对应的喷油量和喷油定时脉谱来确定基本的喷油量和喷油定时,然后根据各种因素(如水温、油温、大气压力等)对其进行各种补偿,从而得到最佳的喷油量和喷油正时,然后通过执行器进行控制输出。

柴油机电控燃油喷射系统按照运行工况的不同,对喷油参数(如喷油量、喷油定时、喷油压力、喷油速率等)进行最优的综合控制,并考虑各种因素对柴油机性能的影响。

二、柴油机电控燃油喷射系统的类型

柴油机喷油技术经历了传统的纯机械操纵式喷油和现代的电子控制式喷油这两个发展阶段。而现代电控喷油技术的崛起,则应归功于计算机技术和传感检测技术的迅猛发展。目前电控喷油技术已从初期的位置控制型发展到时间控制型。现代电控喷油技术实现的手段主要有电控泵喷嘴、电控单体泵以及电控共轨系统,单体泵(UPS)和共轨系统(CRS)的实物如图 11-43 所示。

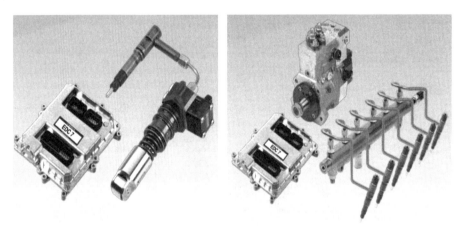

单体泵　　　　　　　　　　　　共轨系统

图 11-43　单体泵和共轨系统的实物对比

1. 位置控制式系统

保留传统喷射系统的基本结构,只是将原有的机械控制机构用电控元件取代,在原机械控制循环喷油量和喷油定时的基础上,改进更新机构功能,使用直线比例式和旋转式电磁执行机构控制油量调节齿杆(或拉杆)位移和提前器运动装置的位移,实现循环喷油量和喷油定时的控制,使控制精度和响应速度较机械式控制方式得以提高。

2.时间控制式系统

时间控制式系统有许多比纯机械式或第一代系统优越的地方,但其燃油喷射压力仍然与发动机转速有关,喷射后残余压力不恒定。另外电磁阀的响应直接影响喷射特性,特别是在转速较高或瞬态转速变化很大的情况下尤为严重,而且电磁阀必须承受高压,因此对电磁阀提出了很高的要求。

3.共轨系统

共轨控制式电控燃油喷射系统不再采用传统的柱塞泵脉动供油原理。共轨式电控喷射系统具有公共控制油道(共轨管),高压油泵只是向公共油道供油以保持所需的共轨压力,通过连续调节共轨压力来控制喷射压力,采用压力时间式燃油计量原理,用电磁阀控制喷射过程。该系统根据柴油机运行工况的不同,不仅可以适时地控制喷油量与喷油定时,使其达到与工况相适应的最优数值,而且还使得喷油压力和喷油速率的控制成为可能,同时系统的控制自由度及精度得到了大幅度提高。

链接:高压共轨工作原理

CRDI 是英文 Common Rail Direct Injection 的缩写,意为高压共轨柴油直喷技术,CRDI技术和 SDI(自然吸气直接喷射柴油发动机)技术、TDI(直喷式涡轮增压柴油发动机)技术均为德国博世公司研发的柴油发动机技术。如图 11-44 所示,博世共轨系统由高压泵、喷油管、高压蓄压器(共轨)、喷油器、电控单元和传感器及执行器组成。

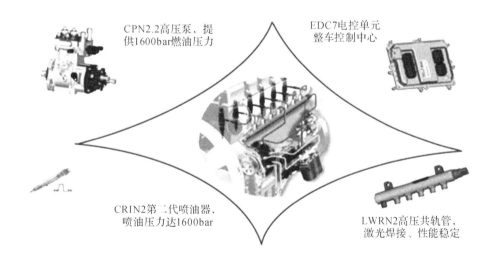

图 11-44　博世电控高压共轨系统构成

博世电控高压共轨结构如图 11-45 所示。共轨式喷油系统主要的贡献就是将喷射压力的产生和喷射过程彼此完全分开,通过对共轨管内的油压实现精确控制,使高压油管压力大小与发动机的转速基本无关。这一柴油发动机技术的创新最大限度地降低了柴油发动机车型的振动和噪声,同时将油耗进一步降低,使排放更加清洁。但共轨技术的喷油压力低于泵喷嘴系统,一般只能达到 160MPa 左右。由于喷油压力调节宽泛,采用共轨技术的柴油车能

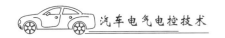

更好地适应各种工况,起步也不会困难。

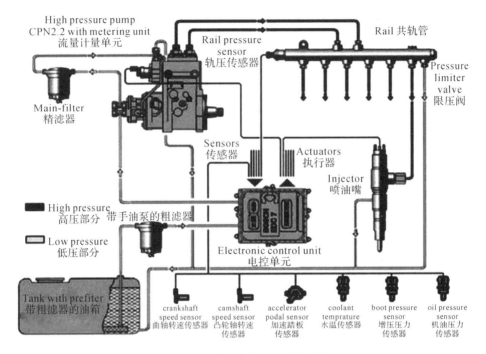

图 11-45　博世电控高压共轨结构

柴油共轨系统已开发了 3 代。

第一代共轨高压泵总是保持在最高压力,导致燃油的浪费和很高的燃油温度。第一代共轨系统为商用车设计的,最高喷射压力为 140MPa,乘用车喷射压力为 135MPa。

第二代共轨系统可根据发动机需求而改变输出压力,并具有预喷射和后喷射功能。带有控制油量的油泵,喷射压力能达到 160MPa。即使在压力较低的情况下,该系统也可以根据实际状况提供适量的喷油压力。不仅有助于降低燃油消耗,而且还可以降低燃油温度,从而省去燃油冷却装置。预喷射降低了发动机噪声:在主喷射之前百万分之一秒内少量的燃油被喷进了气缸压燃,预热燃烧室;预热后的气缸使主喷射后的压燃更加容易,缸内的压力和温度不再是突然地增加,有利于降低燃烧噪音。在膨胀过程中进行后喷射,产生二次燃烧,将缸内温度增加 200～250℃,降低了排气中的碳氢化合物。博世公司的第二代共轨系统产品已经在沃尔沃的 S60、V70D5 及宝马的 230d 等乘用车上试用。

第三代共轨系统带有压电直列式喷油器。2003 年,第三代共轨系统面世,压电式共轨系统的压电执行器代替了电磁阀,于是得到了更加精确的喷射控制。省去了回油管,在结构上更简单。压力从 20～200MPa 弹性调节。最小喷射量可控制在 0.5mm³,减小了烟度和 NO_x 的排放。最高喷射压力达到 180MPa。此套采用新研发的压电直列式喷油器的系统使带预喷和后喷的喷油率曲线范围更为自由。

与其他喷射系统相比,共轨系统把压力产生与实际燃油喷射过程完全分离。喷射压力的产生跟发动机转速和喷油量毫不相干。"轨"被作为高压蓄压器,其内部燃油压力始终保持与发动机具体工况相适应的最佳压力。喷油量由驾车人确定,喷射起点、喷射持续时间和喷射压力由 ECU 计算出来。然后,ECU 触发电磁阀,使每一个气缸的喷油器(喷油单元)相应地进行喷射。传感器组成见表 11-1。

表 11-1　博世共轨柴油机电控系统传感器组成

传感器类型		传感器	
磁电式		曲轴转速传感器	数字量
		凸轮相位传感器	数字量
变阻传感器	热敏变阻器	水温、机油温、燃油温、进气温度等	模拟量
	滑线变阻器	加速踏板位置传感器	模拟量
	应变片变阻器	轨压、机油压力、进气压力传感器等	模拟量

共轨系统可被轻易地安装到各类不同的发动机中。除此之外,共轨系统还提供了更广阔的扩展功能和在燃烧过程设计上更大的自由度,它可以使柴油发动机以更低的排放、更好的燃油经济性和低噪声运行。电控共轨系统是国内专家一致认为目前水平最高、将来会占统治地位的一种电控系统。其喷油器的特殊设计,可实行灵活的多次喷射,且喷射压力可在不同转速和负荷条件下任意调节,给发动机带来的好处是极为理想的指标。由于这些因素,电控共轨技术已普遍为新一代乘用车柴油发动机采用。

三、柴油机电控喷射系统控制策略

1.喷油量控制策略

供油量主要由油门踏板行程和柴油机转速来确定,除此之外,还要根据环境条件和柴油机工作条件进行修正:

(1)全负荷油量控制;

(2)部分负荷油量控制;

(3)油量修正(冷却水温、进气压力等);

(4)断油控制;

(5)其他控制(怠速控制等)。

根据传感器的信号,通过查取喷油定时脉谱获得基准喷油定时,然后进行冷却水温等的修正,最后计算出所需的喷油定时,输出到驱动电路电磁阀。根据控制器发出的控制信号,控制燃油的喷射。为了实现柴油机的最佳燃烧,应根据运行状态和环境条件等因素来控制最佳的喷射时刻。

2.喷油压力控制策略

共轨压力控制主要是通过调节供油泵供油时刻,来使轨中的压力达到设定值并稳定。

控制策略采用 PID 算法,根据工况得到的目标轨压和共轨压力传感器反馈回的实际压力比较计算出最终的供油时刻。

最佳喷油压力(目标喷油压力)是柴油机转速和扭矩的二元函数,应进行进气压力、进气温度和冷却水温度补偿。

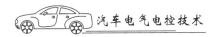

3.喷油率控制策略

喷油率是柴油机燃烧过程控制的重要参数之一。为了同时改善柴油机的动力性和经济性,降低污染物和噪声排放,理想的喷油率曲线形状是与理想的燃烧过程相适应的,据此喷油可以形成最佳的混合气,实现理想的燃烧过程。

四、博世电控高压共轨系统的优点

(1)喷油压力的产生过程与喷油过程相互独立;

(2)喷油始点和燃油喷射量的控制各自独立,可实现精确控制;

(3)最小稳定燃油喷射量极小,可以达到 $1mm^3$/次;

(4)喷油系统响应灵敏,能灵活方便地实现预喷及后喷;

(5)高压喷射改善了进气和燃油的混合及燃烧过程,降低了柴油机的排放;

(6)高压泵的驱动扭矩峰值小,机械噪音小;

(7)不必对柴油机结构进行重大改进即可替代传统的喷油系统。

习题

1.什么是阿特金森循环?与米勒循环有什么差异?为什么大多数内燃机采用的是奥托循环?

2.解释下列名称的含义与作用:TFSI、TDI、GDI、VTEC、i-VVT。

3.影响电控汽油机正常启动的系统因素有哪些?各子系统的关键要素是什么?

4.影响发动机排放的主要因素有哪些?电控系统是如何对排放进行控制的?

5.电控柴油机共轨系统的核心是什么?与电控汽油车的直喷控制系统有何异同点?

学习单元十二
新能源汽车

知识目标

1. 熟练掌握新能源汽车的定义、类型；
2. 了解新能源汽车的发展技术路线图及发展趋势；
3. 熟练掌握电动汽车的原理与总体结构；
4. 熟练掌握动力电池及驱动电机的功用、类型与性能参数；
5. 熟练掌握混合动力汽车的类型、原理与总体结构；
6. 熟练掌握典型混合动力汽车的性能参数；
7. 熟练掌握燃料电池汽车的原理与总体结构；
8. 熟练掌握电动汽车空调系统、冷却系统等辅助系统的结构与原理；
9. 熟练掌握高压电系统的定义、危害及使用知识。

能力目标

1. 能够熟练分辨各类新能源汽车的类型；
2. 能够在整车上熟练识别典型电动汽车的高压系统和低压系统各部件的名称与安装位置；
3. 能正确使用新能源汽车，对典型电动汽车进行充电、上电、下电操作；
4. 掌握新能源汽车高压电的使用规范，并能正确、规范地使用简单防护设备和检测设备对新能源汽车进行检测；
5. 能够根据仪表工作指示灯的工作状态，简单判别电动汽车的故障。

模块一　新能源汽车概述

一、新能源汽车概述

1. 为什么要发展新能源汽车

目前,我国面临严重的能源危机,传统石化能源消耗严重并面临枯竭,而汽车对石油的消耗日益增加,汽车用油占整个石油消费量的比例超过了 1/3,甚至达到了 1/2。同时,汽车尾气排放量占大气污染源的 85%,导致环境污染问题日益严重。因此,节能减排已成为我国实现可持续发展所面临的重大主题,大力发展低、零排放的新能源汽车是解决当前能源和环境危机的重要手段,已成为当前汽车工业发展的主流方向,节能环保及法律法规的推动是发展新能源汽车技术的关键动力。

基于节能环保及法律法规的产业政策要求,国家大力推广新能源汽车,新能源汽车在过去几年中经历了爆发式的增长。据中国汽车工业协会统计,2017 年我国新能源汽车产销分别达到 79.4 万辆和 77.7 万辆,同比分别增长 53.8% 和 53.3%,产销量同比增速分别提高了 2.1 和 0.3 个百分点;2017 年新能源汽车市场占比 2.7%,比 2016 年提高了 0.9 个百分点。2018 年 1—4 月,新能源汽车产销分别完成 23.2 万辆和 22.5 万辆,比 2017 年同期分别增长 142.4% 和 149.2%;其中纯电动汽车产销分别完成 17.2 万辆和 16.8 万辆,比 2017 年同期分别增长 120.6% 和 130.5%,2018 年新能源汽车产销有可能超过 100 万辆。

2. 什么是新能源汽车

从广义上定义:新能源汽车是指除汽油、柴油发动机之外的废气排放量较低的所有使用其他能源的汽车,包括电动汽车、太阳能汽车和替代燃料汽车等。

2017 年 7 月 1 日起施行,工业和信息化部公布的《新能源汽车生产企业及产品准入管理规定》对新能源汽车的定义是:"本规定所称新能源汽车,是指采用新型动力系统,完全或者主要依靠新型能源驱动的汽车,包括插电式混合动力(含增程式)汽车、纯电动汽车和燃料电池汽车等。"

新能源汽车的定义是一个不断变化的过程,定义和包括的车辆类型逐渐由模糊变得清晰,包括插电式混合动力汽车、纯电动汽车、燃料电池汽车和其他新能源(如超级电容器、飞轮等高效储能器)汽车等,工信部和国家发改委的最新定义不同之处在于将其他类型的普通混合动力汽车纳入节能汽车的范畴。

3. 新能源汽车技术发展路线图

2015 年 5 月 8 日,国务院发布《中国制造 2025》,将"节能与新能源汽车"列为九大重点发展领域之一,提出了节能与新能源汽车是汽车制造强国的必由之路。

2016 年 10 月 26 日,中国汽车工程学会在其年会上发布了"节能与新能源汽车技术路线图",发布的路线图为"1+7",主要包括总体技术路线图和

新能源汽车技术路线图

节能汽车技术路线图、纯电动和插电式混合动力汽车技术路线图、氢燃料电池汽车技术路线图、智能网联汽车技术路线图、汽车制造技术路线图、汽车动力电池技术路线图、汽车轻量化技术路线图七大领域未来 15 年的发展路线制定。

二、新能源汽车的类型

新能源汽车包括的范围较广，从汽车产业和国家对新能源汽车产业政策角度出发，电动汽车是指全部或部分用电能驱动作为动力系统的汽车，其分类如图 12-1 所示。广义的电动汽车主要包括纯电动汽车、插电式混合动力汽车、燃料电池汽车等，其差异特征见表 12-1。

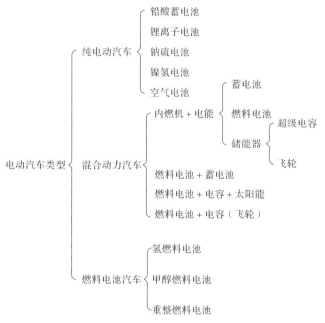

图 12-1　广义电动汽车的分类

表 12-1　纯电动汽车、混合动力汽车和燃料电池汽车的差异特征

电动汽车类型	纯电动汽车	混合动力汽车	燃料电池汽车
驱动方式	电动机驱动	电动机＋内燃机驱动	电动机驱动
能量系统	蓄电池或超级电容	蓄电池或超级电容＋内燃机发电单元	燃料电池
能源和基础设置	电网充电设施	加油站＋电网充电设施	氢气、甲醇或汽油、乙醇
主要特点	零排放、不依赖燃料、续驶里程（100～200km）、有销售	很低排放、续驶里程长、依赖燃油、结构复杂、有销售	零排放或超低排放、能源效率高、依赖原油或水（用原油或水提炼氢氧）、续驶里程长、成本高
主要问题	蓄电池和蓄电池管理、充电设施	多能源管理、优化控制蓄电池评估和管理	燃料电池、燃料处理器、燃料系统、燃料安全

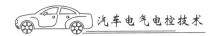

模块二　纯电动汽车

一、纯电动汽车概述

1.纯电动汽车的定义

纯电动汽车(Battery Powered Electric Vehicle,BEV)是指以车载电源(如铅酸电池、镍氢电池或锂离子等组成的高压(HV)电池)为动力,用电机驱动车轮行驶,符合道路交通、安全法规各项要求的车辆,如图 12-2 所示。

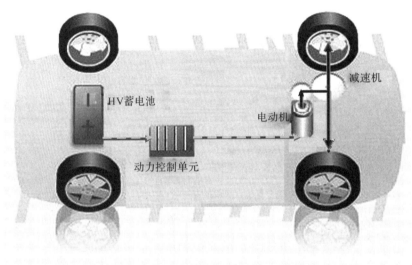

图 12-2　纯电动汽车结构

2.纯电动汽车的原理

如图 12-3 所示,当汽车行驶时,由动力电池组输出电能,通过控制器驱动电动机运转,

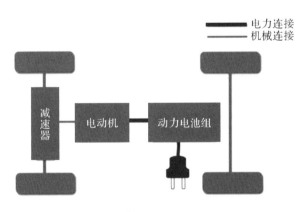

图 12-3　纯电动车驱动系统组成

电动机输出的转矩经传动系统带动车轮前进或后退。电动汽车续驶里程与动力电池组容量有关,而动力电池组容量受诸多因素限制。要提高一次充电续驶里程,必须尽可能地节省蓄电池的能量。

3.纯电动汽车的结构

燃油汽车主要由发动机、底盘、车身和电气四大部分组成,纯电动汽车的结构与燃油汽车相比,主要增加了电力驱动控制系统,而取消了发动机。电力驱动控制系统的组成与工作原理如图 12-4 所示,它由车载电源模块、电力驱动主模块和辅助模块三大部分组成。

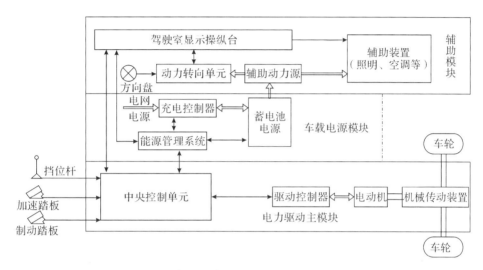

图 12-4　电力驱动控制系统的组成与工作原理

（1）车载电源模块

车载电源模块主要包括动力电池组、能量管理系统和充电控制器等。它的功用是向电动机提供驱动电能、监测电源使用情况以及控制充电机向动力电池组充电。纯电动汽车的能量管理主要是指电池管理系统,主要功用是对电动汽车用电池单体及整组的电压、电流、温度等进行实时监控。充电控制器是把交流电转化为相应电压的直流电,并按要求控制其电流的装置。特斯拉 Model S85 车型中采用了将近 7000 颗 18650 锂电池,其电压一般能达到440V。

链接:特斯拉电池内部结构

（2）电力驱动主模块

电力驱动主模块主要包括中央控制单元、驱动控制器、电动机、机械传动装置等。它的功用是将储存在动力电池组中的电能高效地转化为车轮动能,并能够在汽车减速制动时,将车轮的动能转化为电能充入动力电池组,这些功能模块构成了纯电动汽车的驱动系统。

中央控制单元根据加速踏板和制动踏板的输入信号,向驱动控制器发出相应的控制指令,对电动机进行启动、加速、减速、制动控制。

驱动控制器是按中央控制单元的指令、电动机的转速和电流反馈信号,对电动机的速度、驱动转矩和旋转方向进行控制,驱动控制器必须和电动机配套使用。

电动机在电动汽车中被要求承担电动和发电的双重功能,即在正常行驶时发挥电动机功能,将电能转化为机械能;在减速和下坡滑行时又被要求进行发电,将车轮的惯性动能转化为电能。

机械传动装置是将电动机的驱动转矩传输给汽车的驱动轴,从而带动汽车车轮行驶。

链接:再生制动1

(3)辅助模块

辅助模块主要包括辅助动力源、动力转向单元、驾驶室显示操纵台和辅助装置等。辅助模块除辅助动力源外,其余部分依据车型不同而不同。

辅助动力源主要由辅助电源和DC/DC功率转换器组成,其功用是供给电动汽车各种辅助装置所需的动力电源,一般为12V或24V的直流低压电源,它主要给动力转向单元、制动力调节控制、照明、空调、电动门窗等各种辅助装置提供所需的能源。

链接:再生制动2

动力转向单元是为实现汽车的转弯而设置的,它由转向盘、转向器、转向机构和转向轮等组成。作用在转向盘上的控制力,通过转向器和转向机构使转向轮偏转一定的角度,实现汽车的转向。

驾驶室显示操纵台类似于传统汽车驾驶室的仪表盘,不过其功能根据电动汽车驱动的控制特点有所增减,其信息指示更多地选用数字或液晶屏幕显示。

辅助装置主要有照明、各种声光信号装置、车载音箱设备、空调、雨刷器、风窗除霜洗涤器、电动门窗、电控玻璃升降器、电控后视镜调节器、电动座椅调节器、车身安全防护装置控制器等。它们主要是为提高汽车的操控性、舒适性、安全性而设置的,可根据需要进行选用。

4.纯电动汽车驱动系统的布置形式

电动汽车的驱动系统是电动汽车的核心部分,其性能决定着电动汽车运行性能的好坏。纯电动汽车的驱动系统布置取决于电动机驱动系统的方式,常见的驱动系统布置形式有如下几种:单电机有传动系统、单电机无传动系统、单电机无差速系统、多电机驱动系统,目前比较常用的驱动形式是单电机无传动系统。

二、锂离子电池

1.动力电池的类型和特征

(1)类型

常用的动力电池有铅酸蓄电池、碱性可充电电池(如镍氢电池、镍铬电池、钠硫电池等)、锂电池(三元锂离子电池、钴酸锂、锰酸锂、磷酸铁锂)、空气电池(如锌空气电池)、飞轮电池(即物理电池)、超级电容(即电化学电容器)等,如图12-5所示。其中三元锂电池有镍钴锰(NCM)和镍钴铝(NCA)两类,为了增加能量密度,三元比例系列由333演变为532、622到现在的811系列。

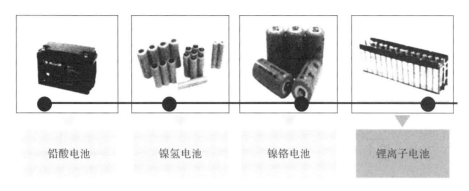

铅酸电池　　　镍氢电池　　　镍铬电池　　　锂离子电池

图 12-5　常见动力电池实物

（2）特征

目前普遍采用的是锂离子动力电池,而决定动力电池的性能指标参数主要为比能量、比功率、能量密度和循环寿命。常用锂离子动力电池主要性能比较如表 12-2 所示。

表 12-2　常用锂离子动力电池主要性能比较

	钴酸锂 （LCO）	镍钴锰酸锂 （NCM）	锰酸锂 （LMO）	磷酸铁锂 （LFP）	镍钴铝酸锂 （NCA）
分子式	$LiCoO_2$	$LiNi_xCo_yMn_{1-x-y}O_2$	$LiMn_2O_4$	$LiFePO_4$	$LiNi_xCo_yAl_zO_2$
电压平台	3.7	3.6	3.8	3.3	3.7
比容量	150	160	120	150	170
振实密度	2.8～3.0	2.0～2.3	2.2～2.4	1.0～1.4	2.0～2.4
优点	充放电稳定,生产工艺简单	电化学性能稳定,循环性能好	锰资源丰富,价格较低,安全性能好	高安全性,环保长寿	高能量密度,低温性能好
缺点	钴价格昂贵,循环寿命较低	用到一部分金属钴,价格昂贵	能量密度低,电解质相容性差	低温性能较差,放电电压低	高温性能差,安全性能差,生产技术门槛高

2.动力电池的性能指标

（1）电压

工作电压:电池在一定负载条件下实际的放电电压,如铅酸蓄电池的工作电压为 1.8～2V,镍氢电池的工作电压为 1.1～1.5V,锂离子电池的工作电压为 2.75～3.6V。

额定电压:电池工作时公认的标准电压,如镍镉电池额定电压为 1.2V,铅酸蓄电池的额定电压为 2V。

终止电压:放电终止时的电压值,通常与负载、使用要求有关。

充电电压:外电路直流电压对电池充电的电压。一般充电电压要大于开路电压,如镍镉电池的充电电压为 1.45～1.5V,锂离子电池的充电电压为 4.1～4.2V,铅酸蓄电池的充电电压为 2.25～2.7V。

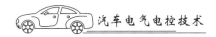

（2）容量与比容量

容量是指在充电以后，在一定放电条件下所能释放出的电量，其单位为安·时（A·h），容量与放电电流大小有关，与充放电截止电压有关。

比容量是指单位质量（质量容量 A·h/kg）或单位体积（体积容量 A·h/L）的电池所能给出的电量。

额定容量是指设计与制造电池时，按照国家或相关部门颁布的标准，保证电池在一定的放电条件下能够放出的最低限度的电量。

实际容量是指电池在指定的放电条件下实际放出的电量，它等于放电电流与放电时间的乘积，即 $C=It$。

（3）功率与比功率

电池的功率是指电池在一定放电制度下，单位时间内输出的能量，单位为 W 或 kW。比功率则是指单位质量或单位体积电池输出的功率，单位为 kW/kg 或 kW/L。

（4）比能量

比能量是指动力电池单位质量所能输出的电能，单位为 W·h/kg，比能量高的动力电池就像龟兔赛跑里的乌龟，耐力好，可以长时间工作，续航里程长。

（5）放电率

放电率是指放电时的速率，常用"时率"和"倍率"表示。时率是指以放电时间表示的放电速率，即以一定的放电电流放完额定容量所需的时间。倍率是指电池在规定时间内放出额定容量所输出的电流值，数值上等于额定容量的倍数。

放电深度（Depth of Discharge，DOD）是表示放电程度的一种量度，它是放电容量与总放电容量的百分比。

（6）荷电状态

荷电状态是指剩余电量与额定容量或实际容量的比例，这一参数是在电动汽车使用中十分关键却不易获取的数据。

（7）自放电率

对所有化学电源，即使在与外界电路无任何接触的条件下开路放置，其容量也会自然衰减，这种现象称为自放电。电池自放电的大小用自放电率衡量，通常以单位时间内容量减少的百分比表示：

自放电率＝（储存前电池容量－储存后电池容量）/储存前电池容量×100％

（8）使用寿命

使用寿命是指电池实际使用的时间长短，对于充电电池而言，电池的寿命分为充放电循环寿命和湿搁置寿命。

充放电循环寿命是衡量充电电池性能的重要参数，它是指在一定的充放电制度下，电池容量降到某规定值前，电池能耐受的充放电次数。充放电循环寿命越长，电池性能越好。目前，镍镉电池的充放电循环寿命为 500～800 次，铅酸蓄电池为 200～500 次，锂离子电池为 600～1000 次。充电电池的充放电循环寿命与放电深度、温度、充放电制度等条件有关。

（9）电动汽车对动力电池要求

1）比能量高。为保证电动汽车的续驶里程，电动汽车的动力电池须储存尽可能多的能量，同时电动汽车的重量不能过大，电池的安装空间也受整车分布限制，因此动力电池必须有足够的比能量。

2）比功率大。为满足电动汽车在加速、上坡、负载等行驶条件下的动力要求,电池必须具备大的比功率。比功率高的动力电池就像百米赛跑里的博尔特,速度快,可以提供很高的瞬间电流,以保证汽车的加速性。

3）连续放电率高,自放电率低,电池能够适应快速放电的要求。自放电率低可以保证电池能够长期存放。

4）充电技术成熟,时间短,充电技术通用性强,能够实现快速充电。

5）适应车辆运行环境。电池除能在常温条件下正常、稳定地工作,不受环境温度影响,不需要特殊的加热、保温系统,能够适应电动汽车行驶过程中的震动。

6）安全可靠。电池应干燥、洁净,电解质不会渗漏腐蚀接线柱和外壳,不会引起自燃或燃烧,在发生碰撞等事故时,不会对乘员造成伤害。废电池能够回收处理及再生利用,电池中的有害重金属能够集中回收处理。电池组可采用机械装置进行整体拆解、更换,线路连接方便。

7）长寿命、免维护。电池的循环寿命不低于 1000 次,在使用寿命限定期间内,不需要进行维护与修理。

3.动力电池的使用与维护

电动汽车和燃油汽车一样,在日常使用中都需要我们的保养,但电动汽车价格比燃油汽车更昂贵,我们更要注重保养其心脏——动力电池。正确的使用与维护才能保障动力电池能持久耐用。

（1）严禁存放时亏电

动力电池在存放时严禁处于亏电状态,亏电状态是指电池使用后没有及时充电。在亏电状态存放电池,很容易出现硫酸盐化,硫酸铅结晶物附着在极板上,堵塞了电离子通道,造成充电不足,电池容量下降。亏电状态闲置时间越长,电池损坏越重。因此,电池闲置不用时,应每月补充电一次,这样能较好地保持电池的健康状态。

（2）定期检验

在使用过程中,如果电动车的续驶里程在短时间内突然下降十几公里,则很有可能是电池组中最少有一块电池出现断格、极板软化、极板活性物质脱落等短路现象。此时,应及时到专业电池修复机构进行检查、修复或配组。这样能相对延长电池组的寿命,最大程度地节省开支。

（3）避免大电流放电

电动车在起步、大负荷上坡和急加速时,尽量避免瞬间大电流放电。大电流放电容易导致产生硫酸铅结晶,从而损害动力电池极板的物理性能。

（4）动力电池外观与固定情况

动力电池固定应牢靠,不应出现电池箱体螺栓松动;壳体不应出现裂纹、破损和变形情况;密封法兰应完整;不要用水对其冲洗;保持其通气。

三、驱动电机

1.驱动电机的类型

目前,电动汽车所用的驱动电机主要有直流电动机、交流电动机、永磁电动机、开关磁阻

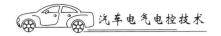

电动机等,其性能比较如表 12-3 所示。

表 12-3　现代电动汽车常用的电动机基本性能比较

类型	直流电动机	交流电动机	永磁电动机	开关磁阻电动机
功率密度	低	中	高	较高
峰值效率/%	85～89	90～95	95～97	＜90
负荷效率/%	80～87	90～92	85～87	78～86
转速范围/(r/min)	4000～8000	12000～15000	4000～10000	≥15000
可靠性	一般	好	优秀	好
结构坚固性	差	好	一般	优秀
外形尺寸	大	中	小	小
质量	重	中	轻	轻
控制器性能	很好	好	好	好
成本	低	较高	高	一般

2.驱动电机的性能指标

(1)电机

电机是指依据电磁感应定律实现电能转换或传递的电磁装置,它的主要作用是产生驱动转矩,作为车用电器或各种机械的动力源,通常指电动机与发电机。

(2)电机性能指标

转速:额定转速是指在额定功率下电机的转速,单位为 r/min。

电机转矩:电机转矩即电动机的输出扭矩,为电动机的基本参数之一,常用单位为 N·m。

功率:额定功率是指电机在额定电压等条件下电机轴上的输出功率。常用单位是 kW。

效率:效率指电机有效输出功率与总功率之比,不同类型电机效率曲线不同。

(3)电动汽车对电机的要求

电动汽车对驱动电机的要求主要有:启动转矩要大、恒功率区宽、调速范围大、效率要高、能量回收率要高、尺寸要小、可靠性要高。表 12-4 所示为对电动汽车电机的要求。

表 12-4　对电动汽车电机的要求

序号	要求	特点	序号	要求	特点
1	启动转矩大	保证汽车良好的启动和加速性能	5	能量回收率高	回馈充电
2	恒功率区宽	在不同的速度下都能保持最高的效率	6	尺寸要求小	车身轻量化
3	调速范围广	低速时具有大转矩,高速时具有大功率	7	可靠性高	不漏电
4	高效率	效率以 85%～93% 为最佳	8	制造成本低	经济性好

四、电池管理系统

纯电动汽车电池管理系统(BMS)作为电池系统的重要组成部分,具有实时监控电池状态、优化使用电池能量、延长电池寿命和保证电池的使用安全等重要作用。电池管理系统对整车的安全运行、整车控制策略的选择、充电模式的选择以及运营成本都有很大影响。电池管理系统无论在车辆运行过程中还是在充电过程中都要可靠地完成电池状态的实时监控和故障诊断,并通过总线的方式告知车辆控制器或车载充电机,以便采用更加合理的控制策略,达到有效且高效使用电池的目的。

1.组成与安装位置

电池管理系统采用集散式系统结构,每套电池管理系统由 1 个中央控制模块(或称主机)和若干个电池测控模块(或称从机)组成。电池管理系统检测模块安装在电池箱前面板内,电池管理系统主控模块安装在车辆尾部高压设备仓内。

2.主要功能

电池管理系统具有如下功能:电池电压的检测、电池温度的检测、电池组工作电流的检测、绝缘电阻检测、电池组 SOC 的估算、冷却风机控制、充放电次数记录、电池故障分析与在线报警、通过 CAN 与车载设备通信,能满足电池快速更换以及电池箱重新编组的需要。

3.工作模式

有下电模式、准备模式、放电模式、充电模式、故障模式 5 种工作模式。

五、其他辅助系统

1.空调系统

汽车空调系统是实现对车厢内空气进行制冷、加热、换气和空气净化的装置。制冷的功能是吸收进入车内的空气中所含的热量和水分,它可以为乘员提供舒适的乘车环境,降低驾驶员的疲劳程度,提高行车安全。

(1)制冷系统

空调制冷系统的组成与传统车辆类似,由空调压缩机、冷凝器、膨胀阀、蒸发器及管路组成。只是把传统的机械式空调压缩机改为电动空调压缩机,它固定在车辆的底盘上,其上集成有空调压缩机控制器,空调压缩机控制器将高压直流电转换成三相交流电驱动空调压缩机。电动空调压缩机上布置有高压插头和低压插头,压缩机本体上有制冷剂循环的进出管路。有些混合动力电动汽车为了提高能源利用率和空调制冷效果,采用双空调制冷(机械空调压缩机＋电动空调压缩机),图 12-6 所示为某车型电动空调压缩机的外观及安装位置。

相比传统机械压缩机,电动压缩机具有诸多优点:电动机内置式结构使得制冷剂泄漏大大减少,无须电磁离合器控制压缩机运转,噪声低,可靠性高,安装灵活方便,体积小,质量轻,但其冷冻润滑油除具备机械压缩机润滑油特性外,还要求具有良好的对电绝缘性能。

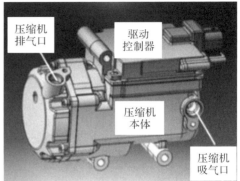

图 12-6　某车型电动空调压缩机的外观及安装位置

（2）加热系统

纯电动汽车没有传统汽车的发动机，没有了热源，靠电加热器的热能来采暖。在空调的暖风部分，热源为 PTC 加热电阻。有的纯电动车型使用 PTC 加热电阻加热冷却液作为热源。某车型 PTC 加热电阻由高压供电，由整车控制器或空调控制器控制搭铁回路，PTC 加热电阻的电路原理及外观如图 12-7 所示。

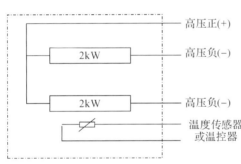

图 12-7　某车型 PTC 加热电阻的电路原理及外观

在有些车型上，PTC 加热电阻的工作由专门的控制模块控制，PTC 加热控制电路如图 12-8 所示。PTC 控制模块采集加热请求，同时根据整车控制器或压缩机控制器控制信号、PTC 总成内部传感器温度反馈等信号综合控制 PTC 通断。PTC 控制模块采集信息内容包括风速、冷暖程度设置、出风模式、加热器启动请求和环境温度。

2.转向系统

目前，常规燃油汽车的转向系统主要采用电控液压助力转向系统（EHPS）和电控电动转向系统（EPS）两种类型，纯电动汽车由于采用动力电池组作为电力源驱动，故其只能采用电控电动转向系统。它以低压蓄电池为能源，以电机驱动，根据汽车转向盘转矩、转向盘转角、车速和路面状况等，为驾驶人提供最佳转向助力，使转向更加轻松柔和，保证各种行驶工况下的路感。电控电动转向系统主要由转矩传感器、控制器和助力电机等组成，如图 12-9 所示。

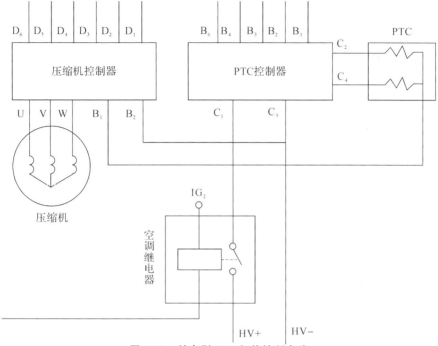

图 12-8　某车型 PTC 加热控制电路

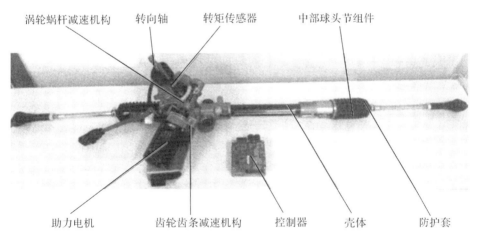

图 12-9　某车型转向系统结构

3.制动系统

常规燃油汽车通过发动机工作时在进气歧管处产生的真空来帮助驾驶员进行制动助力,纯电动汽车通过主控制器控制电动真空泵的运转时机、时间来保证真空储存罐压力的恒定,从而为驾驶员制动时提供充裕的真空助力。

图 12-10 为某车型电动真空泵工作电路图,其工作过程如下:电动真空泵根据真空压力传感器反馈给整车控制器真空度信号,整车控制器确定真空泵的启动和停止时间。当真空度低于 50kPa 时,整车控制器使真空泵启动;当真空度高于 75kPa 时,整车控制器使真空泵

停止；当真空度低于 34kPa 时，整车控制器报警。

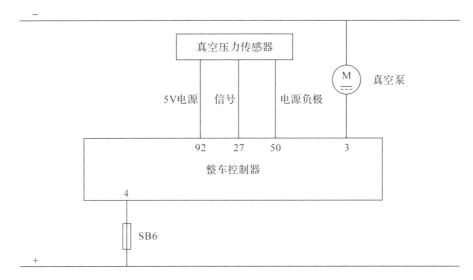

图 12-10　某车型电动真空泵工作电路

4.冷却系统

(1)电动汽车冷却系统与传统冷却系统的区别

1)热源产生

常规燃油汽车热源的产生来源于发动机工作时，气缸内压缩、膨胀做功的气体，温度可高达 2000℃；若不及时冷却，将造成发动机零部件温度过高，尤其是直接与高温气体接触的零部件，会因受热膨胀影响正常的配合间隙，导致运动件受阻甚至卡死；高温也会造成零部件机械强度下降，使润滑油失去作用等。

电动汽车热源的产生主要来源于动力电池、电机和电机控制器、DC/DC 转换器、空调控制器、高压分配盒、车载充电器等高压控制部件，这些高压部件在工作时，由于电子元器件大功率管驱动，动力电池充电、放电及电机运转机械耗损产生热量，其总的散热量大概相当于同功率燃油汽车的 2.5～3 倍。这些热量对高压工作部件的物理、电气和力学特性有着重要的影响，会影响电机的绝缘性能和机械强度，使高压控制器中的电子元器件性能下降，导致半导体节点、电路损害，甚至烧坏元器件。

电动汽车产生热源部件的工作温度范围有较大的差别，要将这些部件的热量及时散走，维持部件可靠工作，必须有一套体积、质量和尺寸合理的有效的冷却系统。图 12-11 所示为电动汽车冷却系统结构。

2)冷却对象

常规燃油汽车发动机冷却对象是气缸活塞缸体、涡轮增压器、加强型的发电机和起动机等高速工作部件，电动汽车冷却对象为动力电池、电机和电机控制器、DC/DC 转换器、空调控制器、高压分配盒、车载充电器等高压控制部件。

3)冷却液循环动力

常规燃油汽车冷却液循环动力来源于发动机工作时，通过曲轴皮带盘的运转，借助皮带驱动机械水泵来工作，部分车为了提高汽车停机冷却的功效，在冷却系统中并联了电动水泵；电

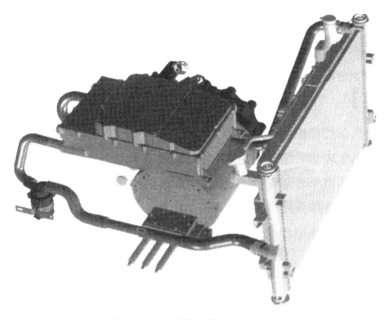

图 12-11 电动汽车冷却系统结构

动汽车冷却系统完全依靠电动水泵对冷却液加压,促使冷却液在冷却系统中循环。

(2)电动汽车冷却系统的组成与冷却方式

1)组成

电动汽车冷却系统主要由电动水泵、散热器、风扇、水管和冷却液组成,其中电动水泵是冷却液循环的动力元件,它对冷却液加压,促使冷却液在冷却系统中循环,带走系统散发的热量。

2)冷却方式

目前,电动汽车的冷却系统有两种冷却方式:水冷和风冷,部分车辆还在动力电池冷却系统上设计了热管理系统。

(3)电动汽车冷却系统控制策略

冷却系统电动水泵与散热器风扇都由整车控制器控制,供电电源均为低压蓄电池。整车控制器通过控制水泵继电器使水泵工作运行或者关闭,水泵根据整车热源(电机、电机控制器和车载充电器)温度进行控制。整车控制器通过控制高速风扇继电器或者低速风扇继电器,使得冷却系统的风扇 1 和风扇 2 同时开启或者关闭。

六、北汽 EV160 纯电动汽车介绍

下面以北汽 EV160 纯电动汽车为例,介绍该车型所采用的关键技术和系统操作,其主要部件组成如图 12-12 所示。

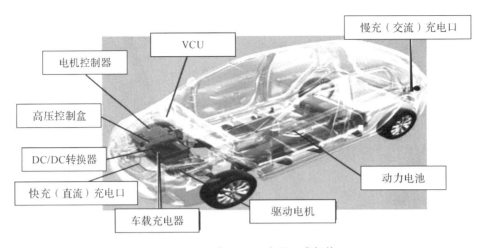

图 12-12　北汽 EV160 主要组成部件

1.充电系统

如图 12-13 所示,北汽 EV160 充电系统主要由动力电池组件、DC/DC 转换器、车载充电器、高压控制盒、快充口(直流)、慢充口(交流)等组成。

链接:电动汽车 充电系统

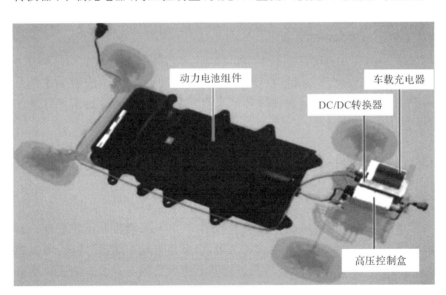

图 12-13　北汽 EV160 充电系统组成部件

(1)充电系统设计架构

充电系统是纯电动汽车主要的能源供给系统,为保障车辆持续行驶提供动力能源。根据动力电池的实时状况进行控制启动充电和停止充电,并根据动力电池的电量、温度来控制充电电流的调节和动力电池的加热。北汽 EV160 充电系统具有两种充电形式(慢充和快充),慢充系统使用 220V 单相民用电,通过车载充电器整流变换,将交流电变换为高压直流电给动力电池充电;快充系统一般使用工业 380V 三相电,通过功率变换后,直接将高压大电流通过动力电池高压线束给动力电池充电,图 12-14 所示为其控制架构。

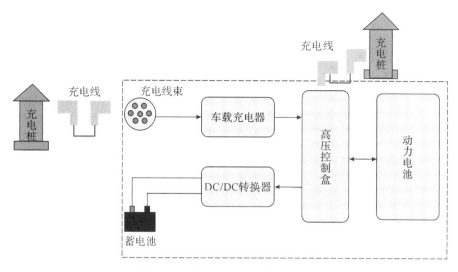

图 12-14　北汽 EV160 充电系统架构

（2）车载充电器

如图 12-15 所示，车载充电器的主要功能是将 220V 交流电转换为 320V 高压直流电，给动力电池充电。同时提供过压、欠压、过流、欠流等多种保护措施，当充电系统出现异常时会切断供电。

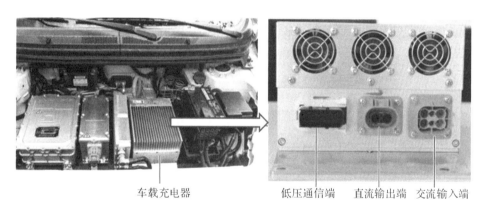

图 12-15　北汽 EV160 车载充电器结构

（3）高压控制盒

如图 12-16 所示，高压控制盒主要用于对动力电池中储存的电能进行输出和分配，实现对支路用电器的切断和保护。上面有 5 路接线口，分别连接快充、动力电池、电机控制器和其他高压接插件。

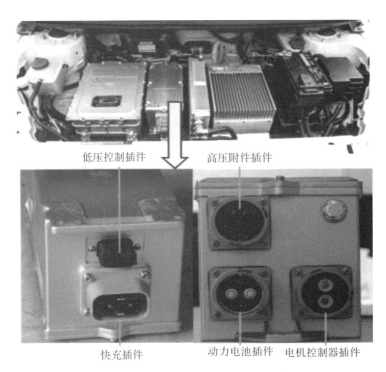

低压控制插件   高压附件插件

快充插件   动力电池插件   电机控制器插件

图 12-16   北汽 EV160 高压控制盒结构

（4）DC/DC 转换器

如图 12-17 所示，DC/DC 转换器将 320V 直流电转换成 14V 直流电，向低压蓄电池和全车低压用电设备供电；它上面共有 4 路接线口：电压输出负极、电压输出正极、电压控制端、高压输入端。

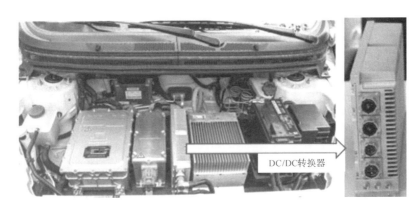

DC/DC转换器

图 12-17   北汽 EV160 DC/DC 转换器结构

（5）动力电池

如图 12-18 所示，动力电池主要由动力电池模组、电池管理系统、动力电池箱及辅助元器件四部分组成。

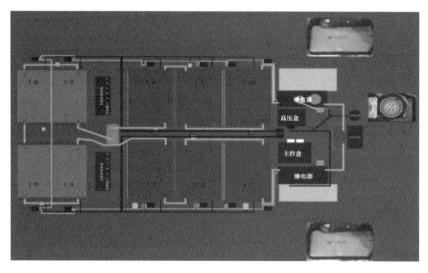

图 12-18　北汽 EV160 动力电池组成

（6）慢充口（交流）

如图 12-19 所示，慢充口充电接口参数值为：额定电压 250V，额定电流 16A、32A。

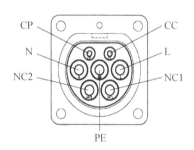

慢充线束慢充口端
CP：慢充控制确认线
CC：慢充连接确认线
N：交流电源
L：交流电源
PE：车身搭铁

图 12-19　北汽 EV160 慢充口

（7）快充口（直流）

如图 12-20 所示，快充口充电接口参数值为：额定电压 750V，额定电流 125A、250A。

快充线束快充口端
DC-：直流电源负
DC+：直流电源正
PE：车身地（搭铁）
A-：低压辅助电源负极
A+：低压辅助电源正极
CC1：充电连接确认
CC2：充电连接确认
S+：充电通信CAN_H
S-：充电通信CAN_L

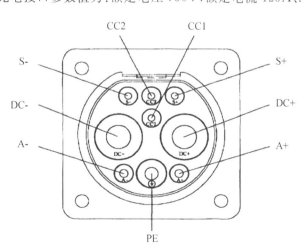

图 12-20　北汽 EV160 快充口

2．电驱系统

如图 12-21 所示，北汽 EV160 电驱系统由驱动电机组件、电机控制器、电驱冷却系统和减速器总成等构成，通过高低压线束、冷却管路与整车系统连接。

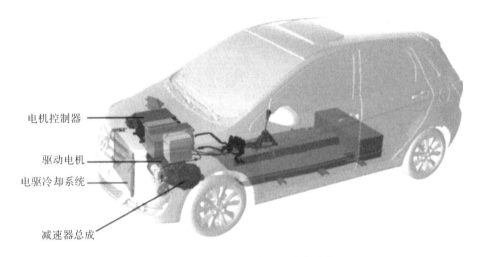

图 12-21　北汽 EV160 电驱系统布置简图

（1）电驱系统连接

高压电路、控制电路、通信诊断电路、冷却电路构成了北汽 EV160 的驱动系统，图 12-22 为其电驱系统连接示意图。

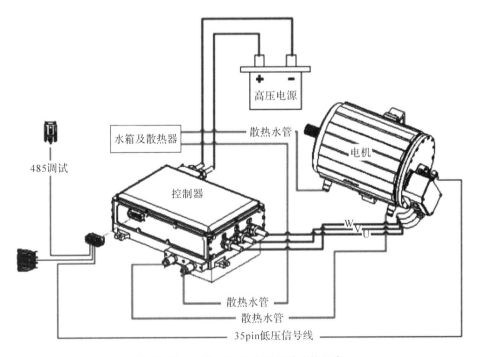

图 12-22　北汽 EV160 电驱系统连接示意

（2）电驱系统原理

如图 12-23 所示，北汽 EV160 电驱系统的主要功能是将电能转化为机械能，或者将机械能转化为电能。

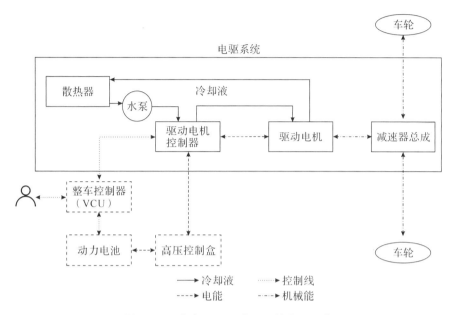

图 12-23　北汽 EV160 电驱系统原理示意

（3）电机控制器

如图 12-24 所示为北汽 EV160 电机控制器，它是电驱系统的控制中心，主要由 DC/AC 逆变器、AC/DC 整流模块、温度保护模块以及电子控制器组成。它使用的传感器有电流传感器、电压传感器、温度传感器等。

图 12-24　北汽 EV160 电机控制器

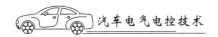

3.电控系统

图 12-25 为北汽 EV160 电控系统控制简图,其电控系统主要由加速踏板位置传感器、制动踏板位置传感器、挡位传感器等信号输入元件,整车控制器(VCU)、电机控制器(MCU)、电池管理系统(BMS)等控制模块和驱动电机、动力电池等执行元件组成。

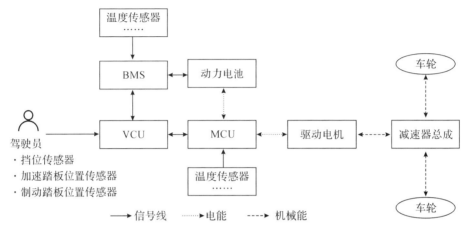

图 12-25　北汽 EV160 电控系统控制简图

(1)电控系统故障诊断及处理

电控系统根据电机、电池、EPS、DC/DC 等零部件故障、整车 CAN 网络故障及 VCU 硬件故障进行综合判断,确定整车的故障等级,并进行相应的控制处理,如表 12-5 所示。

表 12-5　北汽 EV160 故障等级及处理

等级	名称	故障后处理
一级	致命故障	紧急断开高压
二级	严重故障	二级电机故障零扭矩,二级电池故障 20A 放电电流限功率
三级	一般故障	进入跛行工况/限功率
四级	轻微故障	只仪表显示,四级故障属于维修提示,但是 VCU 不对整车进行限制。四级能量回收故障,仅停止能量回收,行驶不受影响

(2)报警指示灯

北汽 EV160 仪表及指示灯如图 12-26 所示,VCU 通过 CAN 网络接收不同模块传递来的故障信息,通过分析确定其故障等级,并在仪表上以不同颜色的指示灯进行提示,其动力电池故障相关指示灯含义见表 12-6。

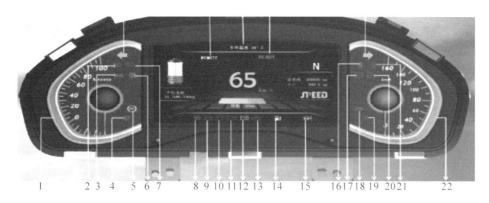

图 12-26　北汽 EV160 仪表及指示灯

表 12-6　北汽 EV160 动力电池故障相关指示灯含义

序号	含义	图标	序号	含义	图标
1	跛行指示灯		5	蓄电池故障指示灯（当小蓄电池电量低或高低压变压器故障时,指示灯常亮）	
2	电机及控制器过热指示灯		6	动力电池故障指示灯	
3	动力电池断开指示灯		7	系统故障灯	
4	低电量提示：当动力电池的 SOC 低时 LED 常亮,提示驾驶员需充电		8	外接充电指示灯：当车辆外接充电手柄连接或者正在充电时,LED 常亮	

4. 车辆操作

（1）车辆上电

上电时,车辆挡位必须位于 P 挡,此时若驾驶员踩下制动踏板,点火钥匙转到 START 挡,若启动成功,则仪表上出现 READY 绿色指示灯,启动自检的过程中,能听到高速继电器吸合的声音;若启动不成功,则仪表上出现相应的故障指示灯。

（2）车辆下电

车辆正常上电,代表高压回路已激活,车辆处于准备工作状态,等待驾驶员的输入指令。若需要下电,只需点火钥匙处于 OFF 挡,此时高压回路处于断路状态,车辆下电。

（3）车辆充电

车辆充电可以采用便携式充电器对车辆的交流充电口进行慢充,也可以利用充电桩上的充电枪连接车辆的直流充电口进行快充,在充电枪连接正常和充电激活的情况下,车辆仪表上出现充电指示灯,同时仪表上显示充电状态。

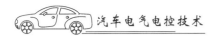

模块三　混合动力汽车

一、混合动力汽车概述

1.混合动力汽车定义

狭义:指由燃料发动机与电池电动机同时运行来驱动的汽车,即同时有热动力源(由传统汽油机或柴油机产生)与电动力源(电池与电动机)的汽车,简称 HEV(Hybrid Electric Vehicle)。

广义:由两种或两种以上的储能器、能源或转换器作为驱动能源,其中至少有一种提供电能的车辆。按照该定义方式,混合动力汽车有如图 12-27 所示的组合形式。

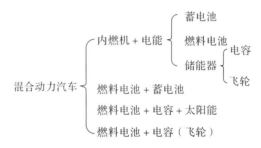

图 12-27　广义的混合动力组合形式

2.混合动力汽车组成

混合动力汽车上使用电机,可使动力系统能按照整车的实际运行工况要求灵活调控,而发动机保持在综合性能最佳的区域内工作,从而降低油耗和排放。混合动力汽车主要由驱动系统、辅助动力系统、控制系统和电池系统等构成。

(1)发动机

内燃机是现今应用于汽车最主要的动力装置,在可预见的将来,它将仍是主要的汽车动力装置。在混合动力汽车中,内燃机也是主要电源的第一选择。然而,混合动力汽车的工作与传统汽车有所不同,混合动力汽车中的发动机需较长时间以高功率运转,而不需频繁改变功率输出。到目前为止,专为混合动力汽车设计和控制的发动机系统还没有得到充分的开发。

(2)电动机

混合动力汽车的电动机作为辅助动力来降低燃料的消耗和实现低污染,或在纯电动驱动模式时实现"零污染"。混合动力汽车上电动机的工作条件及其工作模式与传统电动机相比有着很大的区别,这些区别使得工业电动机不适合在汽车上使用。混合动力汽车可以采用直流电动机、交流感应电动机、永磁电动机和开关磁阻电动机等。随着混合动力汽车的发展,直流电动机已经很少采用,多数采用了感应电动机和永磁电动机,开关磁阻电动机的应用也得到重视,还可以采用特种电动机为混合动力汽车的驱动电动机,采用不同的电动机就可以组成不同的混合动力汽车。

（3）蓄电池

混合动力汽车具有两个蓄电池系统:一个是12V直流蓄电池系统,它主要是为车上常规的用电器提供电压;另一个是电压更高的直流蓄电池系统,它经过DC/AC转换器将直流转换后给电机提供交流电能,同时它还将存储电机发电并经AC/DC转换器转换后的直流电。混合动力汽车的高压直流蓄电池从36V到600V以上不等,所有混合动力设计采用串联连接的蓄电池均是为了获取所需的直流电源电压。

（4）混合动力控制系统

在混合动力汽车上普遍采用以计算机为核心的现代计算机技术和自动控制技术,各种智能控制系统包括自适应控制技术、模糊控制技术、专家控制系统、神经网络控制系统等,其逐渐应用到混合动力汽车上,使混合动力汽车更加安全、节能、环保和舒适。

混合动力汽车上采用电源—电源转换器—驱动电动机的动力系统,是属于电力驱动技术范畴,因此,对混合动力汽车驱动电动机的控制和智能控制的研究,是混合动力汽车的关键技术。

1)混合动力汽车电动机控制系统

混合动力汽车动力系统和驱动力控制系统是由动力电池组、电流转换器（逆变器）、发动机—发电机组和驱动电动机以及一些电气和线路共同组成,因此混合动力汽车的技术关键是对动力电池组、发动机—发电机组、驱动电动机的控制或智能控制。

2)混合动力汽车电动机控制系统的组成

混合动力汽车驱动电动机的控制系统由信号输入、信号输出、执行元件和信息反馈四大部分组成。其中信号输入主要包括油门踏板位置传感器、车速信号、制动开关信号、挡位信号及电动机反馈信号等;信号输出是指通过中央控制器对输入信号的分析、处理,输出指令的偏差信号,通过接口输送到各个控制模块;执行元件是指各控制模块和各种执行结构,其对被控制对象发出控制指令,使被控制对象按照规定的指令（参数）运行;信息反馈是指对电动机的运转进行监测的传感器。

3)变频器

在各种电动车辆上,采用动力电池组的直流电作为电源,并采用三相交流电来驱动电动机,三相交流电动机不能直接使用直流电源,另外三相交流电动机具有非线性输出特性。变频器可实现直流电源与三相交流电动机之间电流的传输和变换,并要求能够实现频率调节,在所调节的频率范围内保持功率的连续输出,同时实现电压的调节,能够在恒定转矩范围内维持气隙磁通恒定。变频器将直流电变换为频率、幅值可调以及电压可调的交流电来驱动三相交流电动机。

3.混合动力工作模式

混合动力电驱动系统通过被采用的动力系统向载荷供应其动力,在由汽油（柴油）机（发动机动力系统1）和蓄电池—电动机（电力系统2）混合集成的情况下,与载荷需求相配合的由两动力系统运作的有效模式共有9种,分别如下:

（1）发动机动力系统1单独向载荷提供动力

这一模式是单发动机驱动模式,可应用于蓄电池组近乎完全放电而发动机没有剩余功

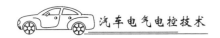

率给蓄电池组充电的情况,或可应用于蓄电池组已完全充电而发动机能供应足够的动力去满足车辆动力需求的情况。

(2)电力系统2单独向载荷提供动力

这一模式是纯粹的电驱动模式,其中发动机是关闭的。这一模式可应用于发动机不能有效运行的场合,如极低速状态,或在严禁排放的区域内行驶的场合。

(3)发动机动力系统1和电力系统2两者都向载荷提供动力

这一模式是混合牵引模式,可应用于需要大量动力供给的情况,如在急剧加速或爬陡坡之际。

(4)电力系统2由载荷获得功率(再生制动)

这一模式是再生制动模式,由此借助于电动机运行在发电机状态,车辆的动能或位能得以回收。回收的能量储存于蓄电池组,并在以后重复利用。

(5)电力系统2从发动机动力系统1中获得功率

这一模式是发动机向蓄电池组充电的模式,这时车辆处于停止、惯性滑行或小坡度下坡运行状态,没有动力应用于载荷或来自载荷。

(6)电力系统2从发动机动力系统1和载荷中同时获得功率

这一模式是同时存在再生制动和内燃机向蓄电池组充电的模式。

(7)发动机动力系统1同时向载荷和电力系统2提供动力

这一模式是发动机驱动车辆和同时向蓄电池组充电的模式。

(8)发动机动力系统1向电力系统2提供功率,同时电力系统2向载荷提供动力

这一模式是发动机向蓄电池组充电,同时蓄电池组向载荷供应功率的模式。

(9)发动机动力系统1向载荷提供动力,同时载荷向电力系统2提供功率

这一模式是借助于车辆的质量,来自于热机的动力流进入蓄电池组的模式。

4.知识拓展

(1)插电式混合动力(Plug-in-Hybrid)

这个名词指车上使用了混合动力装置,而其高压蓄电池还可以通过外接电源(充电站或家用插座)来充电。这就相当于纯混合动力车与电动车的混合体,插电式混合动力车将内燃机车和电动车的优点集中在一起了。

(2)能量回收

能量回收(Recuperation)是指在车辆制动、减速、滑行时利用其动能,通过驱动轮反拖电机以发电机的形式工作,从而为高压蓄电池充电。

(3)高压部件之间的能量流

1)靠电能驱动来行车

这个过程就是高压蓄电池放电过程,在靠电能驱动行车时,由高压蓄电池来供电,12V的车载电网由高压蓄电池来供电。

2)靠回收能量来充电

这个过程就是给高压蓄电池充电的过程,与牵引阶段不同,在减速阶段通过牵引电机以电动方式来实施制动,从而再为高压蓄电池充电。驾驶员松开油门踏板,一部分能量就得到了回收。

（4）电机

此处的电机（或称 E-Machine）替代了车上的发电机、电动机和起动机，其实每个电动机都可以作发电机来使用，只要在外部来驱动电机轴，那么电机就会像发电机那样输出电能了。但如果是向电机输送电能，那么它就是个驱动电机。

（5）电动加速

混合动力驱动有一个电动加速（E-Boost）功能，这与内燃机的强制降挡功能（可提供最大发动机功率供使用）类似。如果执行了这个电动加速功能，那么电机和内燃机就会发出最大功率（合计总功率很大）。

（6）滑行

滑行是指内燃机不提供驱动力、电机也不提供驱动力的状态。滑行时，车辆处在无动力的滚动状态，这时内燃机关闭，电机通过能量回收来为 12V 的车载电网供电，不消耗高压蓄电池的电能。

二、混合动力汽车分类

1. 按连接方式分类

按照 HEV 零部件的种类、数量和连接关系可以将其分为以下 3 类：

（1）串联式混合动力汽车（Series Hybrid Electric Vehicle, SHEV）

如图 12-28 所示，在串联式混合动力汽车中发动机、发电机和电动机用串联方式组成动力单元系统，发动机带动发电机发电，电能通过电机控制器输送给电动机，由电动机驱动汽车行驶。另外，动力电池也可以单独向电动机提供电能驱动汽车行驶。

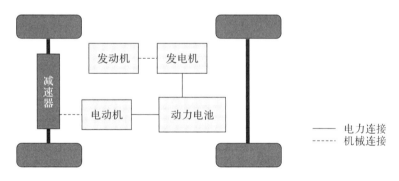

图 12-28 串联式混合动力

（2）并联式混合动力汽车（Parallel Hybrid Electric Vehicle, PHEV）

如图 12-29 所示，并联式混合动力汽车指车辆行驶系统的驱动力由电动机及发动机同时或单独供给的混合动力电动汽车。它的结构特点是，驱动系统可以单独使用发动机或电动机作为动力源，也可以同时使用电动机和发动机作为动力源驱动汽车行驶。

（3）混联式（串、并联）混合动力汽车（Parallel Series Hybrid Electric Vehicle, PSHEV）

如图 12-30 所示，混联式混合动力汽车指具备串联式和并联式两种混合动力系统结构的混合动力电动汽车。它的结构特点是，可以在串联混合模式下工作，也可以在并联混合模式下工作，同时兼顾了串联式和并联式的特点。

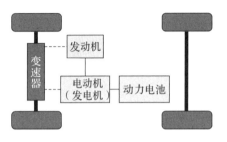

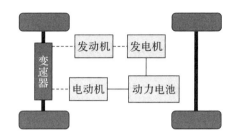

图 12-29　并联式混合动力　　　　　　　图 12-30　混联式混合动力

2.按混合程度分类

根据混合动力系统中电机的输出功率在整个系统输出功率中占的比重,也就是常说的混合度的不同,混合动力系统可以分为微混合动力系统、轻混合动力系统、中混合动力系统、重混合动力系统和插电式混合动力系统五种类型。

(1)微混合动力汽车

微混也叫弱混,指电动机的峰值功率和发动机的额定功率比小于等于5%,代表车型是标致公司的混合动力版 C3 和丰田公司的混合动力版 Vitz。

BSG(Belt-driven Starter Generator)系统在发动机前端用皮带传递机构将一体化启动/发电机与发动机相连接,取代了发动机原有的发电机,从而实现了混合动力系统的一体化。该系统一般保留了传统轿车上的启动电机,以保证环境温度过低时发动机能正常启动。它能实现发动机启停、能量回收的功能,由于没有配备耦合装置,故无法为车辆加速提供辅助功率。

(2)轻混合动力汽车

电动机的峰值功率和发动机的额定功率比在5%~15%的为轻度混合动力,代表车型是通用的混合动力皮卡车。

ISG(Integrated Starter Generator)系统将一体化启动/发电机与发动机曲轴的输出端连接,取消了原有的飞轮,它采用发动机和电机扭矩叠加方式进行动力混合,发动机与电机和变速器相并联,按照不同的行驶工况要求,发动机的扭矩与电机的扭矩在变速器前进行多种形式的复合以实现最优的驱动效率。以发动机为整车主动力源,电机系统起辅助作用。在加速时,电机助力,弥补发动机低速扭矩低的不足,在减速和制动时实施制动能量回收,使电机发电并储存于动力电池中。在停车时发动机关闭,消除油耗高、排放差的怠速状态;启动时电机则瞬时启动发动机进入工作状态。

(3)中混合动力汽车

电动机的峰值功率和发动机的额定功率比在15%~40%的为中混合动力汽车,本田旗下混合动力汽车音赛特(Insight)、雅阁(Accord)和思域(Civic)都属于这种系统。

该混合动力系统同样采用了 ISG 系统,与轻度混合动力系统不同,中混合动力系统采用的是高压电动机,可由电动机或发动机单独驱动。另外,中混合动力系统还增加了一个功能:在汽车处于加速或者大负荷工况时,电动机能够辅助驱动车轮,以补充发动机本身动力输出的不足,从而更好地提高整车的性能。

（4）重混合动力汽车

重混也叫强混或全混,电动机的峰值功率和发动机的额定功率比在40％以上的为重混合动力汽车,丰田的普锐斯(Prius)和普瑞维亚(Previa)属于重混合动力系统。

该系统采用了272～650V的高压启动电机,电动机可单独为车辆行驶提供动力,混合程度更高。重混合动力车型在启动时或低速行驶时,车辆只以电力驱动,车辆噪声可比传统汽油发动机车辆大幅降低。

（5）插电式混合动力系统

插电式混合动力系统是一种将纯电动系统和现有混合动力系统相结合的产物,由于车辆带有外接插入式充电系统,车辆可以单独利用电动机行驶较长的距离,将内燃机的工作比例进一步缩小,提供更好的节油性能,但会消耗一定的电能。同时,也解决了目前纯电动汽车续驶里程短的问题。但随着电池技术的发展,插电式混合动力系统仅仅是一种过渡方案。

三、普锐斯混合动力汽车介绍

1.总体结构

丰田混合动力系统(Toyota Hybrid System,THS)中比较典型的代表是普锐斯,属于典型的重混合动力系统。2003年,丰田推出了第二代丰田混合动力系统 THS-Ⅱ 的普锐斯,2016年又推出了第四代丰田混合动力系统 ECVT(电控无级自动变速器)。普锐斯混动力系统控制如图12-31所示。

链接:丰田混合动力系统

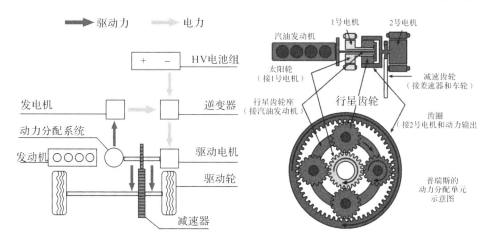

图 12-31　丰田普锐斯动力系统控制图

2.功能介绍

根据行驶条件的不同,汽车在稳定运行过程中,可能处于以下工作状态,最大限度地适应车辆的行驶状况。

（1）电动机(MG2)接收来自 HV 蓄电池的电能,以驱动车辆(见图12-32)。

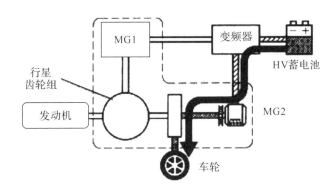

图 12-32　蓄电池供电

（2）发动机通过行星齿轮驱动车辆时，发电机（MG1）由发动机通过行星齿轮带动旋转，为电动机（MG2）提供产生的电能（图 12-33）。

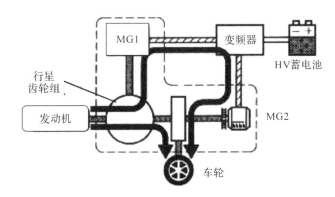

图 12-33　发动机驱动车轮

（3）发电机（MG1）由发动机通过行星齿轮带动旋转，为 HV 蓄电池充电（见图 12-34）。

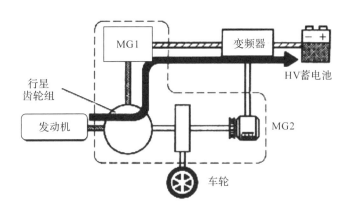

图 12-34　发电机发电

（4）车辆减速时，车轮的动能被回收并转化为电能，并通过电动机（MG2）为 HV 蓄电池再次充电（见图 12-35）。

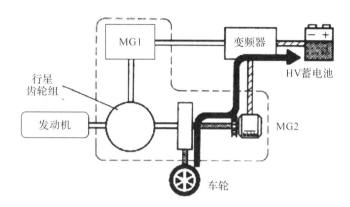

图 12-35 车轮的动能回收

HV ECU 根据车辆行驶状况在（1）、（2）、（3）、（1）＋（2）＋（3）或（4）几种工作模式间转换。但是，当 HV 蓄电池的 SOC 较低时，发动机带动发电机（MG1）为 HV 蓄电池充电。

模块四　燃料电池汽车

一、燃料电池汽车概述

1.燃料电池汽车的定义

燃料电池汽车（Fuel Cell Electric Vehicle，FCEV）是利用氢气等燃料和空气中的氧气在催化剂的作用下在燃料电池中经电化学反应产生电能并将其作为主要动力源驱动的汽车。

将燃料和空气分别送入燃料电池后，就可从其正极和负极输出电能。从表面上看，燃料电池与蓄电池一样，有正、负极和电解质等，但燃料电池不能通过充电的方法"储电"，只是一个通过消耗燃料来输出电能的发电装置。

2.燃料电池汽车的特点

燃料电池实际上就是一个电化学反应器，虽然也是通过活性物质（燃料及氧化剂）的电化学反应产生电能，但是它与普通化学蓄电池及原动机辅助动力单元还是有区别的。

（1）燃料电池与蓄电池的区别

1）燃料电池通过电化学反应转化为电能的活性物质不在其内部，而是从其外部输入。

2）燃料电池放电过程所消耗的活性物质无须通过充电来还原，只需要向电池内不断输入燃料及氧化剂，并将电化学反应产物及时排出即可持续提供电能。

3)燃料电池本体只决定电池的输出功率,而燃料电池能量的大小则取决于外部可输入的燃料和氧化剂。因此,燃料电池的比能量可变高,而续驶里程主要取决于燃料的储备量。

4)燃料电池的内部结构和系统控制比较复杂,尤其是放电控制不如普通化学电池方便。

(2)燃料电池与原动机辅助动力单元的区别

原动机辅助动力单元由燃油发动机和发电机组成,燃料的化学能通过燃烧转化为热能,再由热机转化为机械能,最后通过发电机转化为电能。燃料电池则是将燃料和氧化剂直接转化为电能。相比于原动机辅助动力单元,其具有以下特点:

1)燃料电池的燃料通过电化学反应直接转化为电能,没有燃烧转化为热能的过程,因而无燃料燃烧排放物,对环境污染很小。

2)燃料电池的氧化还原反应不在同一地点,而是在负极进行氧化反应,在正极进行还原反应;而发动机燃料燃烧所进行的氧化还原反应在同一地点,反应后释放热能。由于燃料电池的能量转换过程不受卡诺循环的限制,也无须通过机械能转换为电能,所以能量转换效率高。

3)燃料电池无热机的工作噪声,也无机械传动装置的工作噪声,因此,燃料电池本身的工作噪声很小。

3. 燃料电池汽车分类

(1)按工作温度分

按燃料电池的工作温度不同,可将其分为低温型(工作温度低于200℃)、中温型(工作温度为200~750℃)和高温型(工作温度高于750℃)三种类型。

(2)按原料来源分

按燃料电池的燃料来源不同,可将其分为直接式(无须预先重整)、间接式(需经过重整和纯化)和再生式(将生成的水经适当的方法分解)三种。

(3)按原料电池采用的电解质分

1)碱性燃料电池(Alkaline Fuel Cell,AFC);

2)磷酸燃料电池(Phosphoric Acid Fuel Cell,PAFC);

3)质子交换膜燃料电池(Proton Exchange Membrane Fuel Cell,PEMFC);

4)熔融碳酸盐燃料电池(Molten Carbonate Fuel Cell,MCFC);

5)固态氧化物燃料电池(Solid Oxide Fuel Cell,SOFC)。

(4)按有无蓄能装置分类

根据燃料电池电动汽车是否配备蓄能装置,可把燃料电池电动汽车分为纯燃料电池电动汽车(电能是唯一来源,无能量回收)和混合型燃料电池(燃料电池+蓄能装置,具有能量回收)电动汽车两大类。

(5)按燃料电池与蓄电池的结构关系分类

根据混合型燃料电池电动汽车中燃料电池和蓄电池的电路结构,可将混合型燃料电池电动汽车分为串联式和并联式两种,如图12-36所示。

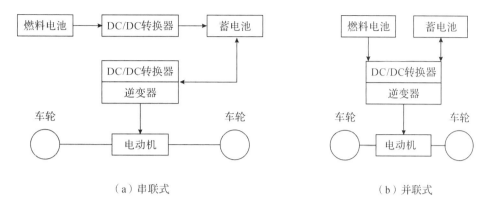

（a）串联式　　　　　　　　　　　　（b）并联式

图 12-36　串联式和并联式燃料电池电动汽车动力系统

二、燃料电池汽车的原理与组成

1.燃料电池的工作原理

燃料电池的核心部分是燃料（阳极）、电解质、氧化剂（阴极），其发电原理如图 12-37 所示。燃料电池工作时,向阳极供给燃料（氢）,向阴极供给氧化剂（空气）,在其内部产生电化学反应。

链接：氢燃料电池原理 1

链接：氢燃料电池原理 2

图 12-37　燃料电池的发电原理

（1）阳极进行氧化反应

进入阳极的氢（燃料）在催化剂的作用下分解成氢离子 H^+ 和电子 e,H^+ 进入电解质中,其电化学反应为

$$H_2 \longrightarrow 2H^+ + 2e$$

（2）阴极进行还原反应

在阴极,进入的空气（氧化剂）进行还原反应,空气中的氧与电解质中的氢离子吸收抵达阴极的电子而生成水,这正是水的电解反应的逆过程。其电化学反应为

$$\frac{1}{2}O_2 + 2H^+ + 2e \longrightarrow H_2O$$

链接：燃料电池放电过程

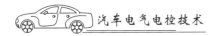

（3）外电路电子运动形成电流

当在正、负极之间连接外电路后，电子就沿外电路移向正极，形成电流，向连接在外部电路中的负载提供电能，燃料电池的总反应为

$$H_2 + \frac{1}{2}O_2 \longrightarrow H_2O$$

2. 燃料电池汽车系统组成

燃料电池实际上不是"电池"，而是一个大的发电系统。对于质子交换膜燃料电池，需要有燃料供应系统、氧化剂系统、发电系统、水管理系统、热管理系统、电力系统以及控制系统等。

（1）燃料供应系统

燃料供应系统是给燃料电池提供燃料，如氢气、天然气、甲醇等。这个系统直接采用氢气比较简单，如果用石化燃料制取氢气则相当复杂。

（2）氧化剂系统

氧化剂系统主要是给燃料电池提供氧气，氧气的来源有从空气中获取氧气或从氧气罐中获取氧气，空气需要用压缩机来提高压力，以增加燃料电池反应的速度。在燃料电池系统中，配套压缩机的性能有特定的要求，压缩机的质量和体积会增加燃料电池发动机系统的质量、体积和成本，压缩机所消耗的功率会使燃料电池的效率降低。空气供应系统的各种阀、压力表、流量表等的接头要采取防泄漏措施。在空气供应系统中还要对空气进行加湿处理，保证空气有一定的湿度。

（3）发电系统

发电系统是指燃料电池本身，它将燃料和氧化剂中的化学能直接变成电能，而不需要经过燃烧的过程，它是一个电化学装置。

（4）水管理系统

由于质子交换膜燃料电池中质子是以水合离子状态进行传导，所以燃料电池需要有水，水少会影响电解质膜的质子传导特性，从而影响电池的性能。由于在电池的阴极生水，所以需要不断及时地将这些水带走，否则会将电极"淹死"，也会造成燃料电池失效，水的管理在燃料电池中至关重要。

（5）热管理系统

大功率燃料电池发电的同时，由于电池内阻的存在，不可避免地会产生热量，通常产生的热与其发电量相当。而燃料电池的工作温度是有一定限制的，如对 PEMFC 而言，应控制在 80℃，因此需要及时将电池生成热带走，否则会发生过热，烧坏电解质膜，水和空气通常是常用的传热介质。

（6）电力系统

电力系统是将燃料电池产生的直流电转换为适合用户使用的电，燃料电池所产生的直流电，需要经过 DC/DC 转换器进行调压，在采用交流电动机的驱动系统中，还需要用逆变器将直流电转换为三相交流电。

链接：丰田氢燃料电池汽车

（7）控制系统

燃料电池控制系统的主要功能包括电池系统的启动与停止，维持电池系统稳定运行的各种操作参数的控制，对电池运行状态进行监测、判断等。

（8）安全系统

氢是燃料电池的主要燃料，氢的安全十分重要，由氢气探测器、数据处理系统以及灭火设备等构成氢的安全系统。

三、直接燃料电池电动汽车介绍

链接：丰田燃料电池汽车

燃料电池电动汽车与普通燃油汽车相比，其外形和内部空间几乎没有什么区别，不同之处在于动力系统。燃料电池电动汽车动力系统的基本组成部分有燃料电池系统、电子控制系统、辅助蓄能装置及驱动电动机等，燃料电池电动汽车动力系统的布置如图 12-38 所示。

链接：丰田 Mirai 燃料电池汽车

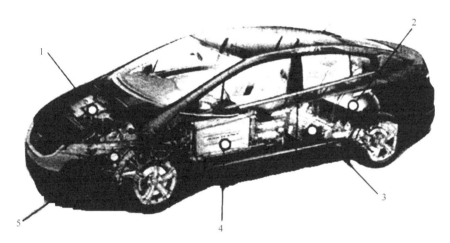

1—电子控制器；2—燃料储存装置；3—辅助蓄能装置；

4—燃料电池电堆；5—驱动电动机

图 12-38　燃料电池电动汽车动力系统的布置

典型的直接燃料电池电动汽车动力系统的基本构成如图 12-39 所示。

（1）燃料电池系统

燃料电池系统的核心是燃料电池电堆，此外，还配备了氢气供给系统、氧气供给系统、气体加湿系统、水循环及反应物生成处理系统等，以确保燃料电池电堆正常工作。

1）氢气供给系统

氢气供给系统的功能包括氢的储存、管理和回收。由于气态氢需要采用高压的方式储存，因此，储氢气瓶必须有较高的品质。储氢气瓶的容量决定了一次充氢的行驶里程。轿车一般采用 2～4 个高压储氢气瓶，大客车上通常采用 5～10 个高压储氢气瓶来储存所需的氢气量。

液态氢比气态氢需要更高的压力进行储存，且要保持低温，因此，在使用液态氢时对储氢气瓶的要求更高，还需要有较复杂的低温保温装置。

不同的储氢压力，需要采用相应的减压阀、调压阀、安全阀、压力表、流量表、热量交换器、传感器及管路等组成氢气供给系统。从燃料电池电堆排出的水中含有少量的氢，可通过氢气循环器将其回收。

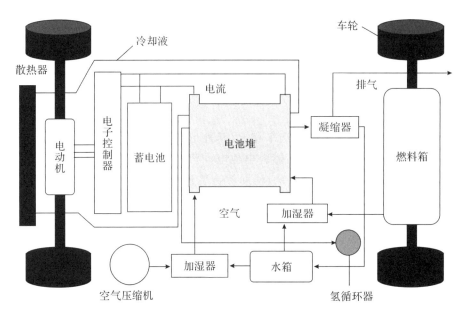

图 12-39 典型的直接燃料电池电动汽车动力系统的基本构成

2）氧气供给系统

氧气有纯氧和空气两种供给方式，当以纯氧的方式供给时，需要氧气罐；当从空气中获得氧气时，需要用压缩机来提高压力，以确保供氧量，增加燃料电池的反应的速度。空气供给系统除了需要有体积小、效率高的空气压缩机外，还需配备相应的空气阀、压力表、流量表及管路，并对空气进行加湿处理，以确保空气具有一定的湿度。

3）水循环系统

在燃料电池反应过程中，会产生水和热量，需要通过水循环系统中凝缩器加以冷凝并进行气水分离处理，部分水可用于反应气体的加湿。水循环系统还用于燃料电池的冷却，以使燃料电池保持在正常的工作温度。

（2）辅助蓄能装置

混合式燃料电池电动汽车还配备辅助蓄能装置，辅助蓄能装置可采用蓄电池、超级电容和飞轮电池中的一种，组成双电源的混合动力系统，或采用燃料电池＋超级电容、蓄电池＋飞轮电池的三电源系统。

燃料电池电动汽车配备辅助蓄能装置的作用是：

1）在燃料电池电动汽车启动时，由辅助蓄能装置提供电能，带动燃料电池启动或带动车辆起步。

2）在燃料电池电动汽车运行过程中，当燃料电池输出的电能大于车辆驱动所需的能量时，辅助蓄能装置可用于储存燃料电池剩余的电能。

3）在燃料电池电动汽车加速和爬坡时，辅助蓄能装置可协助供电，以弥补燃料电池输出功率的不足，使电动机获得足够的电能，产生满足车辆加速和爬坡所需的电磁转矩。

4）向车辆的各种电子设备、电器提供工作所需的电能。

5）在车辆制动时，将驱动电动机转换为发电机工作状态，将车辆的动能转换为电能，并向辅助蓄能装置充电，以实现车辆制动时的能量回收。

（3）驱动电动机

驱动电动机用于将电源所提供的电能转换为电磁转矩，并通过传动装置驱动车辆行驶。与纯电动汽车和混合动力电动汽车一样，燃料电池电动汽车用驱动电动机也可采用直流有刷电动机、交流异步电动机、交流同步电动机、永磁无刷直流电动机和开关磁阻电动机等。

（4）电子控制系统

直接燃料电池电动汽车的电子控制系统包括燃料电池系统控制、DC/DC 转换器控制、辅助储能装置能量管理、电动机驱动控制及整车协调控制等控制功能，各控制功能模块通过总线连接，如图 12-40 所示。

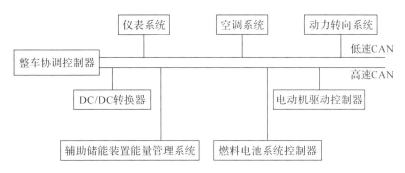

图 12-40　燃料电池电动汽车电子控制系统构成

1）燃料电池系统控制

燃料电池系统控制器用来控制燃料电池的燃料供给与循环系统、氧化剂供给系统、水及热管理系统，并协调各系统工作，以使燃料电池系统能持续向外供电。

2）DC/DC 转换器控制

DC/DC 转换器用于改变燃料电池的直流电压，由电子控制器控制。电子控制器的作用是通过调节 DC/DC 转换器的输出电压，将燃料电池电堆较低的电压上升至电动机所需的电压。DC/DC 转换器的作用不仅仅是升压和稳压，在工作时，通过控制器的实时调节，可使其输出电压与蓄电池的电压相匹配，协调燃料电池和蓄电池负荷，起限制燃料电池最大输出电流和最大功率的作用，以避免燃料电池因过载而损坏。

3）辅助蓄能装置能量管理

辅助蓄能装置能量管理系统对蓄电池的充电、放电、存电状态等进行监控，使辅助蓄能装置能正常地起作用，实现车辆在启动、加速、爬坡等工况下的协助供电，并在车辆运行时储存燃料电池富余电能，实现汽车制动时的能量回馈。蓄电池能量管理系统通过对蓄电池电压、电流、温度等参数的监测，还可实现蓄电池过放电控制，进行蓄电池荷电状态的估计与显示。

4）电动机驱动控制

电动机的类型不同，其控制系统的电路结构和工作原理也有所不同。总体上，电动机驱动控制系统的主要控制功能有电动机的转速与转矩调节、电动机工作模式控制（设有制动能量回馈的电动汽车）、电动机过载保护控制等。

5）整车协调控制

整车协调控制系统基于设定的控制策略对各控制功能模块进行协调控制。一方面，控

制器根据加速踏板传感器、制动踏板传感器、挡位开关送入的电信号判断驾驶人的驾车意图,并输出控制信号,通过相关的控制功能模块实现车辆的行驶工况控制;另一方面,控制器根据相关传感器和开关输入的电信号,获取车速、电动机转速、是否制动、蓄电池和燃料电池的电压和电流等信息,判断车辆的实际行驶工况和动力系统的状况,并按设定的多电源控制策略输出相应的控制信号,通过相应的功能模块实现能量的分配调节控制。此外,整车协调控制还包括整车故障自诊断功能。

直接以纯氢为燃料电池的电动汽车对储氢装置的要求较高,但与重整燃料电池电动汽车相比,直接燃料电池电动汽车的结构简单,质量轻,能量效率高,成本低。因此,目前的燃料电池电动汽车大都以纯氢为车载氢源。

模块五　新能源汽车安全操作

一、电气危害与救助

1.电气事故及原因

由于电气原因而造成的人身伤亡和设备损坏的事故,叫作电气事故。它包括人身事故和设备事故。人身事故包括电流伤害、电磁伤害、静电伤害、雷电伤害、电气设备故障造成人身伤害等。设备事故包括短路、漏电和操作事故等。发生人身事故,大多数是由于违反安全操作规程或安全技术规程造成的。

（1）违章操作

违章操作是引起电气事故的原因之一,例如违反停电检修安全工作制度,因误合闸造成维修人员触电;违反带电检修安全操作规程,使操作人员触及电器的带电部分;带电情况下移动电器设备导致触电;用水冲洗或用湿布擦拭电器设备;违章救护他人触电,造成救护者一起触电;对有高压电容的线路检修时未进行放电处理导致触电。

（2）施工不规范

在电气操作中施工不规范也能引起电气事故,如误将电源保护搭铁与零线相接,且插座相线（俗称火线）、零线位置接反,使机壳带电;插头接线不合理,造成电源线外露,导致触电;线路铺设不规范造成搭接物带电;随意加大熔丝的规格,失去短路保护作用,导致电器损坏;施工中未对电器设备进行搭铁保护处理。

（3）质量不合格

使用了不合格的电气产品,也能导致电气事故。电器设备缺少保护设施造成电器在正常情况下损坏和触电;当带电作业时,使用不合理的工具或绝缘设施造成维修人员触电;产品使用劣质材料,使绝缘等级、抗老化能力降低,容易造成触电。

2.电流对人体的危害

人碰到带电的导线,电流通过人体就叫作触电。触电后,会对人体及人体内部组织造成不同程度的损伤。触电时,让人体受伤的是电流而不是电压。电流对人体的伤害有三种:电击、电伤和电磁场伤害。电击是指电流通过人体,破坏人体心脏、肺及神经系统的正常功能。电伤是指电流的热效应、化学效应和机械效应对人体的伤害,主要是指电弧烧伤、熔化金属溅出烫伤等。电磁场伤害指在高频磁场的作用下,人会出现头晕、乏力、记忆力减退、失眠和多梦等神经系统的症状。

(1)电击电流的大小及危害

电击是由于电流流过人体而造成的。当电流流过人体时,对人体造成的伤害程度与很多因素有关,比如个体的体质、心情状况、电流的大小和持续时间等。人体通过大约 0.6mA 的电流就会引起人体麻刺的感觉,通过 50mA 的电流就会有生命危险。一般人体流过不同的电流后,身体的反应情况见表 12-7。

表 12-7　流过人体的电流与人体的反应

流过人体的电流/mA	人体的反应
0.6～1.5	手指感觉开始发麻
2～3	手指感觉强烈发麻
5～7	手指肌肉感觉痉挛,手指感觉灼热和刺痛
8～10	手指关节与手掌感觉痛,手已难以脱离电源
20～25	手指感觉剧痛,迅速麻痹,不能摆脱电源,呼吸困难
50～80	呼吸麻痹,心房开始震颤,强烈灼痛,呼吸困难
90～100	呼吸麻痹,持续 3s 或更长时间,心脏停搏

(2)电流流过人体的路径

电流通过头部可使人昏迷,通过脊髓可能导致瘫痪,通过心脏会造成心跳停止、血液循环中断,通过呼吸系统会造成窒息。因此,从左手到胸部是最危险的电流路径,从手到手、从手到脚也是很危险的电流路径,从脚到脚是危险性较小的电流路径。

电流由一手进入,另一手或一脚流出,电流通过心脏,即可引起室颤;通过左手触电比通过右手触电严重,因为这时心脏、肺、脊髓等重要器官都处于电路内。

(3)摆脱电流

摆脱电流是指人在触电后能够自行摆脱带电体的最大电流。成年男性平均摆脱电流约为 16mA,成年女性平均摆脱电流约为 10.5mA,儿童的摆脱电流较成人要小。摆脱电流是人体可以忍受而一般不会造成危险的电流。若通过人体的电流超过摆脱电流且时间过长,会造成昏迷、窒息,甚至死亡。

(4)致命电流

在短时间内危及生命的最小电流为致命电流,致命电流与电流持续时间关系密切。当电流持续时间超过心脏周期时,致命电流仅为 50mA 左右;当电流持续时间短于心脏周期时,致命电流为数百毫安。通过人体的电流所引发的后果取决于接触位置、电压的强度、电流强度和电流的持续时间,还有电流的路径及电流的频率。

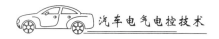

(5)交流电对人体的危害

电流的类型不同,对人体的损伤也不同。直流电一般引起电伤,而交流电电伤与电击同时发生。工频交流电的危害性大于直流电,因为交流电会麻痹、破坏神经系统,人往往难以自主摆脱。一般认为 40~60Hz 的交流电对人体最危险。随着频率的增加,危险性将降低。当电源频率大于 2000Hz 时,所产生的损害明显减小,但高压高频电流对人体仍然是十分危险的。对于交流电,如果电流在心脏的滞留时间达到 10~15ms,就会致命(心室纤维性颤动)。

(6)安全电压

虽然电流是让人受伤的根本原因,但人体可等效成一个电阻,根据欧姆定律可知,流经人体电流的大小与外加电压和人体的电阻有关。

影响人体电阻的因素很多,通常流经人体电流的大小无法事先计算出来。因此,为确定安全条件,往往不采用安全电流,而是采用安全电压来进行估算。根据 GB 4943—2011 规定:在干燥的条件下,危险电压范围为大于 AC42.4V 或 DC60V;安全电压范围为小于 AC42.4V 或 DC60V。

(7)人体电阻

人体电阻是不确定的电阻,皮肤干燥时一般为几千欧姆左右,而一旦潮湿可降到 1kΩ。人体不同,对电流的敏感程度也不一样,一般地说,儿童较成年人敏感,女性较男性敏感。患有心脏病者,触电后的死亡可能性就更大。身体越强健,受电流伤害的程度越轻。因此,触电时女性比男性受伤害更重,儿童比成人更危险,患病的人比健康的人遭受电击的危险性更大。

3.电弧对人体的危害

当开关电器断开电路,电压和电流达到一定值时,触点刚刚分离后,触点之间产生强烈的白光,称为电弧。电弧的实质是一种气体放电现象,电弧放电具有很高的温度。电弧的存在延长了开关电器断开故障电路的时间,加重了系统短路故障的危害。电弧产生的高温,可以使触点表面熔化和蒸发,烧坏绝缘材料。由于电弧在电动力、热力的作用下能移动,容易造成飞弧短路和伤人或引起事故的扩大。

4.人体触电方式

人体触电有直接触电(单线触电、两线触电)和间接触电(跨步电压触电、其他触电形式)两种方式。直接触电是指人体直接接触或过分靠近电器设备及线路的带电导体而发生的触电现象。间接触电指人体触及了在正常运行时不带电、而在意外情况下带电的金属部分。其他触电形式还有感应电压触电、剩余电荷触电、静电触电和雷击电击等。

(1)单线触电

单线触电是人体某一部分触及一相电源或接触到漏电的电器设备,电流通过人体流入大地造成触电,分为电源中性点搭铁的单线触电(占多数)和电源中性点不搭铁的单线触电。图 12-41 所示为中性点搭铁的单线触电方式,图 12-42 所示为中性点不搭铁的单线触电方式。

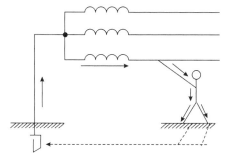

图 12-41 中性点搭铁的单线触电方式

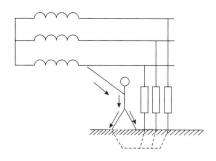

图 12-42 中性点不搭铁的单线触电方式

（2）两线触电

两线触电也叫作相间触电，这是指人体与大地绝缘的情况下，同时接触到两根不同的相线，或者人体同时触及电器设备的两个不同相的带电部位时，电流由一根相线经过人体到另一根相线，形成闭合回路。人体承受的线电压将比单线触电时高，危险性更大。图 12-43 所示为两线触电方式。

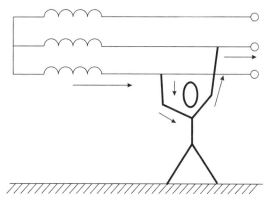

图 12-43 两线触电方式

（3）接触正常不带电的金属体

当电器设备内部绝缘损坏而与外壳接触，将使其外壳带电。当人体触及带电设备的外壳时，相当于单线触电，大多数触电事故属于这一种。

（4）跨步电压触电

如图 12-44 为跨步电压触电，是指高压电网搭铁点或防雷搭铁点及高压相线断落或绝缘损坏处，有电流流入地下时，强大的电流在搭铁点周围的土壤中产生电压降。如果误入搭铁点附近，应双脚并拢或单脚跳出危险区。从安全防护的角度而言，在查找搭铁故障点时，应穿绝缘靴，以防跨步电压电击。

5. 电击预防

（1）直接接触电击预防

直接接触电击预防技术分为绝缘、屏护和间距三类，这是最常见的安全措施。

绝缘：即使用不导电的物质将带电体隔离或包裹起来，以对触电起保护作用的一种安全

图 12-44　跨步电压触电

措施。

屏护：是指采用遮拦、护罩、护盖箱闸等把带电体同外界隔绝开来。电器开关的可动部分一般不能使用绝缘，而需要屏护。高压设备不论是否有绝缘，均应采取屏护。

间距：是保证安全的必要距离。间距除了可防止触及或过分接近带电体外，还能起到防止火灾、防止混线、方便操作的作用。间距的大小取决于电压的高低、设备的类型和安装的方式等因素。

（2）电击防护用具

电击防护用具包括绝缘手套、绝缘靴、绝缘服、护目镜和绝缘工具。绝缘工具的选用要根据操作的高压范围确定，图 12-45 所示为绝缘手套、绝缘靴、绝缘服、护目镜和绝缘工具实物。

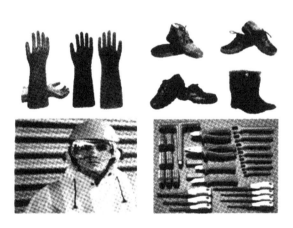

图 12-45　绝缘手套、绝缘靴、绝缘服、护目镜和绝缘工具实物

6.电击急救

进行维修操作时如果遭受了电击,要及时对受伤人员进行救助。在援救电气事故中受伤人员时,应谨记:自身的安全是第一位的,绝对不要去触碰仍然与电压有接触的人员,如果可能,马上将电气系统断电(关闭点火开关或者马上拔出维修开关),用不导电的物体把事故受害者或者导电体与电压分离。图 12-46 所示为救助受电击人员的流程。

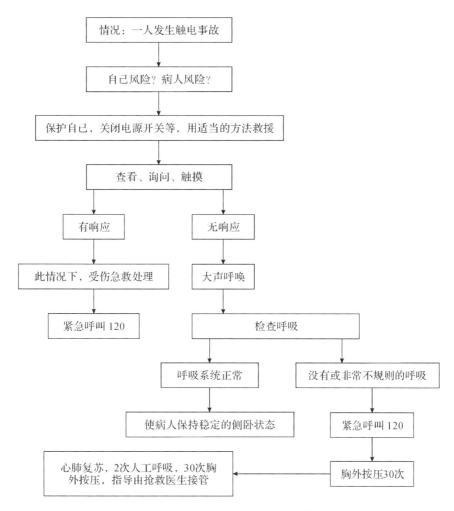

图 12-46　救助受电击人员的流程

二、高压安全操作

由于新能源汽车采用高压、低压混合控制,因此在维护、保养、拆装、检修时需具备一定的资质,遵守一定的安全操作规程。

1.维修高压车辆人员资质

维修电动汽车的人员必须参加过厂家电气的培训,经过授权可以检修有高压系统的车辆,并能给车辆做标识和对工作场所进行防护。维修人员

链接:高压系统的断电

需获得国家安监局电工作业资格,参加过电动汽车高压系统维修的资格培训,经销商内部认可后可以执行车辆高压系统维修工作。

2.高压技术人员的主要工作

高压技术人员的工作主要有:断开高压系统供电并检查是否已绝缘;严防高压系统重新合闸;将高压系统接通重新投入使用;对高压系统上的所有作业负责;培训和指导经销商内部所有与高压系统车辆相关人员,使得这些人员在监督下能执行高压工作。

链接:汽车高压系统断电安全操作规范

3.车辆标识和工作区安全

维修车间内配备有高压装置的车辆,必须做上标识,使用专用的警示标牌。工作区必须防止其他人员进入。某品牌电动车辆维修工作区域如图 12-47 所示。

图 12-47　某品牌电动车辆维修工作区域

4.高压维修的操作规范

在检查或维修高压系统时,请遵循以下安全措施:关掉点火开关,将钥匙妥善保管;断开低压电池负极端子;戴好绝缘手套;拆除维修开关;等待 10min 或更长时间高压电器电容放电;用绝缘乙烯胶带包裹被断开的高压线路插接器。

5.检查绝缘手套方法

在使用绝缘手套前,请确认无裂纹、磨损以及其他损伤。侧位放置手套,卷起手套边缘,然后松开两到三次,折叠一半开口去封住手套,确认无空气泄漏,则证明绝缘手套完好。绝缘手套的检查流程如图 12-48 所示。

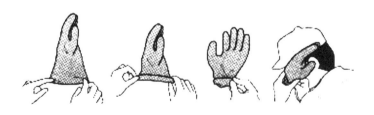

图 12-48　绝缘手套检查流程

6.检修高压系统时的注意事项

在检修高压系统时应注意以下事项:所有橙色的线均带高压,可能危及生命;不得将喷水软管和高压清洗装置直接对准高压部件;高压插头上不可使用润滑油、润滑脂和触点清洗剂等;在高压导电部件附近进行检修工作时,必须先让系统断电。在进行焊接、用切削工具加工以及用尖锐工具进行操作时,必须先让系统断电;所有松开的高压插头必须严防进水和进污物;损坏的导线必须予以更换;佩戴有电子/医学生命和健康维持装置的人(比如戴心脏起搏器)不得检修高压系统(包括点火系统);必须使用合适的测量仪器。

7.恢复系统运行

在对电动车辆维修完毕后,要由高压电技师恢复系统运行。要目视检查所有的高压连接以及高压系统的接插口和螺孔连接都正确锁止,要目视检查所有的高压电缆都无法被触碰到,要目视检查电压平衡、电缆清洁并无法被触碰到,插入维修开关并把它锁闭。打开点火开关读取所有系统的故障码,把"高压系统已关闭"的警示标签从车辆上移除,在车辆显眼的位置贴上"高压系统已激活"的警示标签。

三、电动汽车高压部件

在电动汽车上,一般使用高压动力电池和一些高压电器部件。典型的高压部件有动力电池、电机控制器、驱动电机、DC/DC转换模块、高压分配盒、车载充电器、电动压缩机、PTC以及高压连接线束等,有些车型将上述高压部件集成在一起,如2017款吉利帝豪EV300,将车载充电器与高压分配盒集成在一起变成二合一模块。这些高压连接线束用橙色的颜色,以示高压提醒。因此,在检查、检修高压部件时,一定要断开低压蓄电池,然后取下高压维修开关,穿绝缘靴、戴绝缘手套,用绝缘工具进行拆装、检修。

习题

1.针对2017款吉利帝豪EV300,列举该车有哪些高压模块。

2.针对2017款普锐斯第四代汽车,该车有哪些工作模式?

3.FCEV按燃料电池采用的电解质可分为哪几种?

4.在检修电动汽车时,需注意哪些操作安全事项?

5.指出北汽EV160仪表上显示高压部分的报警指示灯的含义。

参考文献

[1]郑尧军,陈立旦,等.汽车车身电控技术[M].杭州:浙江大学出版社,2009.

[2]郑尧军,孙旭松,陈立旦,等.汽车车身电控系统检修[M].北京:清华大学出版社,2016.

[3]蒋璐璐,张立,杨连福,等.汽车电气系统检修[M].北京:清华大学出版社,2012.

[4]于万海,郑德林,高洪一.汽车电气设备原理与检修[M].北京:电子工业出版社,2005.

[5]张美娟,廖学军,梁文家.汽车电器与电控系统[M].北京:电子工业出版社,2005.

[6]麻友良.汽车电器与电子控制系统[M].北京:机械工业出版社,2013.

[7]麻友良.汽车空调技术[M].2版.北京:机械工业出版社,2016.

[8]李春明.汽车车身电子技术[M].北京:北京理工大学出版社,2008.

[9]毛峰.汽车车身电控技术[M].北京:机械工业出版社,2010.

[10]王锦俞,闵思鹏.国产大众汽车车身电控系统检修[M].北京:机械工业出版社,2005.

[11]杨庆彪.大众车系新电器培训教程[M].北京:中国劳动社会保障出版社,2008.

[12]杨庆彪.丰田车系新电器培训教程[M].北京:中国劳动社会保障出版社,2008.

[13]吴文琳,蚁文荣.汽车舒适系统和电动控制装置维修精华[M].北京:机械工业出版
    社,2009.

[14]朱建风.新款汽车自动空调诊断速查手册[M].北京:机械工业出版社,2009.

[15]舒华.汽车电气电控技术[M].北京:机械工业出版社,2012.

[16]徐淼,汪立亮,周玉茹.现代汽车自动空调系统原理与检修[M].北京:电子工业出版
    社,2000.

[17]齐志鹏.汽车空调系统的结构原理与维修[M].北京:人民邮电出版社,2002.

[18]郝君.汽车自动空调[M].北京:高等教育出版社,2007.

[20]杨庆彪.现代轿车全车网络系统原理与维修[M].北京:国防工业出版社,2007.

[21]李东江,张大成.汽车车载网络系统(CAN-BUS)原理与检修[M].北京:机械工业出版
    社,2005.

[22]李贵炎.车载网络系统结构原理与维修[M].南京:江苏科学技术出版社,2008.

[23]黄军辉,张南峰.汽车电气及车身电控技术[M].北京:人民邮电出版社,2010.

[24]汪立亮,彭生辉,徐寅生.现代汽车SRS原理与检修[M].北京:电子工业出版社,2001.

[25]崔胜民.新能源汽车技术解析[M].北京:化学工业出版社,2016.

[26]吴兴敏,高元伟,金艳秋.新能源汽车技术[M].北京:电子工业出版社,2017.